小学校と中学校の
英語教育接続に関する実践的研究

渡慶次正則 著

ひつじ書房

まえがき

　日本の小学校英語教育は、東アジア諸国・地域に 10 年以上遅れて 2011 年に正式科目としてスタートした。近隣諸国・地域の小学校英語教育と肩を並べるために、教員研修の強化と授業時数の増加、移行期の教材や教科書の発行などが文部科学省を中心に強力に推進されてきた。しかし、小学校英語教育には課題が山積しており、発展途上にある。英国や米国などの小学校英語教育研究は 1980 年代から本格的に始まり、40 年以上の歴史を持ち、第 2 言語習得、言語学、教育学、心理学、神経学などの研究分野に依拠している。堅固な研究成果とまでは言えないが、体系的であり、多様な分野を網羅している。本著の執筆においては、まず国内の研究成果を把握して、海外の小学校英語教育研究の関連文献を豊富に提示しているのは特色のひとつである。

　国内の小学校英語教育には課題が目立つが、文部科学省発行の移行期教科書『We Can! 1』と『We Can! 2』とそれに対応して発行された検定教科書は秀逸した教材である。英語教員免許保持者が少ない状況を考慮して、授業活動手順がていねいに示されている。小学校英語授業は教科書通りに活動が行われる傾向が強く、教科書を知ることは小学校英語教育を理解することに深くつながる。本著は、すべての検定教科書を比較対照しながら、全体像や特徴を詳述し、中学校との指導の接続を留意した。

　コミュニケーション能力育成は長年、日本の英語教育の目標であるが、実際の小学校英語授業を観察すると、教科書を中心に授業が展開するために、各単元の「表現」学習を目標（Goal）とし、「目標表現の提示」→「練習」→「目標表現を用いた発表」と教師中心の授業（PPP）が多い事に気がつく。教科書を中心に活動が行われるために、ALT は教科書のモデルとなったり、発話が制限されたり、自然なコミュニケーションを行うことが難しい。しかし、積極的な学級担任とのティーム・ティーチングでは児童理解を活かし

て、学級担任が児童を指名したり、激励したりと支援的な「足場かけ」（scaffolding）が行われる。本著では、200ページ以上の観察記録を基に、実際の小学校英語授業観察記録を報告する。

　小学校と中学校の指導には連携不足がよく指摘される。特に、次の3点については乖離がある。まず、音声中心の小学校から中学校では文字学習が導入される。文法事項を指導しない小学校から、中学校入学時には文法規則や用語を明示的に学習する。小学校では単語は英文の理解や表現において必要に応じて音声と意味のみが学習されるが、中学校では、新出単語が体系的に提示され、品詞や語形変化などの学習事項も増える。本著では小学校と中学校の指導の接続を念頭に研究成果から示唆を述べる。

　小学校の教員研修は、時間数、研修環境、研修の質などにおいて多くの課題がある。本著では現職教員研修、教員養成、教員面を概観しながら、オンラインを用いたスピーキング能力育成研修の成果と課題についても報告する。

　「まえがき」に続く各章の概要は以下であり、興味のある部分から読み進めて欲しい。

　第1章は、文部科学省発行の『We Can! 1』（5学年）と『We Can! 2』（6学年）と2020年から採択された検定教科書（7社14冊）について分析結果を報告している。とくに、表現および題材について検定小学校教科書と『We Can! 1』『We Can! 2』の対応、配列されている表現（文型）の特徴や題材との関連を説明している。さらに、検定教科書について文法や発音、句読点がどの程度明示的に教科書で提示されているかを示し、中学校における文法指導と発音指導接続への示唆を述べる。

　第2章では第1章に続き、検定教科書について異なる視点から分析結果を述べる。特に、小学校から中学校への文字指導の接続は大きな課題であり、検定教科書では、6年生では「書くこと」の活動が増え、創造的な活動を設定している。「読むこと」については、目標表現の復習に留まっており、分量が少ない。さらに、教科書全体では、「聞くこと」を中心とした音声中心の構成であることが分かる。一方、音声を中心とした表現（文型）の学習には配慮されているが、単語学習は体系的ではなく、中学校での単語学

習や指導と大きな乖離がある。

　第3章では、実際の小学校英語授業がどうなっているのかを理解するために、3年間の調査を通してA4サイズで200ページ以上の観察記録を基に会話分析の手法を用いて分析した。小学校の授業は、重要表現の学習を目標とする傾向があり、活動順序は「重要表現提示」→「練習」→「児童の発表」（PPP）である。つまり、日常のコミュニケーションとは異なり、教師中心の展開である。さらに、教材により教師発話の特徴が異なることも観察され、教科書中心の日本の英語授業の特徴を浮き彫りにした。観察したティーム・ティーチングの授業では、JTE, ALT（外国人指導助手）、学級担任がさまざまな役割を果たすことが具体的事例で示され、特に児童理解に基づいた学級担任の果たす「足場かけ」の役割に着目した。

　第4章では、大学英語教員養成課程における発音の知識と技能の習得状況と発音指導の事例研究である。事例では、学生の発音記号に対する知識はアルファベット文字と異なる発音記号は理解が低い。その理由は発音をwebサイトを用いて調べる傾向が強いからである。英語の音声特徴である超分節的な特徴（イントネーション、リズム、強勢）を意識した音読は習得が難しい。学生の大半は、「母語話者のような発音をする必要はない」と認識しているが、実際の発音モデルはALTに任せたいという発音指導への自信のなさも浮き彫りになった。

　第5章では、小学校と中学校の英語の文法的な特徴について言語知識と言語処理の第二言語習得研究から分析して英文法指導の接続を探る。調査結果によると、小学校の教科書で提示される文型は身近な話題や目的について焦点化し、文法的な特徴は重要な役割を果たさない。中学校では、文法規則や用法が文法用語を用いて明示的かつ体型的に最初から提示されており、小学校と大きな違いがある。

　第6章では、新学習指導要領施行により、小学校と中学校で学習する単語数は約2倍近くに増加した事を示す。検定教科書では、文法・文型が小学校と中学校でくり返し学習するように配列されているのに対して、単語学習は体系的な取り扱いはない。文部科学省より「指定された単語リスト」がな

いために、重要語や取り扱う単語は、各検定教科書に任せられている。英語
教師は独自に重要単語リストを作成して、活用し、各レベルに応じた単語指
導の工夫が必要である。

　第7章では、小学校コア・カリキュラムが発表され、小学校教員英語研
修や大学の教員養成課程、指導力や英語力について一定の基準と具体的な項
目を示されたことを説明する。一方、地方、学校単位では研修は十分ではな
い点、ブリティシュ・カウンシルのような外部団体へ研修を依存している
点、中学校英語2種免許取得の課題、小学校教員養成課程における英語教
授必修科目の新設などについて述べる。

　第8章では、小学校英語教員研修の課題の解決方法として実施されたオ
ンライン英会話（レアジョブ社）を用いた5か月間の事例研究の成果や課題
について報告する。オンライン英会話を用いた一般英会話能力の育成は、授
業における教室英語や teacher talk に肯定的な影響を与えた。特に、「いつで
もどこでも利用できる」「英会話講師に臆せず質問ができる」「外国人と話す
ことに抵抗がなくなった」などの点において成果があった。課題として、
「講師が連続して予約できない」などの予約システム上の課題や「仕事で疲
れて利用できなかった」などの職場環境の課題などがある。

　第9章では、過去50年間（1970年〜2020年）の臨界期仮説に関する先行
研究を検証する。早期英語教育研究の結果は、必ずしも、第2言語学習に
最適な年齢が存在するという臨界期仮説を充分に支持している訳ではない。
初期の研究は神経学分野、虐待被害児童、移民などを中心に動物学的視座か
ら調査が行われた。最近の研究では、居住の期間はさほど重要な要素でな
く、どのような学習や自然習得をしたかが重要な要素である。つまり、高い
動機づけや言語使用の目的を明確に保持し、言語習得（学習）の質を高める
必要がある。第2言語習得と年齢について複合的な視点で再検証する。

目　次

第3部　小学校と中学校の指導をつなぐ 81

第4章　英語教員養成課程における英語発音の知識と技能、態度

第 1 部

小学校の教科書を知る

第1章 | 小学校「外国語」検定教科書の
表現、文法規則、発音

1. はじめに

　5 学年と 6 学年に「外国語」として、2020 年から検定教科書（7 社 14 冊）が採択された。検定教科書のモデルとなった教科書は文部科学省発行の『We Can! 1』(5 学年) と『We Can! 2』(6 学年) である。本章では、表現および題材について検定小学校教科書と『We Can! 1』『We Can! 2』の対応について分析結果を報告する。具体的には、5 学年は 93.3%、6 学年は 79.0% の整合性があり、検定教科書は共通教科書に高い割合で対応している。小学校の授業は、表現の学習を「授業の目標」として展開する傾向が強く、配列されている表現（文型）の特徴や題材との関連を理解することは、小学校の英語学習内容を深く理解することにつながる。さらに、検定教科書について文法や発音、句読点がどの程度明示的に教科書で提示されているかを分析した調査結果を示し、中学校における文法指導と発音指導接続への示唆を述べる。

　国際的な規模で早期英語教育が推進される中、特にアジア諸国・地域では 21 世紀前後を境に小学校英語教育が本格的に政府主導で開始した。韓国（1997 年開始）や中国（2001 年開始）、台湾（2001 年開始）などの国・地域に日本は 10 年以上遅れて、2011 年から小学校 5 学年と 6 学年を対象に「外国語活動」として正式に英語教育が提供された。日本を取り巻くグローバリゼーションの進展や 2020 年東京オリンピック・パラリンピック大会の開催などの影響を受け、小学校学習指導要領解説（文部科学省、2017a）によりカ

リキュラム改革が実施された。2020 年より小学校 3 学年と 4 学年を対象に
「外国語活動」、小学校 5 学年と 6 学年を対象に「外国語」として英語が教
科として初めて提供されている。英語の教科化に伴い中学校および高等学校
と同様に小学校 5 学年と 6 学年を対象に 7 社の検定教科書が採択され、全
国で使用されている。7 社の検定教科書の採択に先立ち、文部科学省は見本
となる共通教科書として 5 学年対象の『We Can! 1』（文部科学省、2018）と
6 学年対象の『We Can! 2』（文部科学省、2018）を全国の小学校に配布した。
7 社の検定教科書は、基本的に『We Can! 1』と『We Can! 2』の題材、文
型・表現、構成概念に対応して作成されている。7 社の教科書の詳細につい
ては「3. 調査方法」で述べる。

　「外国語」として初めて採択された 7 社の小学校検定教科書については先
行研究（例：Hoshino, 2020）が限定されている。小学校学習指導要領解説（文
部科学省、2017a）では、「文及び文構造の指導にあたっては、文法の用語や
用法の指導を行うのではなく、言語活動の中で基本的な表現として繰り返し
ふれることを通して指導することとした。」（p.66）と述べている。本章は小
学校検定教科書で表現・文型、文法、発音をどの程度、明示的に提示してい
るかを検証する。小学校検定教科書を土台に、中学校では 2021 年から新検
定教科書が利用されている。本章は小学校と中学校の接続においても示唆を
与えることができると考える。

　各検定教科書ではさまざまな英文に対して「表現」という用語を用い、一
方、小学校学習指導要領解説（文部科学省、2017a）では、「文・文構造」と
いう用語を用いているために、本章では統一して、両者を抱合する意図で
「表現・文型」という用語を用いる。

2.　先行研究

2.1　英語教材・教科書分析の理論的枠組み

　本章では英語教科書分析の理論的枠組みとして、下記の Tomlinson（2015;
2017）が提案する教科書分析と評価の 5 つの基準（criteria for materials

development and evaluation）を用いる（渡慶次、2021a）。

　第1点に、「使用している言語に触れること」（exposure to the language in use）が重要である。つまり教材が理解できるインプット（comprehensible input）を与え（Krashen, 1985）、言語の多様性や量が豊富で（rich）、学習者の生活に関連して意味があり（meaningful）、実際に用いられる生の言語に触れ（authentic）、さまざまな方法で一定期間に何度も使用されることにより再利用される（recycled）ことである。渡慶次（2021b）では、この1番目の原理に基づき『We Can! 1』と『We Can! 2』の文型の出現頻度について調査した。

　第2点に、「感情の積極的な関わり」（affective engagement）を考慮することが必要である。大人向けの教科書のように伝統的な文法学習や反復などの内容ではなく、児童は絵カード、ポスター、実物、歌、チャンツなどを用いて、遊びや活発な探求を行う内容にすべきである。児童の認知や成長度にあった適切な教材が必要である（Arnold & Rixon, 2008）。具体的事例として「英語母語話者の童謡として利用される Mother Goose の歌について英語レベルは適当だが、歌詞の内容は小学校高学年の児童にとっては、幼稚な内容に思われるかもしれない」（渡慶次、2021a, p.230）。また、教材の奇抜さ（novelty）、感情に訴える、個人的な情報が児童の記憶に残るとされる。

　第3点に、「認知の積極的な関わり」（cognitive engagement）に配慮する事である。批判的な思考や創造的な思考などを刺激することを教材は配慮すべきである。Ellis（2017）によると児童は大人の学習者の様に、言語を分析、理解し、記憶することには熟達しておらず、大量のインプット、インタラクティブなインプットを中心としたタスク、創造的活動などに適していると述べている（p.216）。さらに、児童が泳ぎ方や自転車の乗り方を無意識に覚えているように、手続き記憶（procedural memory）を用いて文型・文法を習得するという報告がある（Ullman, 2001）。つまり、大人の学習者の様に文法規則を明示的に学習し、応用してアウトプットする言語学習は児童には適さない。大人のように文法の知識を活用するのではなく、児童は場面の中で、目標文型を反復して聞いたり、話したりすることにより文法を学習する。

　第4点に、「意味も留意しながら（後に）、言語の形式に注意する」（pay

attention to form whilst or after focusing on meaning) 事を考慮しなければなら
ない。言語使用の場面や目的を考慮したコミュニケーション中心の活動では
時々、誤った言語形式をそのまま使用し続ける場合があり、教員は言い直し
(recast)[1] などを用いて学習者に言語形式を注意させなればならない。

　最後に、「コミュニケーションのために言語使用の多くの機会を与える」
(plentiful opportunities to use the language for communication) ことが必要とな
る。早期英語教育の初期は、第 1 言語習得研究と第 2 言語習得研究の成果
に従い、音声言語を中心としたリスニング力とスピーキング力を育成するの
が通常である (Lightbown & Spada, 2013)。

2.2　渡慶次の『We Can! 1』『We Can! 2』の先行調査

　渡慶次 (2021b) は、上記の英語教材・教科書分析の理論的枠組みに従い、
『We Can! 1』と『We Can! 2』を分析した。

　資料データとして、「We Can! 1 指導書 (96 頁)」(文部科学省、2017d) と
「We Can! 2 指導書 (96 頁)」(文部科学省、2017e) の両指導書で掲載されてい
る音声スクリプトについて、各 Unit の Let's Listen, Let's Watch and Think,
Let's Chant, Small Talk に出現する文型の出現頻度の関係や題材について分
析した。主に次の 4 点の調査結果について述べる。

　最初に、小学校学習指導要領解説「外国語」(文部科学省、2017a, pp.92–
98) で示されている英文を基準に、文型ごとに出現する頻度を数えると共
に、語彙研究第一人者である Nation (2001) による、記憶として定着される
には意味のある状況で 16 回以上接触する必要があるという説に従い、16 回
以上出現する文型の出現率を数えた。結果として、『We Can! 1』では、全
体で 35 文型を抽出し、出現頻度は 422 例 (平均 12.1 回) となり、16 回以上
出現している文型は 13 文型で教科書全体の 37.1%である。『We Can! 2』で
は、抽出文型は 35 文型で、出現頻度は 879 例 (平均 25.1 回) となり、16 回
以上出現している文型は 17 文型で教科書全体の 48.6%である。『We Can!
1』と『We Can! 2』の両教科書の総計は、出現頻度は 1,301 例であり、16
回以上出現している文型の出現平均は 42.9% (70 文型中 30 文型) である。

つまり、両教科書は何度もリスニング・インプットに触れさせ、理想的な言語習得環境を作り出す工夫がなされていると考える。

　2 点目に、文型に慣れ親しむために、同じ言語事項をくり返し学習しながらゆるやかにらせん状 (spiral) に進行するために (Brumfit, 1981)、教科書の異なる Unit 間で目標文型が横断的に頻繁に出現するかに着目して調査した。結果によると、最も横断的に出現率が高いのは、好きなことを表現する (*I like apples very much. /What (sport) do you like?*) 文型で、出現の Unit 数や頻度は最も高い。『We Can! 1』では、9 Unit 中 6 Unit に出現して頻度は 72 例で、『We Can! 2』では、9Unit すべてに出現して頻度は 102 例と非常に多い。次に多いのが自己紹介 (*Hello, /I'm 〜 . /Nice to meet you.*) の文型で、3 番目に出現率が高いのは、できること (*I/ You/ He/ She can swim fast.*) 文型で、4 番目に出現頻度の高い文型は、「〜したいこと」(*I want to* 動詞〜 . (*go to* 除く)) である。

　3 点目に、第 2 言語習得研究 (Lightbown & Spada, 2013) と CEFR-J Grammar Profile (投野・根岸、2020) の両方における初期の英語習得文型と 2 教科書で出現する文型に整合性があるかを検証した。結果として、全 40 文型の中で (抽出した 35 文型＋抽出した文型を除く第 2 言語習得研究に出現する 5 文型)、次の 5 文型は出現しない。1) 現在進行形、2) 所有 's^2、3) 規則動詞 (*enjoyed* を除く)、4) 3 人称単数現在 (s/es)、5) *We are 〜 .* である。具体的に出現しない理由として、3 人称単数の文法説明を避けるために、*She can swim fast* の表現で置き換えている。また、不規則動詞は、*I went* (*saw/ ate*) 〜は出現しているが、*enjoyed* 以外の規則動詞は出現していない。*enjoyed* を導入しているのは、*She enjoyed 〜*の様に 3 人称単数形の導入をさけるためであると考える。複数形 s は『Let's Try! 1』(3 学年対象) の Unit 3 で既に導入されているが、所有 's は導入されていない。

　最後に、各 Unit の題材や場面で目標文型が自然に出現する設定になっているかを検証した。結果として、題材を「児童の思い出や夢」、「自分や他人」、「児童の身近な生活」、「日本や外国」の 4 カテゴリーに分類した。児童の身近な生活や成長過程に関連性の高い文型が出現していると結論付け

た。具体的な英文として、『We Can! 2』で、Unit 5「夏休みの思い出」で *I went ～* , *I saw/ate ～* , *I enjoyed ～ ing* が頻繁に出現する。さらに、認知機能や発達段階の高い6学年『We Can! 2』では、単純に目標文型をくり返すだけではなく、小学校生活のふり返りやキャリア教育も含めた思考力や判断力、表現力を必要とする題材や文型の出現を考慮している。具体例として、Unit 7「小学校生活・思い出」では、*I went ～* , *I enjoyed ～ ing* の表現が頻出する。Unit 8「将来の夢・職業」では、*I want to be ～*（例：a vet）. が頻繁に出現し、自分の将来の夢や職業を表現する文型をくり返し聞く設定となっている。同系列の他の先行研究では、本田ほか（2019）は『We Can! 1』と『We Can! 2』の題材を「食べ物・飲み物」、「日常生活・時間・曜日」、「位置と時間」、「季節・行事」、「職業・教材」、「できごと」、「動作・行動」の7つのカテゴリーに分けているが、文型との関連は示していない。

2.3　小学校の英語発音指導

　小学校学習指導要領解説（文部科学省、2017a）によると、「cat の母音や math の th の子音など日本語の発音にない母音や子音があること（中略）singer や six, easy などの語の /si/ や /zi/ を日本語の「し」や「じ」と同じように発音しない事」(p.84) と英語と日本語の違いを説明している。さらに、二語連結[3]や脱落[4]、二語が影響しあう同化（例：*Nice to meet ⌢ you.*）などが具体的に例示されている。また、語や句、文中の重要語の強勢、イントネーションについては、下降調、上昇調、列挙する場合、wh 疑問詞などについて明記されている。なお、母音と子音の種類や子音連結（例：street）については、中学校段階と記述している。

　一方、中学校と高等学校の現職英語教員を対象とした調査結果（河内山ほか、2013）では「発音指導に自信がない、どのように指導すればよいのか分からないという中学・高校の英語教員が多数いる」(p.128) と指摘している。小学校教員の場合はさらに実態は悪く、学習指導要領の求める発音指導事項から教員の知識や能力が乖離している可能性がある。

2.4　小学校英語検定教科書の語彙

　7 社の小学校英語検定教科書は 2020 年 4 月から販売を開始したために、発表された先行研究は限られている。本章では、Hoshino（2020）による 7 社の検定教科書の語彙調査について述べる。同調査によると出現語彙数は 5 学年と 6 学年の合計で、教科書会社別では最大で 1,126 語から最小で 734 語の範囲で抽出された。小学校学習指導要領解説（文部科学省、2017a）によると 5 学年と 6 学年では 600 語から 700 語を学習することになっており、出現語彙数はかなり多い（同掲書、p.55）。具体的に使用語彙は具体語（例：曜日、月、色、食べ物などの語彙）、動作動詞（例：cook, swim など）、肯定的な形容詞や副詞（例：great, well）などが多いと報告している。

3.　調査方法

3.1　研究の問い

　本章では、前述の Tomlinson（2015; 2017）の教科書分析と評価基準（主に原理 3 を中心に）や関連先行研究や理論、渡慶次（2021a; 2021b）の先行調査を踏まえて次の 5 点の研究の問いについて探る。

(1)　小学校検定教科書は表現・文型と題材について『We Can! 1』と『We Can! 2』とどの程度対応しているか。

(2)　小学校検定教科書では、渡慶次（2021b）と同様に出現しない 5 文型や中学校段階の表現・文型出現はどの程度であるか。

(3)　小学校検定教科書では文法規則や句読点はどの程度、明示的に提示されているか。

(4)　小学校検定教科書は母音、子音、イントネーション、強勢について英語音声学的にどの程度、明示的に提示されているか。

(5)　上記の検証を通して、小学校検定教科書を利用した効果的な指導方法は何か。

3.2　調査資料

　本調査の対象である7社の検定教科書を次の様に省略して用いる。括弧内には正式な教科書名を示してある。順序は各教科書とも最初は5学年対象で、次は6学年対象の教科書である。東京書籍の NHE5（NEW HORIZON Elementary 5）、NHE6（NEW HORIZON Elementary 6）、開隆堂の JSS5（Junior Sunshine 5）、JSS6（Junior Sunshine 6）、教育出版の OWS5（ONE WORLD Smiles 5）、OWS6（ONE WORLD Smiles 6）、学校図書の JTE1（JUNIOR TOTAL ENGLISH 1）、JTE2（JUNIOR TOTAL ENGLISH 2）、三省堂の CRJ5（CROWN Jr.5）、CRJ6（CROWN Jr.6）、啓林館の BLS5（Blue Sky 5）、BLS6（Blue Sky 6）、光村図書の HWG5（Here We Go! 5）、HWG6（Here We Go! 6）である。

4.　調査結果

4.1　表現・文型と題材に関する検定教科書と『We Can! 1』『We Can! 2』との対応

　『We Can! 1』と5学年対象の検定教科書の表現・文型と題材の対応を示したのが表1である。『We Can! 2』と6学年対象の検定教科書の表現・文型と題材の対応を示したのが表2である。表現・文型と題材の対応について、両方の要件を満たしていない場合は、表現・文型を優先的基準として対応すると判断した[5]。文型と題材の対応については、基本的に『We Can! 1』と『We Can! 2』の表現・文型と題材に合わせて番号で示してある（例：5-2とは、5は5学年を示し、2は『We Can! 1』の Unit 2［*When is your birthday?*］「行事・誕生日」の表現・文型と題材に対応する事を示している）。詳しい表現・文型と題材の説明は表の下に述べている。表中の NA の記号は対応する表現・文型と題材がないと判断した単元であることを示す。

　表1によると、7社の検定教科書で『We Can! 1』に対応するのは56単元（60単元中）で93.3％の割合を示し、数値的には高い対応であると言える（対応しない NA の2単元と6学年範囲の2単元［NHE5 の6-2と JSS5 の

表 1：『We Can! 1』と検定教科書の表現・文型と題材の対応について

	We Can! 1 (5 年)	NHE5 (5 年)	JSS5 (5 年)	OWS5 (5 年)	JTE1 (5 年)	CRJ5 (5 年)	BLS5 (5 年)	HWG5 (5 年)
Unit 1	5-1	5-1	5-1	5-1	5-1	5-1	5-1	5-1
Unit 2	5-2	5-2	5-2	5-2	NA	5-5	5-3	5-2
Unit 3	5-3	5-3	5-3	5-3	5-3	5-9	5-4	5-3
Unit 4	5-4	5-5	5-5	5-4	5-7	5-4	5-5	5-4
Unit 5	5-5	5-7	5-7	5-5	5-4	5-3	5-9	5-5
Unit 6	5-6	5-8	5-9	5-6	5-5	5-7	5-6	5-6
Unit 7	5-7	6-2	NA	5-8	5-2	5-6	5-7	5-8
Unit 8	5-8	5-9	5-8	5-7	5-8		5-8	5-7
Unit 9	5-9		6-4	5-9	5-6			5-9
Unit 10					5-9			

表中の記号の説明（『We Can! 1』の Unit 名と文型、題材）
5-1: Unit 1 (Hello, everyone.「アルファベット・自己紹介」)
5-2: Unit 2 (When is your birthday?「行事・誕生日」)
5-3: Unit 3 (What do you have on Mondays?「学校生活・教科・職業」)
5-4: Unit 4 (What time do you get up?「一日の生活」)
5-5: Unit 5 (She can run fast. He can jump high.「できること」)
5-6: Unit 6 (I want to go to Italy.「行ってみたい国や地域」)
5-7: Unit 7 (Where is the treasure?「位置と場所」)
5-8: Unit 8 (What would you like?「料理・値段」)
5-9: Unit 9 (Who is your hero?「あこがれの人」)

6-4］を除いた）。『We Can! 2』と 7 社の検定教科書との対応は、表 2 によると 49 単元（62 単元中）が対応しており、79. 0％の割合で対応を示している（対応しない NA の 7 単元と 5 学年範囲の 6 単元［NHE6 の 5-4、5-6、JSS6 の 5-4、5-6、OWS6 の 5-6、JTE2 の 5-6］を除いた）。6 学年の検定教科書は 5 学年の検定教科書に比べて独自の題材や文型を導入していることが伺える。学年を超えて対応を数値化した場合、さらに対応の割合は高くなるが本章では学年も対応の要素として考慮した。なお、BLS6 の Unit4「*My summer vacation was great.* 夏休みの思い出」と Unit5「*What did you do last*

表2：『We Can! 2』と検定教科書の表現・文型と題材の対応について

	We Can! 2（6年）	NHE6（6年）	JSS6（6年）	OWS6（6年）	JTE2（6年）	CRJ6（6年）	BLS6（6年）	HWG6（6年）
Unit 1	6-1	6-1	6-1	6-1	6-1	6-1	6-1	6-1
Unit 2	6-2	5-4	5-4	6-4	NA	6-2	6-2	6-2
Unit 3	6-3	5-6	5-6	6-2	6-6	6-5	6-4	6-6
Unit 4	6-4	6-5	6-2	6-5	6-5	NA	6-5（1）	6-5
Unit 5	6-5	NA	NA	5-6	6-4	6-7	6-5（2）	6-3
Unit 6	6-6	NA	6-5	6-6	5-6	6-8	6-7	6-4
Unit 7	6-7	6-7	NA	6-7	6-7	NA	6-8	6-7
Unit 8	6-8	6-8	6-6	6-8	6-8		6-9	6-8
Unit 9	6-9		6-7	6-9	6-3			6-9
Unit 10			6-8		6-9			
Unit 11			6-9					

表中の記号の説明（『We Can! 2』の Unit 名と文型、題材）

6-1: Unit 1（This is ME!「自己紹介」）
6-2: Unit 2（Welcome to Japan.「日本の文化」）
6-3: Unit 3（He is famous. She is great.「人物紹介」）
6-4: Unit 4（I like my town.「自分たちの町・地域」）
6-5: Unit 5（My summer vacation「夏休みの思い出」）
6-6: Unit 6（What do you want to watch?「オリンピック・パラリンピック」）
6-7: Unit 7（My Best Memory「小学校生活・思い出」）
6-8: Unit 8（What do you want to be?「将来の夢・職業」）
6-9: Unit 9（Junior High School Life「中学校生活・部活動」）

weekend? 週末のできごと」については、重要文型が同一であると判断し、6-5（1）と6-5（2）と同種類の表現・文型と単元として連番をつけた。

　6学年検定教科書には共通した5学年の単元が含まれている。NHE6とJSS6、OWS6、JTE2では6学年の範囲に、5学年の範囲である5-6（*I want to go to Italy.*「行ってみたい国や地域」）が共通して含まれている。渡慶次（2021b）は、『WeCan! 1』の分析において、「『We Can! 1』の Unit 6「行ってみたい国や地域」は5学年で学習するが、小学校では、「日本とのつながり

のある国々」の観点から異文化理解を 6 学年後半で学習することから、他
教科との整合性が気になる」(p.230) と指摘している。つまり、社会科 6 学
年の学習領域に合わせて、これら 4 社の教科書は題材と表現・文型を 6 学
年に移動したと考える。

『We Can! 1』および『We Can! 2』の表現・文型や題材と対応しない各教
科書の単元 (NA) について、独特な編集方針が伺える面がある。例えば、
NHS6 では、Unit5 で「*We all live on the Earth.* 食物連鎖（フードチェイン）に
ついて発表しよう」の題目で地球の生き物や食物連鎖について学習し、続け
て Unit6 では、「*Let's think about our food.* オリジナルカレーを発表しよう」の
題目で、家庭の冷蔵庫にある外国からの食材（例：*beef from Australia, salmon
from Norway, octopus from Morocco*）について問題提起をして、身近な食べ物で
あるカレーライスの料理を栄養のバランスを考えながら発表する単元であ
る。

最後に 7 社の検定教科書を概観すると題材に合わせてさまざまな表現・
文型が出現する訳ではない。むしろ、児童の実生活や関心、認知レベルに合
わせた題材で目標表現・文型を自然に学習する言語事項中心の編集であると
考える。

4.2 渡慶次（2021b）に出現しない 5 文型と関連文型、中学校段階の文型

前述の先行研究（渡慶次、2021b）では、小学校の早期英語教育において出
現すべきだが、『We Can! 1』および『We Can! 2』において出現しない 5 文
型について述べた。検定教科書において、先行研究（渡慶次、2021b）で出現
しなかった 5 文型の出現を再検証し、関連する文型の出現及び中学校段階
の高度な文型の出現を探ることは、表現・文型の指導及び中学校との連携に
おいて重要だと考える。14 冊の検定教科書すべてを調査した結果、5 文型
および関連する文型、中学校段階の文型の出現は表 3 の通りである。

本調査でも 5 文型について渡慶次（前掲）と同様な結果を示している。各
文型を詳しく述べる。現在進行形は、JTE2（pp.136–139）の song の歌詞一部

として出現している。song の教材の場合は Mother Goose の例などのように、文型や表現、単語を制限できない面もあり、リズムや独特な英語の音に慣れることを目的とする場合が多い。各単元の最初で通常、示されるチャンツ等の重要表現ではどの教科書にも出現しないことから、現在進行形の文型は検定教科書には出現していないと言える。

　3 人称単数現在 s（es）については、JTE1 と HWG6 で song の歌詞の一部に出現している。また、HWG6 では、story（物語）の一部として出現している。現在進行形の文型と同様に、重要表現としてはどの教科書にも出現しておらず、song や story は通常、教科書において付加的な位置づけであるので出現しないと言えるのではないかと考える。

　次に所有格（'s）については、OWS5 の Lesson8（Where is the station?）で場所を表す表現、JTE1 の Unit4（Where is the beach ball?）でも同様に場所を表す表現、OWS6 では Lesson4（My summer vacation）で行った場所の表現（I went to 〜）、JSS6 の Lesson6（My summer vacation）でも同様に行った場所の表現と出現している。共通点は場所を表す表現の一部として出現していることである。HWG6 の Unit2（Welcome to Japan）では、行事名（Children's Day）の表現として 1 か所、JTE2 の Lesson 4（I went to my grandparents' house.）では単元の題名のみに出現している。出現している所有格（'s）については、出現数は少ないことから出現していないとは断定できないが、どの教科書でも重要表現としてくり返し学習する言語事項にはなっていないために、授業の中では触れられない傾向にあることが予想される。しかし、懸念されることは 2021 年採択の中学校英語教科書では、所有格（'s）はどの教科書でも重要な基本文として扱われていない。わずかに散見されるのはSunshine 1 年の発展学習（Power-Up2, p.60）として出現したり（例：Whose notebook is the other one?/It's Daisuke's.）、New Crown1 年では、同様に発展学習として（GET Plus 4, p.94）として出現する程度である（例：Whose key is this? Is it yours?/No, it's not mine. It's Riku's.）。中学校では小学校の既習事項として扱われ、一方、小学校では重要表現として扱われておらず、どちらかでしっかりと学習する必要がある。

　規則動詞や不規則動詞の出現については教科書によりばらつきがある。NHE6 (p.83)、OWS6 (pp.82–84)、JTE2 (p.99)、BLS6 (pp.96–97)、HWG5 (p.105) では story の一部表現として、JTE1 (pp.142–143) と HWG5 (p.104) では song の表現として出現し、付加的な学習として扱われる可能性が強い。さらに、JSS6 (p.104)、JTE2 (p.102, p.133) では文法のまとめとして教科書の巻末に示されており、こちらも発展的な学習として扱われる可能性がある。しかし、いくつかの教科書では本文に登場しており取り扱いを留意する必要がある。具体的には、BLS6 (Unit5: What did you do last weekend?) では、過去の行動を表すために enjoyed 以外の規則動詞（例：I *played* badminton./I *watched* a movie.) や『We Can! 2』で出現した went, saw, ate 以外の不規則動詞が出現している（例：I *made* dinner./I *bought* a T-shirt.)。同様に、HWG6 の Unit4 (My summer vacation) では、夏休みの行動を表現するために（例：I *made* curry and rice) の表現が出現したり、Unit7 (My Best Memory) では、小学校の思い出を表現すために必要な規則動詞（例：We *played* the recorder.) や不規則動詞（例：We *sang* a lot of songs together, too.) の表現が出現している。週末の行動や夏休みや小学校の思い出を表現するために必要な規則動詞や不規則動詞を追加して導入している教科書があることがわかる。

　最後に We are ～ . の文型について、JSS6 では単元の題名として出現、NHE6 では story で出現する（両方とも例文は We are friends.)。CRJ6 の Lesson6 (We are from India. わたし、あなた、わたしたち) の中では人物を区別するために限定して出現するのみである。We are ～ . の文型は複数形代名詞 (We) が主部にあり、他の教科書でも複数形が主部に位置する（例：Two apples are on the desk.) 例文はないため、導入が避けられたのだろうか。特に文法的に複雑な文型でもないために理由については不明である。

　渡慶次（前掲）の先行研究で指摘した 5 文型以外に、小学校学習指導要領解説（文部科学省、2017a）で示されている文・文構造以外に中学校領域で出現する文型についても述べる。最初に OWS5 の Lesson9 (This is my dream friend.) の中で、本文中に目的格の代名詞が出現している（例：This is my

表 3：出現しない 5 文型（渡慶次、2021b）と関連文型、中学校段階の文型

対象文型	出現の状況
現在進行形	JTE2: pp.136–139 (London Bridge *is falling* down ～) [song]
3 人称単数形 s (es)	JTE1: p.139 (Little Betty *wants* to play) [song], HWG6: p.59 (The old man *rolls* on and on.) [story] / p.113 (When somebody *says* that to me, ～) [song]
所有格 ('s)	重要表現ではないが出現している OWS5: p.96 [school nurse's office] /OWS6: p.46 JSS6: p.29 [例：Grandmother's house] JTE1: p.67, p.142 [song] / JTE2: p.54 HWG6: p.28 [Children's Day]
規則動詞 (enjoyed を除く) 及び不規則動詞 (went, ate, saw の除く)	NHE6: 語の役割 (品詞) (28) 　　規則動詞 p.83 (You *saved* us.) [story] JSS6: 規則動詞 p.104 (Miki *played* tennis. 　　Miki *washed* the dishes. (104) [ふろく (中学校への予備学習)] 　　不規則動詞 p.49 (What *did* you do in your summer vacation?) OWS6: 不規則動詞 pp.82–84 (*sat*/ *ran* / *wrote* / *came*) [story] JTE1: 規則動詞 p.142 (He *called* for ～) [song] 　　p.143 (This little pig *stayed* at ～) [song] JTE2: 規則動詞 p.102 (Ken *looked* at Kumi.) 　　[文法まとめ] /p.133 (I *visited* the Toba Aquarium.) 　　[project time2] 　　不規則動詞 p.99 (I *met* a pretty dog ～) [story] BLS6: 規則動詞 pp.52–53 (I *played* ～ /I *watched* ～) 　　pp.96–97 (*planted* / *pulled*) [story] 　　不規則動詞 Unit 5 (What *did* you do last weekend?) / 　　pp.52–53 (I *made* ～ , I *bought* ～) HWG5: 規則動詞 p.104 (*sneezed*, *rolled*) [song] 　　p.105 (*baked*, *opened*, *jumped*) [story] HWG6: 規則動詞 p.86 (We *played* the recorder.) 　　不規則動詞 p.53 (I *made* curry and rice) 　　p.86 (We *sang* a lot of songs ～)
We are ～ .	NHE6: p.82 (*We are* friends.) [story] JSS6: p.4 (*We are* friends.) [Lesson1] CRJ6: p.16 (*We are* from India.) [Lesson1]
目的格の代名詞	OWS5: p.108 (I like *her*.)

不定冠詞 an	JTE1: p.108 (It's *an* oyster.) CRJ6: p.87 (I want to be *an* astronaut.) an の使い方を説明している HWG6: p.72 (We don't have *an* aquarium.)
動名詞の目的語と しての名詞的用法	NHE6: p.37 (I enjoyed *camping/fishing*) 　　　　 p.67 (I enjoyed *talking* with my friends.) CRJ6: p.50 (I enjoyed *playing* soccer.) HWG6: p.74 (We can enjoy *fishing*.)

dream friend. I like *her* so much.)。すでにその人物が登場して場合には him
または her で表すのが英語では自然であり、文法的な説明を加えなければ上
述の規則動詞や不規則動詞の出現の例のように問題はないと考える。さら
に、表 3 で示されているように JTE1 (p.108) と HWG6 (p.72) では an が出
現している。これまでの議論と同様に自然な会話の流れで出現し、文法的な
説明を伴わなければ児童に困難は生じないと考える。しかし、CRJ6 では、
「文を書くとき、astronaut や engineer などには a ではなく an を付けます」
(p.87) と文法規則が明示されており、教員の説明があまり詳しくならないよ
うな配慮は必要だろう。さらに、中学校の出現範囲である動名詞 (〜 ing) が
出現している部分がある。具体的には、夏休みの思い出について NHE6 (I
enjoyed *camping/fishing*.)、自分の町の紹介について HWG6 (We can enjoy
fishing.) の例文が出現している。この 2 文については enjoy に続く語が一語
(*camping/fishing*) であるので難しくはないが、動名詞に他の語を伴う例文
(NHE6: I enjoyed *talking* with my friends./CRJ6: I enjoyed *playing* soccer.) は困
難度が増すために理解程度で学習をとどめる必要があるだろう。

4.3　文法規則の明示的説明と句読点について

　上述したように、小学校学習指導要領解説（文部科学省、2017a）では、文
法規則の明示的説明はさけ、日本語と英語の語順の違いなどから英文のしく
みについて理解することを示唆している。以下では 7 社、14 冊の教科書に
ついて句読点 (punctuation) や基本的な英文の規則（文頭の大文字、単語と単

語の間隔)、日本語と英語の違いや文法規則の明示的説明について検証した結果を示す。表 4 は各検証の項目についてまとめた表で、ページは出所部分、(—) は説明部分がないことを示す。

　まず、検定教科書に明示的に説明されている 4 種類の句読点であるピリオド (.)、アポストロフィ (')、コンマ (,)、クェスチョンマーク (?) のすべてについて説明されているのは NHE5/6、JTE1/2、HWG5/6 の 3 社のみである (5 学年か 6 学年のどちらかで説明されていれば、条件を満たしているとした)。他の 4 社について部分的に句読点が説明されており、詳細な結果については表 4 に示されている。さらに、文頭は大文字で始める規則について BLS5/6 以外の 6 社は説明をしている。加えて、単語と単語の間隔 (アルファベット 1 文字程度) については、7 社すべての教科書で明記している。句読点、文頭の大文字や単語と単語の間隔などの英文の基本的な規則について教科書間に記述のばらつきが見られるが、「書くこと」については過去に中学校との接続不足から「書くこと」の活動を検定教科書が必須としており、担当教員は教科書に説明されていなくても柔軟に説明する必要があるだろう。

　さらに、英語の語順 (例：主語＋動詞＋目的語) を文法規則で明示的に示すことができないために、NHE5/6、JSS5/6、JTE1/2 の 3 社の教科書は例文を用いて日本語と英語の語順の違いから、また JTE2 (p.102) は日本語助詞と英語形態素の違いを示して (例：Ken looked at Kumi./ ケンさんはクミさんを見ました。)、規則を気づかせる記述の工夫がある。また日本語のカタカナと英語の違いについて NHE5、JSS6、BLS5[6] で示されており、日本語のカタカナを誤って英語使用しないような配慮がなされている。

　すべての教科書の各単元内では文法規則の明示的説明はさけているが、例外がある。例えば、JTE1 (p.94) では「たずねる文 (疑問文) といいます」と文法用語で説明し、CRJ6 (p.87) では a と an の違いを示したり、JSS6 では巻末で中学校への発展学習として過去形 (動詞の最後に ed をつける場合とつけない場合 [例：went])、複数形 (s/es)、an の用法 (母音の前) の文法規則を明示的に記述している (pp.104–107)。

表 4：教科書の文法規則の明示的説明と句読点について
（同じ教科書でくり返し説明がある場合は重複は省略してある）

項目／教科書	NHE5	JSS5	OWS5	JTE1	CRJ5	BLS5	HWG5
ピリオド(.)	—	p.77	p.119	p.94	p.48	—	p.35
アポストロフィ(')	—	—	—	p.94	—	—	p.85
コンマ(,)	—	—	—	p.94	—	—	—
クエスチョンマーク(?)	—	—	—	p.94	—	—	p.87
文頭は大文字	—	—	p.119	p.94	—	—	—
単語と単語の間隔	—	p.59	p.119	p.94	p.48	—	p.35
日本語と英語の語順の違い	p.80	—	—	—	—	—	—
日本語カタカナや英語形態素の違い	p.24	—	—	—	—	p.50	—
文法ルールの明示的説明	—	—	—	p.94	—	—	—
項目／教科書	NHE6	JSS6	OWS6	JTE2	CRJ6	BLS6	HWG6
ピリオド(.)	p.32	—	—	p.14	—	p.13	p.21
アポストロフィ(')	p.32	—	—	p.14	—	—	p.21
コンマ(,)	p.32	—	—	p.14	—	—	p.31
クエスチョンマーク(?)	p.32	—	—	p.14	—	—	—
文頭は大文字	p.32	p.89	—	p.14	—	—	p.21
単語と単語の間隔	p.32		—	p.14	—	p.13	p.21
日本語と英語の語順の違い	p.48	p.103	—	p.38	—	—	—
日本語カタカナや英語形態素の違い	—	p.108	—	p.102	—	—	—
文法ルールの明示的説明	—	pp.104–107	—	—	p.87 (a/an)	—	—

4.4　検定教科書の英語音声指導について

　英語音声指導について主に、アルファベット文字の発音、母音、子音、イントネーション、強勢、音声変化（二語連結と脱落）、類似発音などについて表5にまとめた[7]。分類の関係で再度、記述する場合は表中に［再掲］と示している。発音記号は必要に応じてIPA（International Phonetic Alphabet）に従って表す。

　これまでの文部科学省共通教科書と比べると7社の検定教科書では発音指導がより明示的に示されている。2011年の「外国語活動」の導入に際して出版された『英語ノート1』（文部科学省、2008a）と『英語ノート2』（文部科学省、2008b）では、発音部分は特記されておらず、各Unitの定型表現や身近な高頻出単語、アルファベット文字などの英語音声に慣れ親しむ構成になっている。後継版の『Hi, friends! 1（5学年）』（文部科学省、2012）と『Hi, friends! 2（6学年）』（文部科学省、2012）でも同様に音声指導は明示されておらず、聞き取り（Listen）やチャンツ（Chant）などの活動を通して英語の音声に親しむ構成になっている。一方、現在も「外国語活動」の教科書として使用されている『Let's Try! 1（3学年）』（文部科学省、2018）と『Let's Try! 2（4学年）』（2018）では、巻末の絵カードなどの単語がつづり文字（スペリング）で初めて示され、文字と音声の関係が示されるようになった。同様に、検定教科書のモデルとなった『We Can! 1』では、巻末にまとめて文字と発音をジングルで学習し（例：p.79, egg/fish）、『We Can! 2』では文字と発音の関係が巻末や各Unit（例：Unit8: p.61, sh shoes, shrine）でジングル等で学習する構成になっている。しかし、これまでの文部科学省共通教科書は検定教科書のように「発音」という用語を用いて指導事項を明示している訳ではない。イントネーションと強勢については一切の記述はない。

　表5によると、すべての発音指導は基本的に文字と発音の関係で学習する表記となっており、フォニックスを中心に編集されている。

　まず、文字と母音の関係について述べる。表中の項目(2)文字と短母音によると、日本語の母音（/a/, /i/, /u/, /e/, /o/）に近い英語母音の指導（例：OWS6: egg（p.40）, ink（p.52））はさほど困難ではない。しかし、日本語にな

い母音（例：BLS5 (p.29): apple［æ］/ OWS6 (p.72): up［ʌ］）は児童に正確な発音を要求するのは難しいだろう。さらに、項目（6）類似発音（例：BSK6 (71): cup［ʌ］/cap［æ］）のひとつの音素のみが異なる最小対立の発音指導は理解活動で良いのではないだろうか[8]。加えて、母音に類似した子音（例：HWG5 (p.42): music［mju］/ OWS6 (p.72): the USA［juː］）は母音との違いを聞き分ける程度の学習で良いと考える。最後に、項目（3）長母音と二重母音によると、長母音（例：NHE6 (p.95): peach［iː］/ HWG5 (p.72): park［ɑː］）や二重母音（例：OWS6 (p.30): table［ei］/ NHE6 (p.95): (kite［ai］)の発音指導は図やジェスチャーなどを伴う工夫が必要だろう。

　次に、子音の指導についても分量にばらつきがあるが、7社すべての教科書会社で取り扱っている（5学年か6学年のいずれかで記述があれば取り扱いと判断した）。例えば表中の項目（4）「文字と子音短音」によると、閉鎖音［p/b/t/d/k/g］（例：table）や摩擦音［th（有声音と無声音）/ f/v/s/z］（例：father）、鼻音［m/n］[9]（例：name）、側音［l］（例：lemon）、半母音［r/w/j］[10]（例：right）についてはほとんどすべての教科書で示されている。BLS6とNHE6では、二文字で発音される子音（破擦音 sh［ʃ］, 摩擦音 ch［tʃ］）も示している。一方、項目（6）「類似発音（例：JSS5 (p.90): p/b, f/h）や日本語にない発音（例：JSS6 (p.49) that/thank）などの指導はやや高度であると考える。舌の位置や発音の方法を示しながら調音による音声学的な指導が必要になる。さらに、項目（7）「子音連結」（例：HWG6 (p.20): Australian）や項目（8）「子音で終わる単語」（例：HWG6 (p.106): club）、音の変化に関する項目（9）「二語連結」や項目（10）「音の脱落」を例示している教科書もあり、教員の正確な音声学的知識と技能が求められる。

　上記では、河内山ほか（2013）が英語教員の音声学的知識と技能の不足を指摘する。母音と子音の発音指導については、誤った指導や教員への負担をさけるために音声学的な説明はさけ、発音の聞き取りを中心に行い、児童に正確な発音を強制せずに、コミュニケーションの意味や流れを妨げない範囲で指導すべきであると筆者は考える。アレン玉井（2019）によると、アルファベット26文字には、子音15音、二重母音と短母音合わせて9音、半母音2

表5：検定教科書の英語音声学習の記述（括弧内はページ数を示す）

音声項目	出現する教科書名とページ数
(1)アルファベットの発音	すべての教科書で説明
(2) 文字と短母音	HWG5: English (42), music［mju］(42), newspaper［nju:］(54) BLS5: apple, egg, up (29), ink (61), アルファベット短音 (93) JSS6: 母音短音の聞き取り (92–93) NHE6: 母音の説明と短音聞き取り (92) OWS6: apple (30), egg (40), ink (52), hot (62), up/the USA［ju:］(72) JTE1: (48, 58, 62, 84, 98), JTE2: (20, 24, 34, 48, 60) CRJ5: Sound Chant (42–43, 64–65, 78–79, 90–91) CRJ6: SoundChant (18–19, 28–29, 44–45, 54–55, 66–67, 80–81, 90–91)
(3) 長母音と二重母音	HWG5: PE (42), HWG6: park (72), sport (84) OWS6: table (30), Egypt (40), pilot (52), open (62) NHE6:（例：peach/kite/doll/cucumber）(95)
(4) 文字と子音短音	HWG5: th (32, 108), r (100), f (110) HWG6: l (30), see (32), want (62), volleyball (82), zoo (98) BLS5: Monday, name (29), Friday, hand, kind, lemon, table (39), good, jam, piano, queen, yellow (51), big, dance, red, violin zero (61) BLS6: アルファベット短音 (19, 29, 39, 51) 　　　2文字：cherry, sheep, three, father, white (61) JSS6: 子音短音の聞き取り (82–83) NHE5: 始まりの音（例：bird）、終わりの音（例：cap）(95) NHE6: 一文字の子音理解（例：cat, 92–94） 　　　二文字の子音理解［ch/sh/th/wh/ck］(94) OWS5: b/p (42), t/d (54), c/g (64), s/z (78), m/n (88), b/v (100), r/l (110) JTE1 (49–51, 59–61, 63, 72–75, 85–89, 99–101, 108–111, 120–123, 130–133) JTE2 (21–23, 25, 32–33, 35, 44–47, 49, 56–59, 61, 70–73, 82–87, 94–97, 106–109, 116–119, 126–129) CRJ5: Sound Chant (42–43, 64–65, 78–79, 90–91) CRJ6: Sound Chant (18–19, 28–29, 44–45, 54–55, 66–67, 80–81, 90–91)
(5) 子音＋母音	HWG5: math (42), homework, school (54) HWG6: the U.S., Brazil, Japan (20)

(6) 類似発音や日本語にない発音	HWG5: can/can't (66), see/she (74) HWG6: r/l (74) BSK6: cup/cap, pen/pin, hat/hot, map/mop (71) JSS5: right/left (35), (例) dog/ten, t/d, p/b 　　　f/h, s/z, m/n, c/g, bag/ball/pig, (90–93) JSS6: that/thank (49), p/b, k/g, s/z, f/v (86–87), 　　　母音 (例：ant/egg/ink) (92) f/v, r/l (110) OWS5: b/p (42), t/d (54), c/g (64), s/z (78), m/n (88), b/v (100) 　　　r/l (110) [再掲] OWS6: f/h (20), apple/table (30), ink/pilot (52), 　　　hot/open (62), up/the USA (72) [以上再掲] 　　　chalk/shoes (80), three/soccer (92), mother/zero (102)
(7) 子音連結	HWG6: Australian (20)
(8) 子音で終わる単語	HWG6: club (106)
(9) 二語連結	HWG5: (84, 98), HWG6: (22), (64)
(10) 音の脱落	HWG6: (40), (52)
(11) 平常文イントネーション	HWG5: (24), HWG6: (54), JSS5: (29), JSS6 (111) OWS5: (65, 79, 89, 111), JTE1: (15)
(12) 一般疑問文イントネーション	HWG5: (64), BLS5: (46, 57), JSS5: (29), JSS6 (111) OWS5: (65, 79, 89, 111), JTE1: (15) CRJ5: (32, 44)
(13) 疑問詞疑問文イントネーション	HWG5: (22, 56, 86), HWG6: (42), JSS5: (52), JSS6 (111), JTE1: (15)
(14) 複数項目イントネーション	HWG5: (34, 44), BLS5: (91), JTE1: (15)
(15) 単語の強勢	JSS6: báseball, sóftball, bádminton, básketball (111) NHE5: 強勢 (例：強く読む部分 [baby ●○]) (94) JTE1: (15) HWG5: (76), HWG6: (96) BLS5: 9Unit 中 (Part1, Part2, Part3 の Chant すべて)
(16) 文中で重要語の強勢	BLS6: 9Unit 中 (Part1, Part2 の Chant すべてと Part3 の Chant [Unit1, 3, 6, 7, 8]　) JSS6: I wánt to gó to Índia. (111) NHE6: (70) OWS5: (43), (55), (101), OWS6: (21, 31, 53, 63, 73, 81, 93, 103)

音が含まれており、英語 44 音の約 6 割弱が含まれていると指摘する。アルファベット音の音声指導を通して発音指導を行うことは有効であると考える。

　最後に文部科学省の共通教科書では明示されてなかった、イントネーションと強勢についてほとんどの教科書で示されている（NHE5/NHE6 を除く）。具体的には JSS5 では、項目 11 と 12 に該当する上げ調子（⤴）と、下げ調子（⤵）の説明がある（p.107）。HWG5 では、I have math⤴ music⤴ and English⤵ (p.44) の例文のように、複数の項目を列挙する時のイントネーションを示している（項目 14）。さらに、HWG5:(p.22) では、How do you spell it? ⤵ のように疑問詞で始まる疑問文のイントネーションを例示している（項目 13）。

　強勢については、文中の意味上の重要語を示すために、BLS5 (p.33) の What time do you get up ?/I get up at 7:00 . の例示のように強調箇所を示したり、強勢記号を用いて JSS6 (p.111) では、Whére do you want to go?/I wánt to gó to Índia.) と示している。さらに単語の強勢について JSS6 (p.111) では、báseball, sóftball, bádminton, básketball の例の様に詳しく示している例もある。

　イントネーションや強勢については、意味を考えながらジェスチャーや視覚物（例：表 5 の (15) NHE5: 強勢（強く読む部分 ［baby ●○］）(94) などで韻律を示す方法）などを利用して、英語音声のリズムや特徴に親しむ程度で指導すべきであると考える。

5.　まとめ

　これまで 14 冊の小学校検定教科書を対象に表現・文型や早期第 2 言語習得研究等との整合性、文法事項や発音事項の明示的説明について検証してきた。下記に本章のまとめを行い、検定教科書を利用した小学校での指導と中学校との接続について示唆を述べる。最初に、4 点の結果について述べる。

　第 1 点に、検定教科書と『We Can! 1&2』における表現・文型および題材

の相関関係は強く、英語学習の「目的、場面、状況」に配慮した配列である。具体的には、5 学年は 93.3%（60 単元中 56 単元）の整合性があり、6 学年は 79.0%（62 単元中 49 単元）の整合性がある。児童の身近な学校生活や成長に合う題材を扱い、その題材の理解や表現に必要な目標の表現・文型を必然的に学習する設定がなされている。一方、目標の表現・文型の定着にとどまらず、授業中の活動に必要であれば、目標表現以外の表現や語彙を導入する工夫や自由度は必要であると考える[11]（例えば、教師が導入文やモデル文で、自然な脈絡で他人を紹介する時に 3 人称単数現在形（s/es）や him/her/them を用いたり、過去の経験を話す時に未習の過去形規則動詞や過去形不規則動詞を用いる時など）。

　第 2 点に、早期第 2 言語習得研究で報告された文型と検定教科書の文型の整合性は、渡慶次（2021b）の調査結果とほぼ同様である。現在進行形、3 人称単数現在（s/es）、所有格 's（一部の例外を除く）、We are 〜の文型は出現しない。所有格 's については小学校と中学校の両方で十分に取り扱われておらず、留意する必要がある。規則動詞と不規則動詞の出現は教科書によりばらつきがあり、本文中に中学校範囲の過去形の規則動詞と不規則動詞を扱っている教科書もある（BLS6 と HWG6）。英語学習の目標が基礎的なコミュニケーションであり、正確な文法規則を求めないのであれば、早期第 2 言語習得研究で報告された文型は自然な場面で、使用を無理に避けることなく導入すべきではないかと考える。

　第 3 点に、文法規則の明示的な説明や基本的な英文の規則の説明は教科書によりばらつきがある。文法規則の明示的な説明は大部分において避けている（JTE1 と CRJ6 の一部を除く）。基本的な英文の規則については、句読点は 3 社のみが、文頭の大文字は 6 社が取り扱い、単語と単語の間隔について 7 社すべてが取り扱っている。教科書の掲載に関わらず、「書くこと」の指導も念頭に置いて、基本的な句読点や文頭の大文字、単語間の間隔などの基本的な英文の規則は指導すべきであると考える。

　最後に、発音指導はフォニックスを中心に文字と音声の関係、『We Can! 1&2』でほとんど取り扱われなかったイントネーションや強勢について示さ

れている。指導に困難が予想されるのは、母音や子音の正確な調音を求められる最小対立の母音（例：：cup［ʌ］/cap［æ］）や子音の類似発音（p/b, f/h）、子音連結、二語連結、音の脱落などを扱っている教科書がある。これらの発音指導については、教師の高い音声学的知識と技能が要求されるために、英語音声の特徴や日本語との違いの理解に留めて、明示的な説明はさけたい。イントネーションや強勢については音声のリズムや特徴に親しむ程度で、ジェスチャーや視覚物（例：表5の（15）NHE5: 強勢（強く読む部分［baby ●○］）（94）などで韻律を示す方法）を利用して指導する方法も効果的だと考える。

　5学年と6学年対象の教科として「外国語」の新設に伴い始めて導入された検定教科書は、全体的に『We Can! 1&2』に対応しており、目標表現・文型を必然的に学習する題材を扱い、「目的、場面、状況」が考慮されている。複雑な文法規則の明示的説明をさけるために早期第2言語習得研究で報告された重要な文型を含めない配列になっているが、現場教員の状況に応じた自然な導入を促したい。さらに、発音指導については一部の教科書が高度な音声学的知識と技能を求めており、今後は音声学に特化した現職教員研修の強化が求められる。

注

1　言い直し（recast）とは学習者の文法的な誤りを明示的に訂正せずに、コミュニケーションの流れを変えずに、教員が言い換えて学習者に暗示的に誤りを気が付かせる方法である（例 :S: I goed to Jusco yesterday./ T:Oh, you went to Jusco yesterday.）。

2　『We Can! 1』のUnit5（p.35）でLet's chantの英文（I went to my *grandparents'* house.）で一か所出現するが、それ以降全く出現しないので出現しない文型に含めた。

3　HWG5（p.98）の発音例では、「Would ⌒ you と続けて言おう」という指示がある。英語では二語が連続すると、Would you の Would の最後の子音と続く語 you の最初の音［j］が連結して、［wuju］と発音されることがある。

4　HWG6（p.40）の発音例で「want ⌒ to と続けて言おう」と記述されている。日常会話では［t］音が連続する場合、want の［t］が発音されない、つまり脱落する

場合がある。

5　New Horizon Elementary6 の Unit3 の題名は「Let's go to Italy. 旅行代理店でおす
　　すめの国を紹介しよう」であり、旅行代理店での従業員と客でおすすめの国を伝
　　え合う設定であり、『We Can! 1&2』では該当する題材はない。しかし、目標表
　　現・文型は Let's go to Italy. (I want to go to Italy. [Let's Chant]) であり、『We
　　Can! 1』の「5–6: Unit 6 (I want to go to Italy.「行ってみたい国や地域」)」に対応
　　すると判断した。

6　BLS5 (p.92) では、シュークリームは cream puff、アメリカンドッグは corn
　　dog、ココアは hot chocolate、ウィンナーは sausage であることを示し、日本語
　　カタカナと英語の違いを示している。

7　JTE1 と JTE2 では単語中のアルファベット文字の発音のみに注目して発音指導
　　を行う形式であるため、アルファベット文字を母音 (例 :JTE (p.48) Aa apple) と
　　子音 (例 :JTE2 (p.56) Qq queen) として分別した。CRJ5 と JRJ6 では、母音や子
　　音等が特定されずに単語チャンツの形で発音学習と示されているが (例 :CTJ5
　　(p.52) Sound Chant: today/duck) 母音と子音の両方の音声指導として含めた。

8　表 5 は正確には母音や子音などの音声の最小単位である音素について述べてい
　　るが、本章では「発音」を用い、一般的な用語を用いる。

9　鼻音の［ŋ］(例 :king) の出現は検定教科書では見られない。

10　［j］の半母音についての記述は限られた教科書のみに記述されている。

11　Lightbown &Spada (2013) の幼児英語母語話者の形態素習得の研究成果では次の
　　順序で出現する。現在進行形 -ing (Mommy *running*)、複数形 -s (two book*s*)、過
　　去形不規則動詞 (Baby *went.*)、所有 -s (Daddy*'s* hat)、存在動詞としての be 動詞
　　(Mommy *is* happy)、冠詞 the と a、過去形規則動詞 -ed (she walk*ed*)、3 人称単数
　　現在 -s (she run*s*)、助動詞として be 動詞 (he *is* coming) の順で出現すると報告さ
　　れており (pp.7–8)、自然な流れでのコミュニケーションでは、教師が 3 人称単数
　　現在形 (s/es) や現在進行形 -ing の使用を制限する必要はないのではないか。さ
　　らに、Jenkins (2000) の Lingua Franca Core の概念によると、多種な英語に出会
　　うグローバル社会では、会話においては 3 人称単数現在 (s/es) や規則動詞 -ed な
　　どは意味のやりとりに支障はなく省略される傾向があり、教師が提示する文型の
　　種類を厳密に限定する必要はないのではないか。

使用した教科書一覧

『英語ノート 1 第 5 学年試作版』(2008) 文部科学省
『英語ノート 2 第 6 学年試作版』(2008) 文部科学省

『Hi friends！1』（2012）文部科学省
『Hi friends！2』（2012）文部科学省
『We Can! 1』（2018）文部科学省
『We Can! 2』（2018）文部科学省
『Let's try！1』（2018）文部科学省
『Let's try！2』（2018）文部科学省
『NEW HORIZON Elementary 5』（2020）東京書籍
『NEW HORIZON Elementary 6』（2020）東京書籍
『Junior Sunshine 5』（2020）開隆堂
『Junior Sunshine 6』（2020）開隆堂
『ONE WORLD Smiles 5』（2020）教育出版
『ONE WORLD Smiles 6』（2020）教育出版
『JUNIOR TOTAL ENGLISH 1』（2020）学校図書
『JUNIOR TOTAL ENGLISH 2』（2020）学校図書
『CROWN Jr.5』（2020）三省堂
『CROWN Jr.6』（2020）三省堂
『Blue Sky elementary 5』（2020）啓林館
『Blue Sky elementary 6』（2020）啓林館
『Here We Go! 5』（2020）光村図書
『Here We Go! 6』（2020）光村図書
『Sunshine English Course 中学校1年』（2021）開隆堂
『NEW CROWN English Series 中学校1年』（2021）三省堂

第2章 | # 小学校検定教科書の
文字指導と単語指導

1. はじめに

　本章では第1章に続き、検定教科書について異なる視点から分析結果を
述べる。小学校から中学校への文字指導の接続は大きな課題である。検定教
科書では、「読むこと」と「書くこと」の学習方法の改善がなされており、
6年生では「書くこと」の活動が増え、創造的な活動を設定している。「読
むこと」については、目標表現の復習に留まっており、分量が少ない。さら
に、教科書全体の活動数の分析によると、「聞くこと」を中心とした音声中
心の構成であることが分かる。一方、音声を中心とした表現（文型）の学習
には配慮されているが、単語学習は体系的ではなく、中学校での単語学習や
指導と大きな乖離がある。

　小学校英語教育改革により2020年から3学年と4学年対象の「外国語活
動」では、主に「聞くこと」と「話すこと」を通して音声を中心に英語学習
を行い、5学年と6学年対象の「外国語」では教科として「読むこと」と
「書くこと」の英語学習が加わった。その改革に先立ち、文部科学省（2015a）
による全国24,205人の中学校1学年と2学年を対象にした『平成26年度小
学校外国語活動実施状況調査』では、約80％の生徒が「英文を読むこと」、
「英語を書くこと」について小学校英語授業で必要性があると回答した。
2020年から使用されている小学校検定教科書は、目標の表現を習得するた
めに、児童の身近な題材についてチャンツやジングル、歌、やり取り、発表

などを通して音声で親しむ構成である事が報告された（渡慶次、2022a）。一方、「読むこと」と「書くこと」の文字指導が小学校検定教科書でどのように配慮され、中学校へ接続されているかは検証がなされていない。さらに、2021 年から使用されている中学校検定教科書は、依然として中学校 1 学年の最初の単元から単語（新出単語）の発音、綴り、意味、品詞の言語知識が提示され、児童が中学校入学時に英語学習困難の一因となりうる可能性がある。小学校と中学校間に単語の学習量や指導法に歴然とした差があり（アレン玉井、2019）、連携した単語指導が求められる。

　本章では検定教科書の分析を通して、英語活動配列の概要を最初に把握し、次に「読むこと」、「書くこと」、「単語指導」に着目して検証する。

2.　文献研究

2.1　「読むこと」の指導について

　本章では、最初に畑江（2017）の「読む力をつける」プログラムを最初に論じる。畑江の提案や先行研究を基本的な枠組みとして、各々の段階について筆者の考えを述べる。

　畑江（2017）は、小学校の中学年から高学年に至る「読む力」を育成するプログラムを以下にまとめ、中学校および高等学校までの展開を図式化した（図 1）。

　　中学年の学習初期から、文字が目に入るように掲示物、配布物に気を配り、アルファベットは大文字と小文字を提示する。そして、機械的にアルファベットの読み書き作業をさせるのではなく、小文字の成り立ち等、児童に関心を持たせる教材を工夫することで、単調になりがちなアルファベットの読み書きを楽しく印象付けた形で行う。そして、5 年生になった頃から、歌やカードゲーム、ワークシート等で「音素への気づき」を与える。初頭音が少しずつ定着してきたところで性急にフォニックスに急がず、トップダウン式に、絵本のなぞり読みや、サイト・ワー

ド・リーディングを始める。サイト・ワード・リーディングとは、簡単
でシンプルな文で構成される絵本を使い、フォニックスのルールに当て
はまらない単語を多量に「見ること（sight）」で慣れさせながら、最後
は「一人できれいに読めた」、「何となく読めた」という「読む」ことに
対する成功体験をさせることができる（pp.22–23）。

　畑江は、これまで小学校の文字指導の継続研究を行っており、その調査結
果は示唆に富む。「読む力をつけるプログラム」提案は次の実験的な調査の
結果から導かれている。
　最初に、畑江らの「絵本のなぞり読み」の調査では、5、6 年生の聴解力
で肯定的効果を示した（畑江ほか、2014a）。次に「音素への気づき（phonemic
awareness）」の授業を実施し、6 年生対象の 3 回のテストの結果、CVC（子

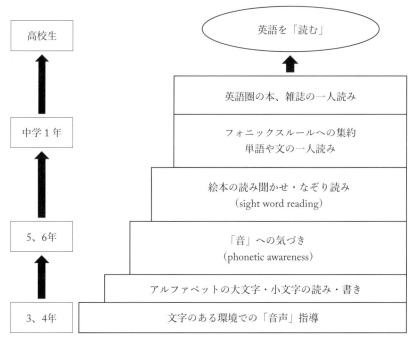

図 1：「読む」力をつけるプログラム（畑江、2017）

音＋母音＋子音）で構成される three letter words の単語の習得や無意味単語の発話に有効な結果を得た（畑江ほか、2014b）。英語の音素の気づきができるようになった後に、2014 年には、「サイト・ワード・リーディング（sight word reading）」を 6 年生対象に絵本の単語をくり返し視聴させ、指でなぞるなどの活動後に「聞くこと」や「読むこと」での有効性を示したが、物語の単調さや効率の悪さ（絵本 1 ページに 1 語）などの課題も指摘された（畑江・段本、2016）。さらに、2016 年に大文字から変化して小文字の成り立ち過程を学習する DVD 教材「アルファベットの大文字・小文字を覚えよう」を用いて、その効果検証として小文字の書き取り調査を行い有効な結果を得た（畑江・段本、2017）。2018 年には、中学校との連携を図るために、中学校 1 年生を対象に教科書とは別の 9 つの物語を速読と多読をさせた結果、1 分間で読める語数（WPM: word per minute）が増えたと報告している。畑江は速読・多読活動の成功の要因として、既知の物語を用い、既習の単語や文型を考慮すること、グループ学習の形態が望ましいことを指摘している（畑江ほか、2018）。

　前述の畑江の一連の研究成果や「読む力をつけるプログラム」を参照しながら、読む指導について以下で論じる。

　畑江が提案する第 1 段階の「文字のある環境での「音声」指導」については、顕著な先行研究がある訳ではないが、日本語とは異なるアルファベット文字を校内の掲示物等で児童に親しませることは英語学習のレディネスを高めるために心理的に効果があると考える。

　次に、「アルファベットの大文字・小文字の読み・書き」について、大文字は小学校 3 学年から学習しているため、困難ではないと考える。しかし、小文字の指導には大文字の 3 倍の時間を要し、機械的に 4 線に大文字と小文字を書かせるだけではなく（アレン玉井、2019）、小文字の習得に DVD 教材を作成してその効果を測定した調査（畑江・段本、2017）は意欲的な取り組みである。『We Can! 1&2』ではアルファベットの音と文字を結びつけるために、アルファベット・ジングル活動を設定している。

　さらに、小学校高学年で「（音）への気づき（phonetic awareness）」（音素認

識能力）が必要であると提案する。一方、全米の児童の読み書き（リテラシー）能力調査（National Early Literacy Panel, 2008）によると、音韻認識能力（phonological awareness）が重要であると報告している。この能力はアレン玉井（2019）によると「話されている言葉の音の構造が理解できる力（中略）rock-lock というミニマルペアで /r/ と /l/ の音を聞き分けるだけが必要な訳ではない（中略）rain, red, run, dog という単語の中から dog だけ最初の音が異なるとわかる力、red が /r/ /e/ /d/ という三つの音素から成り立っていると理解できる音韻認識能力が必要」（pp.49–50）と説明している。Gillon (2018)は音韻認識能力と読み書き、綴りの関係に係る最先端の研究成果に基づき、教授や評価の実践的な示唆を提示している[1]。読むことにアルファベット文字の音韻認識能力が重要である事は他の研究者にも指摘されているが（Anthony & Francis, 2005）、研究は発展中途である。日本では英語の音韻認識能力に関する理論や実証研究はほとんどない。

　「（音）への気づき」の次の段階は「絵本の読み聞かせ・なぞり読み sight word reading」である。サイト・ワード・リーディングは使用頻度の高い機能語（例：the, my, he, of, and など）や文字と音のルールでは説明できない語（例：the, one, come など）、全体で覚えた方が効果的な語（例：you, play, day など）を学習する場合に有効である。文字と音を結びつけるフォニックス指導では、音とつづり字が一致しない場合もあるために、サイト・ワード・リーディングが並行して使用される場合が多い（アレン玉井、2019, p.154）。英語圏地域では子供の読む力をつけるために 220 語のドルチ・サイト・ワード・リスト（Dolch Sight Word List）が良く知られており、リストの語はほとんどが日本の中学校低学年までに学習する単語である。しかし、畑江・段本（2016）は、「英語の音声・文字のインプットもアウトプットも不足している日本人児童に活用する場合は注意を要するであろう。（中略）小文字がかなり定着し、音素に対してある程度の認識ができたことを確認してから、フォニックス指導とフォニックスのルールでは読むことのできないサイト・ワードの指導を始めるべき」（p.37）と利用上の留意点を指摘している。小学校の検定教科書では題材や目標表現のために与えられた単語や教科書巻末の絵単

語または別冊の絵辞典（例：New Horizon Picture Dictionary: 東京書籍、2020）から児童が選択して単語を使用する配列になっている。検定教科書では、フォニックスの例外を補完する語や「一目でわかる」サイト・ワードに該当する単語リストが特に指定されていない。現場教師は検定教科書とは別のサイト・ワード教材を用いなければならない。

中学校から「フォニックスルールへの集約／単語や文の一人読み」を提案しているが、畑江ほか（2018）の調査では中学生を対象にフォニックスではなく、速読・多読の効果を調査している。読む力を育てるために、英語の音と文字の関係を学習するフォニックスを導入することについて意見が分かれる。アレン玉井（2019）は、全米では低学年児童に効果があった、英語では音とつづり字が一致しない語が多い、児童生徒がフォニックスのルールを暗記することで英語が嫌いになる可能性がある、フォニックスは音声解読力（decoding）を身につけ、単語の認識に役立つが、それだけで英語を理解し、解釈する力には結びつかないとして慎重である（pp.85–87）。英語はアルファベット文字を用いる他言語（イタリア語やドイツ語など）に比べて文字と音声の規則性が複雑で、母語話者でも識字能力の獲得には時間がかかる（Arnold & Rixon, 2014）。さらに、音と文字が一致する英語は表音文字であり、日本語は文字と意味が一致する表意文字であるため、日本人の英語リテラシー能力獲得の解明は複雑である（門田、2006）。

最後の段階は「英語圏の本、雑誌の一人読み」である。小学校では、物語を用いて単語や文型などの言語知識が文脈のある中でくり返されることで読む力を育てる。さらに、チャンツや歌は単純なくり返しではなく意味のある文脈で行われるべきである（アレン玉井、2019）。

畑江の「読む力を育てる」モデルを俯瞰すると音声と文字を中心に学年の進行に従い、系統的な指導をわかりやすく説明しているが、実際には読む力には文法や単語の知識、推測力なども求められ、さらに進化したモデルの提案を待ちたい。

読解の過程を示すモデルはさまざま存在するが、最も一般的には、発音や単語、文法知識などを利用するボトム・アップ処理（bottom-up processing）

で文字言語を分析して理解するだけでなく、一般知識（world knowledge）や背景知識（schema）などを利用して意味を推測するトップ・ダウン処理（top-down processing）がバランスよく相互作用して行われるとされる（門田、2006）。音の聞き分けや音から意味を理解する音声中心の小学校英語教育では、トップ・ダウン処理の読む力の育成にも留意したい。例えば、題材について教科書の写真や付属のビデオを観て話し合ったり、過去の体験（学校行事や小学校の思い出、日常生活の経験）を共有して背景知識を活用することは英文の内容を推測することに役立つ。

　指導方法としてフォニックスなどの音声認識を中心としたボトム・アップと絵本などを用いたトップ・ダウンを組み合わせたバランスト・アプローチがより有効であると考える。

2.2　「書くこと」の指導について

　英語で書くことの活動は小学校の英語学習で最も難しく、そのプロセスの解明は複雑である。日本では児童の書くことに関する研究が少ないために、英語圏地域の先行研究を中心に日本の児童の書くことの指導について論じる。

　Tolchinsky（2003）によると、幼児は学校で正式に書くことを学ぶ前に、書くことの普遍的特徴（universal features）、つまり文字は直線に書かれる、文字はスペースによって分けられる、文字は抽象的であり絵文字のように意味を表さないことを習得する。従って、日本の小学校中学年の児童はすでに日本語の書くことを通して、文字の普遍的特徴を習得していることになる。さらに、文字の普遍的特徴を習得した後に、子どもは言語に特有の性質（language-specific features）、つまり英語は左から右に書かれる、文字の形、単語間の間隔などを習得する（例：英語対アラビア語）。また、National Early Literacy Panel（2008）によると、子供は、文字（書記素：grapheme）と音（音素：phoneme）[2] が対応していることを理解した後に、読み書きを学習するとされている。Puranik & Lonigan（2011）は、米国の 3 歳から 5 歳の 372 人の幼児を対象に、書くことの初期発達状況を調査した。すでに日本語で書くこ

とがある程度、確立している日本人小学生に完全にこの結果を応用することはできないが、示唆を得る事ができる。同調査によると、自分の名前をアルファベットで書くことが最も達成度が高く、一方、書くことに困難がある子どもは、手で文字を書く力、綴りを理解する力、句読点（ピリオドやコンマなど）を理解する力などの下位書写能力に問題があると指摘している。

　最後に、日本の小学校では書くことの指導に関する先行研究や実践例が少なく、性急に高いレベルの指導を求めることができない。まず、アルファベット文字を正確に書けること、単語や英文をなぞって正確に書けること、まとまった英文を正確に、できるだけ速く書き写せることが中学校のライティングの準備につながるのではないかと筆者は考える。

2.2.1　単語指導について

　単語を習得するには形式（form）、意味（meaning）、用法（use）が重要であり、単語には「聞くこと」や「読むこと」に必要な受容単語（receptive vocabulary）と「話すこと」や「書くこと」に必要な産出単語（productive vocabulary）がある。単語の形式には発音、綴り、文法が含まれる（Nation, 2001）。特に、小学校では中学年においては、英単語の音と意味の関連、高学年では英単語の綴りと意味の関連が重要になると考える。ひとつの単語でもいくつもの意味を持つ場合がある。例えば、小学校教科書『We Can! 1&2』では have が「食べる・飲む」、「（病気に）かかる」、「持っている」、「（約束・会議が）ある」、「経験する」、「（質問・考え・計画が）ある」、「〜について考える」の7つの違う意味で使用されていることが判明した（星野・清水、2019）。

　単語の明示的指導（explicit instruction）と暗示的指導（implicit instruction）はバランスよくなされなければならない（Nation, 2001; Schmitt, 2008）。明示的指導は、例えば、新出単語を教師やデジタル教材をモデルに発音を復唱したり、意味をフラッシュカードや黒板、ディスプレイ等で確認したり、品詞や語形変化（複数形や過去形、〜 ing など）、コロケーション（例：music を学習する時に、listen to music と伴う語をまとめて学習する）など、意図的に単

語学習する事である。明示的単語指導は、母語を使用する事も有効である
(Schmitt, 2008)。児童には、絵、実物、動作を使うことで意味が理解しやす
く、言語的かつ視覚的に記憶されるとする (Nation, 2001)。検定教科書や
『We Can! 1&2』は絵単語を用いており、視覚情報が意味の理解を助けると
考える。

　一方、暗示的な指導とは、物語の読み聞かせや、聞き取り活動、チャンツ
や歌等を通して、脈絡のある状況で何度も同じ単語に触れることにより、単
語の発音や綴り、意味、用法に自然に気がつき、言語知識を獲得することで
ある (アレン玉井、2019)。暗示的な教材として多読を用いる方法も有効で
あり (Arnold & Rixon, 2014)、多読には外国語として英語を学ぶ児童では英
文に未知の語が 2％以下存在する場合、つまり 98％以上の語が既知であれ
ば効果があるという基準を示している (Nation, 2001; 2006)[3]。さらに、単語
数がレベル別に限定されている読み物 (graded reader) も有効である。しか
し、クラスに違う単語力を持つ児童が混在する場合には、Nation の基準や
レベル別読み物による効果は複雑になる。加えて、視覚的な補助効果を持つ
絵と文字を組み合わせた絵本も役に立つ。暗示的な単語指導は母語話者の習
得形態に近く望ましい方法だが、日本の公立小学校英語教育では、ほとんど
の英語学習が教室内で行われ、学習時間が短く、単語のインプット量が少な
く、効果的指導は難しいだろう。

　英語は外国語であるが、すでに外来語として日本語で使用されているカタ
カナ語を単語指導に利用することも英語の意味概念をつかむことに役に立
つ。星野・清水 (2019) の調査では、文部科学省共通教科書である『Let's
Try! 1』、『Let's Try! 2』、『We Can! 1』、『We Can! 2』の単語を調査した結
果、約 6 割の英単語がカタカナ語と同じ意味を持つと報告している。

　最後に単語習得には時間をかけて、明示的指導と暗示的指導をバランスよ
く行い、少しずつ単語知識を増やすことが必要で (Nation, 2001; Schmitt,
2008)、日本語の既知情報も活用しながら、特に児童には何度も単語を聞か
せることが大切である (アレン玉井、2019)。

2.2.2　小学校英語教科書の単語調査

　小学校学習指導要領解説（文部科学省、2017a）によると、小学校5学年と6学年の「外国語」（語、連語及び慣用表現）について、小学校3学年と4学年の「外国語活動」の内容を含めて、「600から700語程度の語」、「連語のうち、get up, look at などの活用頻度の高い基本的なもの」「慣用表現のうち、excuse me, I see, I'm sorry, thank you, you're welcome などの活用頻度の高い基本的なもの」と定めている。星野・清水（2019）による『We Can! 1&2』と『Let Try! 1&2』の単語調査では、アルファベットや固有名詞を含めた単語数は約900語で、「概ね学習指導要領に基づいた数値である」（p.124）と報告している。さらに同調査では、「聞く単語」（音声言語）の総数（複数回出現の累計）が7,000語以上、「見る単語」（文字言語）が3,000語前後で、その比率は7対3程度であることを報告している。

　一方、2020年から使用されている7社の検定教科書の調査（Hoshino, 2020）によると、各社出版の検定教科書単語数（5学年と6学年合計）は最大で1,126語から最小で734語の範囲で出現し[4]、改訂学習指導要領が定める600語から700語程度の基準より多い単語数を扱っていると指摘している。しかし、小学校学習指導要領解説（文部科学省、2017a）では、単語数について「700語程度を上限とする趣旨ではない」（p.90）と説明しており、特に問題はない。同調査によると、7社すべてに出現する単語の割合は12.06％（275語）であり、その頻出単語リストには日常生活で使われる曜日、月、色、食べ物などの名詞や like, have, play などの動詞、big, fun, well, always などの形容詞や副詞が含まれる。

　国内では、児童の英語語彙調査としては中條ほか（2006）が5社14冊の小学校用教科書（2001年から2004年の出版）やアルク児童語彙（2000語の初級レベル500語）を抽出、児童英検（ブロンズ、シルバー、ゴールド、1998年版）から抽出し、選定した1,373語の「小学校英語活動用テキストの語彙一覧」が大規模調査で有益な単語リストである。

3.　調査方法

3.1　研究の問い

　検定教科書の「読むこと」、「書くこと」、「単語指導」の活動に着目して、中学校の英語学習への示唆を探る。

（1）　小学校検定教科書全体の活動数や割合はどのような特徴があるか。
（2）　小学校検定教科書では、音声言語と文字言語はどのように配列されているか。
（3）　小学校検定教科書の「読むこと」に関する活動はどのような特徴があり、中学校英語学習への示唆は何か。
（4）　小学校検定教科書の「書くこと」に関する活動はどのような特徴があり、中学校英語学習への示唆は何か。
（5）　小学校検定教科書の「単語学習」に関する活動はどのような特徴があり、中学校英語学習への示唆は何か。

3.2　調査資料

　本調査の対象である 7 社 14 冊の検定教科書を第 1 章と同様、次の様に省略して用いる。括弧内には正式な教科書名を示してある。順序は各教科書とも最初は 5 学年対象で、次は 6 学年対象の教科書である。東京書籍の NHE5（NEW HORIZON Elementary 5）、NHE6（NEW HORIZON Elementary 6）、開隆堂の JSS5（Junior Sunshine 5）、JSS6（Junior Sunshine 6）、教育出版の OWS5（ONE WORLD Smiles 5）、OWS6（ONE WORLD Smiles 6）、学 校 図 書 の JTE1（JUNIOR TOTAL ENGLISH 1）、JTE2（JUNIOR TOTAL ENGLISH 2）、三 省 堂 の CRJ5（CROWN Jr.5）、CRJ6（CROWN Jr.6）、啓 林 館 の BLS5（Blue Sky elementary 5）、BLS6（Blue Sky elementary 6）、光村図書の HWG5（Here We Go! 5）、HWG6（Here We Go! 6）である。

4. 調査結果

4.1 検定教科書における活動数と割合の全体像について

　7社が出版した検定教科書の5学年用7冊と6学年用7冊の英語学習活動配列の傾向や特徴を理解するために、活動ごとに頻度と全体に対する割合を下の表1にまとめた。検定教科書14冊と比較するために『We Can! 1』『We Can! 2』についても同様に活動数と割合を示している。紙幅の関係で、『We Can! 1』『We Can! 2』は WC と表示し、7社の検定教科書は5学年と6学年

表1：検定教科書と『We Can!! 1&2』における活動数と割合
（（　）内の数値は、合計活動数に対する割合を示す）

	WC	HWG	NHE	OWS	JSS	JTE	CRJ	BLS
聞くこと	44 (20.9)	51 (15.9)	46 (16.3)	52 (27.5)	68 (24.4)	113 (31.5)	74 (31.5)	104 (38.2)
やり取り	29 (13.7)	38 (11.8)	115 (40.8)	31 (16.4)	36 (12.9)	58 (16.2)	69 (29.4)	37 (13.6)
発表	10 (4.7)	18 (5.6)	14 (5.0)	15 (7.9)	18 (6.5)	24 (6.7)	14 (6.0)	10 (3.7)
ビデオ	55 (26.1)	54 (16.8)	19 (6.7)	18 (9.5)	13 (4.7)	0 (0.0)	0 (0.0)	0 (0.0)
チャンツ	19 (9.0)	34 (10.6)	16 (5.7)	19 (10.1)	30 (10.8)	50 (13.9)	29 (12.3)	61 (22.4)
歌	1 (0.5)	10 (3.1)	16 (5.7)	6 (3.2)	8 (2.9)	2 (0.6)	0 (0.0)	2 (0.7)
読むこと	23 (10.9)	24 (7.5)	9 (3.2)	15 (7.9)	17 (6.1)	42 (11.7)	17 (7.2)	21 (7.7)
書くこと	9 (4.3)	40 (12.5)	44 (15.6)	23 (12.2)	21 (7.5)	67 (18.7)	23 (9.8)	35 (12.9)
ゲーム	21 (9.9)	52 (16.2)	3 (1.0)	10 (5.3)	68 (24.2)	3 (0.7)	9 (3.8)	2 (0.8)
活動合計	211 (100)	321 (100)	282 (100)	189 (100)	279 (100)	359 (100)	235 (100)	272 (100)

を合計した数値になっている。例えば、光村図書の HWG5（Here We Go! 5）、HWG6（Here We Go! 6）は HWG と示している。同様に各教科書は 5 学年と 6 学年の活動を統合した数値である。各教科書により活動数が異なるために、活動の頻度だけではなく全体に対する割合も示してある。

表 1 について例えば、HWG の「聞くこと」における 51（15.9）は 5 学年と 6 学年の「聞くこと」の活動合計数が 51 で、合計活動数 321 に対する割合が 15.9％であることを示す。活動の区分が明確でない場合は（例えば「やり取り」と「発表」）、基本的に教科書で示されている活動の絵記号（ピクトグラム）に従い、分類した。また各単元の後に配置されている発展学習については、直前の単元に含める事により、教科書のすべての活動を記録することに努めた。発展学習とは、HWG では Review, Fun Times、NHE では Check Your Steps、OWS で は Read and Act/Look at the World、JSS で は Project、CRJ では Jump（presentation）、BLS では Review と Story を指す。「チャンツ」の項目はチャンツとジングルの両方を含む。以下に各教科書の活動数と割合について分析を述べる。

表 1 によると、第 1 に、活動数合計の最大値は JTE の 359 から最小値は OWS の 189 の範囲に分布している。7 社の合計活動平均値は、276.7 であり、教師にとって JTE は活動数が多いために、教科書以外の活動を行える自由度が低く（controlled）、OWS は自由度が高い（uncontrolled）と言える。一方、JTE を詳細に分析すると教科書付属のデジタル音声でほとんどの活動を行わせることが可能で、英語能力に自信のない担任教師にとっては使いやすい教材であるとも言える。下の抜粋は JTE 教科書の典型的な活動の一部の抜粋である。

Junior Total English1（5 学年）：Unit2（How many CDs do you have?）
（　）内は筆者の説明である。
　L.2B（p.38）活動②「森先生は、みんなにえんぴつを何本持っているかを、たずねています」（指示文）
　(1)「よく聞いてえんぴつの数を書きましょう」（聞くこと）

　　(2)「森先生の後に続いて、えんぴつの数をたずねましょう」(付属教材
　　　の教師［森先生］のモデル音声を児童は復唱する)
　　(3)「あなたはどうですか。森先生の質問に答えましょう」(付属教材の
　　　教師［森先生］の質問に答えて児童は口頭練習)

　上の例から推察できるように、教師はモデル発話をしなくても付属音声教
材で児童に口頭練習をさせることができる工夫がなされている。
　第2に、検定教科書が音声を中心に慣れ親しむように(文部科学省、
2017a)編集されているかを検証するために、「聞くこと」の活動の割合を調
べた。数値の計算において、ビデオ視聴も実際には「聞くこと＋映像」の活
動なので、「聞くこと」に含めた。表1によると「聞くこと」の活動(「聞く
こと」＋「ビデオ視聴」)は検定教科書では高い割合で列挙すると、BLS:
38.2%、OWS: 37.0%、JTE: 31.5%とCRJ: 35.5%は同率、HWG: 32.7%、
JSS: 29.1%、NHE: 23.0%である。割合の低いNHEを除いては聞く活動は
検定教科書全体の3分の1程度である。一方、WCは47.0%であり、どの
検定教科書よりも「聞くこと」で英語音声に親しむ活動の割合が高く、特に
ビデオ視聴の割合(26.1%)が検定教科書より突出している。同様に、HWG
もビデオ視聴が同教科書内でほかの活動に比べて最も高い割合(16.8%)で
ある。
　第3に、NHEは「聞くこと」は23.0%で最も低い割合だが、「やり取り」
は40.8%と最も高い割合が特徴となっている。各単元の「やり取り」活動
数平均値は、高い順にNHE: 6.8、CRJ: 4.9、JTE: 2.9、HWG: 2.1、JSS:
1.9、OWS: 1.7、BLS: 2.3、加えてWC: 1.6となっている。CRJを除けば単
元ごとの「やり取り」は2回前後で、NHEの「やり取り」活動平均数(6.8)
は突出している。NHEの各単元はアウトプット活動が非常に多く、頻繁な
「やり取り」を通して、最終的な言語活動として「発表」する構成になって
いる。検定教科書全体では、共通する特徴は「やり取り」の活動に加えて
「チャンツ(ジングルを含む)」、「歌」、「聞くこと」の活動により目標文型(表
現)の音声に慣れ親しむ工夫もなされている。

　NHE は、次の様に児童の口頭活動が頻繁に行われる構成になっている。下の抜粋は NHE の典型的な口頭活動例であり、7 回の「やり取り」活動があり（下の抜粋の活動⑦以外）、その内 Small Talk を 4 回（①、③、⑤、⑧）行う構成になっている。

New Horizon Elementary（6 学年）: Unit2（How is your school life?）
① Small talk（例文：How do you come to school?　p.14）
② Let's Try2「ふだんすることについて、友達とペアでたずね合おう」
（例文：What do you usually do on Sundays?/ I usually watch soccer games on Sundays. p.16）
③ Small Talk（What time do you usually go to bed?　p.16）
④ Let's Try3「次の空らんにあなたの宝物をかいて、友達とペアでたずねあおう」（例文：What is your treasure?/My treasure is this soccer ball.　p.17）
［口頭活動のまとめとして Enjoy Communication（pp.18–19）］
⑤ Step1: Small Talk（What do you usually do on Sunday mornings? p.18）
⑥ Step2「「宝物紹介カード」を見せ合いながら、ペアで練習しよう」（例文：My treasure is... p.18）
⑦ グループで「住んでいる町や宝物など、日常生活など」について発表を行う（p.19）。
［ほか教科との関連 Over the Horizon, p.20］
⑧ Small Talk（What is your treasure? p.20）

4.2　音声言語と文字言語について

　上述の表 1 によると「聞くこと」の活動が検定教科書の約 3 割程度であることが示された。次に、音声言語はどの程度で学習されるのかを探るために、検定教科書の音声言語と文字言語について活動数と割合の分析を行った。本章では、音声言語とは表 1 の「ゲーム」を除いた「聞くこと」「やり取り」「発表」「ビデオ」「チャンツ（ジングルを含む）」、「歌」の活動を指

表2：検定教科書とWCにおける音声言語と文字言語の活動数と割合
（（　）内は全体に対する割合を示す）

	WC	HWG	NHE	OWS	JSS	JTE	CRJ	BLS
音声言語	158 (83.2)	205 (76.2)	226 (81.0)	141 (78.8)	173 (82.0)	247 (69.4)	186 (82.3)	214 (79.3)
文字言語	32 (16.8)	64 (23.8)	53 (19.0)	38 (21.2)	38 (18.0)	109 (30.6)	40 (17.7)	56 (20.7)
全体	190 (100)	269 (100)	279 (100)	179 (100)	211 (100)	356 (100)	226 (100)	270 (100)

す。文字言語とは、「読むこと」と「書くこと」の活動である。本章では、アルファベットや単語は文字言語の対象とせず、2文以上の英文を「読むこと」として、「書くこと」は教科書で活動が絵記号で表示されていれば、1文でも対象とした。

　上の表2によると、検定教科書の音声言語の割合は高い順から、CRJ: 82.3%、JSS: 82.0%、NHE: 81.0%、BLS: 79.3%、OWS: 78.8%で、JTE: 69.4%である。JTE5/6年を除いては、音声言語の活動の割合は8割程度だと言える。文字言語の割合は逆の傾向となりJTE: 30.6%、HWG: 23.8%、OWS: 21.2%、BLS: 20.7%、NHE: 19.0%、JSS: 18.0%、CRJ: 17.7%である。興味深いことに文部科学省発行のWCは検定教科書7社と比べると最も音声言語の割合が高く（83.2%）、文字言語の割合が最も低くなっている（16.8%）。文部科学省がWC5/6年で示した文字言語の基準より検定教科書は高いことになる。前述の星野・清水（2019）の『We Can! 1&2』と『Let Try! 1&2』の単語調査では、音声言語と文字言語の比率が7対3である報告しており、本章の結果も同様であると考える。

4.3　「読むこと」について

　次に検定教科書の「読むこと」の活動を分析するために配列を下の表3にまとめた。

　下の表3によると、5学年（表上部）と6学年（表下部）で大きく変化して

表 3 ： 5 学年と 6 学年教科書における「読むこと」活動数の分布

単元	WC1	HWG5	NHE5	OWS5	JSS5	JTE1	CRJ5	BLS5
1	1	0	0	0	0	1	0	0
2	1	0	0	0	0	1	1	0
3	1	1	0	1	0	1	1	0
4	1	1	0	0	0	1	1	0
5	1	1	0	0	1	4	0	0
6	1	1	0	0	2	1	1	2
7	1	2	0	1	0	1	1	1
8	1	2	0	1	1	1		3
9	1	2		1	2	1		
10						1		

単元	WC2	HWG6	NHE6	OWS6	JSS6	JTE2	CRJ6	BLS6
1	1	1	1	1	0	4	2	1
2	1	1	1	1	0	3	1	1
3	1	2	1	2	1	3	1	3
4	2	2	1	1	1	4	1	1
5	2	1	1	1	1	3	1	2
6	2	1	1	1	1	3	1	3
7	1	2	1	2	1	3	1	1
8	2	2	2	1	0	3		3
9	2	2		1	4	3		
10					1	3		
11					2			

いるのは JTE1/2 で、JTE1（5 年）では単元平均 1 の読む活動の配置から
JTE2（6 学年）では、単元平均 3 〜 4 の読む活動が配置されている。教科書
全体では、読む活動の内容は、ほとんどが目標文型を含む 2 文〜 7 文（例：
HWG5&6 の Review）程度の短い英文である。他の教科書では、読む活動と
して 1 ページの物語（WC1&2, JTE1&2, CRJ5&6）が散見されるが、ほとん
どが目標文型（表現）の復習に留まっている。WC と検定教科書どちらも分
量のある物語文を扱っていない。*In the Autumn Forest*（文部科学省、2018d）
のようなまとまった英文（32 ページ）で物語の展開や登場人物の心情を楽し
む絵本教材は、くり返し出現する単語や文型（表現）を文脈の中で学習した

り、背景にある文化を学ぶことに有効である（木原、2018; アレン玉井、2019）。検定教科書の読み教材として着眼できるのは、次の教材である。Skit 教材として JSS5 の Lesson 6: *My Hero*（pp.48–54）や OWS5 の *Let's Read and Act*（p.44/90）/OWS6 の *Let's Read and Act*（p.42/pp.82–85）を用いて文字言語を理解しながら児童に演じさせたり、物語として、BLS5 の *Who's behind me?*（pp.96–99）、NHE6 の *Butterfly Friends*（pp.82–83）、BLS6 の *The Very Big Turnip*（p.96–99）を用いて登場人物の心情や物語を話し合ったり、HWG6 の The *Rolling Rice Ball*（p.59）では、文字を指で追いながら意味と音声を理解する教材として有効であると考える。

4.4　「書くこと」について

　次に「書くこと」について述べる。

　表 4 は 5 学年（表上部）と 6 学年（表下部）の書く活動を区別して、活動数を表示した。例えば、NHE5（上部）は 5 学年、NHE6（下部）は 6 学年の活動部分を表す。WC1/2 では、WC2（6 年）で書く活動が設定されているが、教科書内に書くスペースや該当する巻末のワークシートが指定されておらず、書くことについては指示文のみとなっている。例えば、Unit6 の Let's Read and Write2（p.48）では、「オリンピック・パラリンピックで見たい競技を言って、書いて見よう」と指示されているが書くスペースや巻末のワークシートを見つけることができない。

　表 4 によると 5 学年と 6 学年で最も変化が大きいのは、NHE5/6 である。つまり、5 学年（NHE5）で少なかった書く活動が 6 学年では単元ごと均一に 5 活動配置されており、6 学年で書く活動を意識的に指導する意図が伺える。具体例を説明すると、NHE6（6 年）の最終単元 Unit8 では、下の様にスモール・ステップ（Let's Read and Write）で音読しながら書く活動を行い、最終的に Enjoy Communication（p.76）にまとまった英文を書く構成になっている。

表 4 : 5 学年と 6 学年教科書における「書くこと」活動数の分布

単元	WC1	HWG5	NHE5	OWS5	JSS5	JTE1	CRJ5	BLS5
1	0	2	1	0	1	5	1	1
2	0	2	1	0	0	3	2	1
3	0	2	0	0	0	2	2	1
4	0	2	2	0	0	4	2	2
5	0	2	0	0	1	3	2	1
6	0	2	0	1	1	4	1	2
7	0	2	0	1	1	3	3	1
8	0	2	0	1	1	3		2
9	0	2		1	2	3		
10						3		

単元	WC2	HWG6	NHE6	OWS6	JSS6	JTE2	CRJ6	BLS6
1	1	2	5	2	0	4	1	3
2	1	3	5	2	0	3	3	3
3	0	2	5	2	1	3	1	3
4	1	3	5	2	1	4	2	3
5	2	2	5	2	1	4	1	3
6	1	2	5	2	3	3	1	3
7	1	3	5	2	0	3	1	3
8	1	3	5	2	1	3		3
9	1	2		3	3	3		
10					1	4		
11					3			

Let's Read and Write1 (p.72) "I want to join the volleyball club."

Let's Read and Write2 (p.73) "I want to enjoy sports day."

Let's Read and Write3 (p.74) "I'm good at running."

Let's Read and Write4 (p.75) "I want to be a volleyball player."

〈Enjoy Communication, Step 2 (p.76)〉

(1)「ヒント（上の 4 例文）を手がかりにして、p.89「わたしのせりふ」（写真）をふくらまそう。」

(2) 巻末コミュニケーションカードを切り取って、「夢宣言カード」（写真）を完成しよう。

(3)「夢宣言カード」を見せ合いながら、ペアで練習をしよう。

「わたしのせりふ」(Unit 8 , p.89)

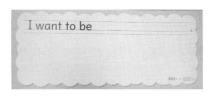

「夢宣言カード」(教科書巻末)

　上の具体例から分かるように、NHE5/6では巻末のワークシートの「わたしのせりふ」4線上に（ピリオドは印刷されている）①（例：I want to join［soccer team］.）と書き、「夢宣言カード」では（例：I want to be［a soccer player］.）と目標表現に自分の考えを追記するようになっている。別冊のPicture Dictionaryの絵辞典から単語を探して、英単語を書くことになる。創造的だがより難易度の高い活動である。同様に、HWG5/6、OWS5/6、JSS5/6、CRJ5/6、BLS6でも自分の考えや身近なことなどについて巻末の絵カードや単元で示されている単語を使って、目標表現を用いて書く創造的な活動になっている。

　一方、JTE1/2では5学年と6学年は単元ごとの書く活動は3～5と多い。例えば、JTE1（5年）のUnit8（L.8A ④ , p.109）では "What's this?" の目標表現について、(1)「音声を聞いて Sounds & Letters」の単語を読みましょう」、(2)「音声を聞きながら、次の英文を指で追いましょう」、(3)「次の英文をなぞってから書き写しましょう」と段階的に音声に親しみ、指で文字を追い、なぞって書き写すという指示をしている。さらに、JTE2（6年）のUnit8（L.8A ④ , p.107）では、"I want to be a firefighter. /Why?" の目標表現について、「音声を聞いて、次の英文をなぞってから書き写しましょう」という指示文で、6学年終了時部分でも指でなぞって書き写す書く活動に徹している。BLS5（5年）でも基本的に書き写す活動であるが、BLS6（6年）では創造的な書く活動になっている。

4.5　単語学習について

　小学校高学年における単語指導に焦点化した活動の割合や学年の違いなどを数値により示し、中学校初期の単語学習との接続を検証する。単語に焦点化した活動とは、活動の指示文に「単語を学ぶ」と明記されかつ、単語や意味の固まりの句が文字で示されている活動を指し、音声での単語学習は確定することが難しいために含まれていない。単語ゲーム（例：NHE5「キーワードゲームをしよう」p.13）はすべて該当する活動として含めた。さらに学年別の差異を明らかにするために、5 学年と 6 学年に分けた。表 5 では、例えば HWG5 と HWG6 の合計では、61 は合計活動数であり、(19.0) は総活動数 321 に占める 61 活動数の割合（%）である。

　表 5 によると、全体に占める単語学習活動の割合は 17.5%（WC1&2）から 28.6%（OWS5&6）の範囲であり、20%前後であることが分かる。単語学習活動数は、CRJ5&6［27 → 29］を除いて各検定教科書に共通して 5 学年より 6 学年が少なくなっている（HWG［35 → 26］、NHE［40 → 17］、OWS［32 → 22］JSS［42 → 29］JTE［59 → 25］、BLS［40 → 21］）。詳細の分析では 5 学年は、単語や句単位の短い固まりの英語学習が多いのに対して、6 学年では目標表現を文章単位でやり取りや発表、読み書きをする学習が多いために、単語中心の活動が 6 学年では少なくなっている。この単語学習の傾向は中学校にどのように接続されているのだろうか。

　小学校 6 学年では単語学習が少なくなる傾向と逆に、中学校では急に学習単語数が増えることになる。例えば、次は『Here We Go!』で中学校 1 学

表 5：5 学年と 6 学年における単語に焦点化した活動数と分布

5 年	WC1	HWG5	NHE5	OWS5	JSS5	JTE1	CRJ5	BLS5
	18	35	40	32	42	59	27	40
6 年	WC2	HWG6	NHE6	OWS6	JSS6	JTE2	CRJ6	BLS6
	19	26	17	22	29	25	29	21
合計	37/211 (17.5)	61/321 (19.0)	57/282 (20.2)	54/189 (28.6)	71/279 (25.4)	84/359 (23.4)	56/235 (23.8)	61/272 (22.4)

年最初（Unit 1〔part 1, pp.30–31〕、2 時間扱い）に学習する新出単語リストである。中学校入学時に 11 の単語と句が新出単語として提示されている。

am, lost, student, <u>th</u>ere, meet, call, Ms., Japan, Canada, from, I'm from ～ .

　筆者の中学校教育実習生観察から推測すると、新出単語は、フラッシュカード等を用いて発音（例えば、日本語にない /th/ は強調して個別に発音）、意味、綴り、強勢、品詞、さらに語形変化（例：～ ed/ ～ ing）や例文の中で用法などのさまざまな単語の言語知識が明示的に指導され、定期試験などで知識の理解が評価されることになる。つまり、中学校の英語学習困難点として単語量の増加に加えて、小学校では音声で慣れ親しんだ単語が中学校では明示的に示され、単語のさまざまな言語知識が求められることである。
　視点を変えると文型・文法については、中学校 1 年生の中途まで小学校の既習事項をくり返し学習する。例えば、『Here We Go!』（中 1）では、Unit 5（全 8Unit 中）まで小学校での既習の表現・文型を学習する配列になっており（Unit 3 の What do you ～？を除く）、文法規則以外はさほど困難ではないと考える。小学校検定教科書では表現（例：I like ～）の習得を目標として「チャンツ」や「書くこと」などにより音声と文字で学習する配列になっている一方、単語学習については音声で読めるようにフォニックス指導や音から意味が理解できる程度である。単語学習について、小学校と中学校で単語量の違いや求められる言語知識（品詞や強勢、語形変化）、評価等の乖離により入学時の困難が生じていると危惧する。

5.　まとめ

　本章では検定教科書の活動配列や内容の分析を通して「読むこと」、「書くこと」、「単語指導」について着目して小学校における指導を検討し、中学校英語教育接続への示唆を探った。以下の 5 点に、これまでの調査結果をまとめる。

　第 1 に、小学校 5 学年と 6 学年の検定教科書の活動総数は、最大で 359（Junior Total English）から最小は 189（One World Smiles）の広い範囲で抽出された。活動内容の特徴として全活動の約 3 分の 1 は「聞くこと」の活動で、音声インプット中心の傾向が示された。一方、例外として『New Horizon English』は頻繁な「やり取り」活動（約 40%）を通して目標表現に親しむ構成になっている。

　第 2 に、検定教科書の活動の音声言語と文字言語の比率は星野・清水（2019）の調査結果と同様に、概ね 8 対 2 であることが示され、検定教科書が音声言語を重視していることが再確認された。

　第 3 に、全体的に「読むこと」の活動は目標表現の復習に留まっており、分量が少ない。特色として、skit やまとまった物語などの読み物教材がわずかに配列されている。

　第 4 に、「書くこと」の活動は全体的に 5 学年より 6 学年は分量が増えている（Junior Total English を除く）。6 学年は、目標表現を用いて、自分の経験や希望、考え、気持ちなどを創造的に書く自由英作文的な要素が含まれている。

　最後に、単語学習は全体の活動総数に占める割合は約 20% である。全体的な傾向として、6 学年では英文単位での学習が多くなり 5 学年より単語学習に特化した活動が少ない。一方、中学校から単語数や求められる言語知識が急増するために、小学校と中学校の単語学習に乖離が生じていることが懸念される。

　各検定教科書の活動は、基本的には聞くことを中心に音声活動を重視して編集されている。小学校から中学校への文字指導の接続の課題が指摘された過去の教科書を改善して、検定教科書の 6 学年では『We Can 1&2』で少なかった「読むこと」や「書くことを」を意識した構成になっているが、活動の分量は十分とは言えない。単語学習については、中学校との乖離があり、中学校入学時の英語学習困難点になっている可能性があり、今後さらに検証されるべきである。

注

1　読解力の説明に音韻ルートと視覚ルートが単語により柔軟に利用される Dual Route Model に対して、最新のモデルは音韻処理プロセスが読解にはより重要であると説明している（pp.17–21）。

2　grapheme（書記素）は、アルファベット文字などの文字の最小単位で、phoneme（音素）は、母音や子音などの音声の最小単位を指す。

3　Nation（2001）によると 95％以上の単語を理解していれば、他の未知の単語や文章を類推できるという説明もある。

4　Hoshino の調査では 7 社の教科書名を明示していないが、単語数の多い順で、1126 語、1125 語、949 語、926 語、880 語、786 語、734 語と報告している。

使用した教科書一覧

『We Can! 1』（2018）文部科学省

『We Can! 2』（2018）文部科学省

『Here We Go! 5』（2020）光村図書

『Here We Go! 6』（2020）光村図書

『NEW HORIZON Elementary 5』（2020）東京書籍

『NEW HORIZON Elementary 6』（2020）東京書籍

『New Horizon Picture Dictionary』（2020）東京書籍

『Junior Sunshine 5』（2020）開隆堂

『Junior Sunshine 6』（2020）開隆堂

『ONE WORLD Smiles 5』（2020）教育出版

『ONE WORLD Smiles 6』（2020）教育出版

『JUNIOR TOTAL ENGLISH 1』（2020）学校図書

『JUNIOR TOTAL ENGLISH 2』（2020）学校図書

『CROWN Jr.5』（2020）三省堂

『CROWN Jr.6』（2020）三省堂

『Blue Sky elementary 5』（2020）啓林館

『Blue Sky elementary 6』（2020）啓林館

『Here We Go! English Course 1 年』（2021）光村図書

第 2 部

小学校の授業を知る

第3章 | 小学校英語授業における
やりとり、教師の発話と役割

1.　はじめに

　第1章と第2章では、検定教科書の分析を中心に、小学校の言語材料について述べた。本章では、実際の小学校英語授業がどうなっているのかを理解するために、過去3年間の調査を通してA4サイズで200ページ以上の観察記録を基に会話分析の手法を用いて分析した。小学校の授業は、重要表現の学習を目標とする傾向が授業形態を形作り、活動順序は「重要表現提示」→「練習」→「児童の発表」(PPP) である。つまり、日常のコミュニケーションとは異なり、教師中心の展開である。重要表現の学習を目標とするために、JTE (日本人英語教師) が主導し、答えのある表示質問 (display question) が多い。一方、重要表現や題材の導入場面では、参照質問 (referential question) や応答引き出し (elicitation) が多く用いられる。さらに、教材により教師発話の特徴が異なることも観察され、教科書中心の日本の英語授業の特徴を浮き彫りにした。観察したティーム・ティーチングの授業では、JTE, ALT (外国人指導助手)、学級担任がさまざまな役割を果たすことが具体的事例で示され、特に児童理解に基づいた学級担任の果たす「足場かけ」(scaffolding) の役割に着目した。

　国内の小学校英語教育は、文部科学省による英語教育改革推進策 (2014) を基に、教科としての「外国語」(5学年、6学年対象) を2020年に導入するために、教科書、研修制度などが整えられてきた。小学校の英語指導体制は

徐々に改善されつつある。日本人英語専科教師 (Japanese Teacher of English、以下 JTE) に加えて、2008 年の教育職員免許法の施行規則改正により、教員免許状を持たない特別非常勤講師や中学校または高等学校教員の免許を所持する者が小学校で英語教授が可能になった。しかし、「平成 30 年度小学校等における英語教育実施状況調査」(文部科学省、2018) によると、英語担当教員としての学級担任の比率は 75.6％ (80,072 人中 60,566 人) であり、依然として学級担任が英語担当の中心である。また、児童・生徒のコミュニケーション能力の向上のために、文部科学省は 1987 年から ALT (外国人指導助手) を各国から招聘し、生の英語に触れることにより生徒のコミュニケーション能力を伸長しようと国策として推進してきた。

　日本国内の小学校英語教育の研修制度が充実する中、国外では授業談話分析や EFL 教師の役割 (English as a foreign language: 外国語としての英語、以下 EFL で省略) の研究が 40 年以上もなされてきた。EFL 教室では、授業の目標とそれを達成するための参加者の順番交替 (以下、turn-taking) や流れ (sequence) があり、個々の授業の場面 (context) が存在する (Seedhouse, 2004)。小学校の児童にとり英語上級者であり大人である教師の発話や支援は「足場かけ」(scaffolding) として重要な役割を果たす (Vygotsky, 1978)。EFL 教師は、教室内のコミュニケーションの形態や話題、やりとりを統制し、学習者は教師の発する発問や視覚物などの手がかり (cue) に主導されて発話し (Walsh, 2013, p.5)、一般的に教師は教室内で誰が、いつ、誰に、何を話すのかを決定する (Johnson, 1995, p.16)[1]。つまり、授業のやり取りを指揮 (orchestrate) するのは EFL 教師である (Breen, 1998, p.119)。Nunan (1987, p.137) は EFL 教室において、実際のコミュニケーションの場面のように、turn-taking や意味のやり取り、話題の取り上げなどが公平に教師と学習者に配分されているかを調査し、EFL 教室では実際のコミュニケーションとは異なり、教師が主導していることを指摘している。さらに、EFL 教師は、teacher talk (教師発話) という発話修正を行い (Chaudron, 1988)、その発話はさまざまな機能を持つことが報告されている (Long & Sato, 1983)。Cullen (1998, p.179) によると、コミュニケーション指向の教室では、教師が話しす

ぎること（teacher talking time: TTT）が批判されるが、教師の発話の量ではなく、EFL 教室の場面で効果的に学習を支援し、コミュニケーションのやり取りを促進しているかという質を重視すべきだと述べている。一方、上記の発話を中心とした相互交流（以下、interaction）の研究はほとんどが大人を対象としており、言語能力や認知能力、心理的な発達が異なる早期英語学習者（3 歳から 12 歳）を対象にした interaction の研究は少ない。

　さらに、Littlewood（2007）と Carless（2009）によるとアジア地域（例：香港）の EFL 環境ではタスク型活動が求められているにも関わらず、PPP[2] 中心の教師主導の授業が好まれる傾向であった事が報告されている。日本でも学級の児童数が多いにもかかわらず、英語授業時間が少なく、モデルとなる英語話者が限られている状況で、小学校英語教師が教室内で果たす役割はさらに大きい（大塚、2020）。しかし、その重要性にもかかわらず、日本では小学校教室内における授業観察に基づいた教師の発話や働きの調査は限られている。先行研究としては、学級担任と ALT の連携（黒田、2007; Shino, 2020）、学級担任と日本人英語指導助手の連携（原、2016）、授業の turn-taking（大塚、2020）などの局部的な場面（micro-context）での調査はあるが、さらに体系的な研究が求められる。

　本章は小学校英語ティーム・ティーチング授業の観察を通して JTE や ALT、学級担任の役割、さらに教師の発問や発問以外の教師の動きが interaction の様態にどのような影響を与えるかを探る。

　本章では EFL と ESL（第 2 言語としての英語、English as a second language 以下、ESL で省略する）の用語について、英語を母語としない言語環境を総称して EFL で基本的に統一する[3]。さらに、本章では英語教育海外文献での引用に従い、「教室」（classroom）を「授業」と同義語で交互に用いる。

2. 文献研究

2.1 EFL 教室の interaction の特徴

　本章では主に会話分析による教師の役割に着目して EFL 教室の interaction の特徴を述べる。

　EFL 教室における教師と学習者のやり取りの構造を説明するモデルとしてよく用いられるのは IRF モデル[4] (Sinclair & Coulthard, 1975) である。つまり、授業は質問・指示 (Initiation) →応答 (Response) →フィードバック (Feedback) の順で展開される。具体的には、教師が質問や指示を発すると (initiating)、これに呼応して学習者が応答 (responding)、さらに教師がこの応答にコメントを与えて確認 (feedback) をする (米山、2003)。この観察モデルは、教師主導に傾注しているとの批判もある (Walsh, 2006, p.41) が、本章は教師の発話に着目して授業分析を行うために、有効な観点の一つであると考える。

　さらに、vanLier (1988, p.108) によると、EFL 教室では話者の turn-taking が割り当てられたり、進展していく構造を次の様に説明している。話者の turn-taking は選ばれた話者が話を始め (initiative)、声の大きさやジェスチャーなどで発言権 (floor) を得て、注目を集め (prominence)、次の話者へ移行して (transition)、turn-taking が終わると、話題や次の話者が割り当てられる (distribution) というサイクルがくり返されるとする。

　EFL 教室の interaction の研究は第 2 言語習得研究の英語母語話者と非英語母語話者等で観察された発話修正 (speech modification) (Long, 1983; Pica, Young & Doughty, 1987; Lyster & Ranta, 1997) の影響を受けている。EFL 教室では、教師と学習者は互いの発話に対して明確化要求 (clarification request) をしたり、教師が学習者の理解を確認して次の段階に進んで良いかを確認チェック (confirmation check) したり、質問による理解チェック (comprehension check) をしたり、反復 (repetition) や学習者応答の引き出し (elicitation) などの interaction の特徴がある (Walsh, 2006)。

　Seedhouse (2004) は、EFL 教室における教師と学習者の interaction の

turn-taking や流れなどの特徴は、その教室の教育目標（pedagogic goal）との関係によって異なるとし、次の 4 種類の場面（context）を述べている（pp.102–136）。「形式・正確さの場面」（form-accuracy contexts）では、言語形式と正確さを重視した interaction が特徴であり、「意味と流暢さの場面」（meaning-fluency contexts）では言語形式や正確さより、interaction における話題やメッセージの内容を重視し、「タスク指向の場面」（task-oriented contexts）ではタスクの完成やタスクの目的達成を特徴とした interaction が特徴であるが、これら 3 つの場面がすべての教室では起こる訳はない。一方、「手続き場面」（procedural contexts）はすべての教室で起こる interaction であり、教師の活動指示や学習者の活動への質問など必要な情報の interaction であると説明している。

　Walsh（2006, pp.66–82）も Seedhouse（2004）と同様に、EFL 教室においては、教育目標を達成するために interaction の形態（mode）が異なるとし、次の 4 つの教室形態の枠組みにより interaction の特徴を説明している。「運営形態」（managerial mode）では、学習者の参加がなく、説明や指示のために教師の長い turn-taking や活動の指示語（transition markers）などが特徴である。「教材形態」（materials mode）では、教材の内容や目標言語を中心に interaction は展開され、教師が中心となる傾向があり、IRF モデル（Sinclair & Coulthard, 1975）が主流で、質問の応答を教師が知っている表示質問（以下、display question）が多く、発話内容より発話の正確さについて教師のフィードバックが多い。「技能とシステム形態」（skills and systems mode）では、言語技能（リスニング、スピーキング、リーディング、ライティング）と言語システム（発音、文法、語彙、談話）に関して目標言語の運用と正確さを目的とし、教師が発話の turn-taking や話題を決定する傾向があり、学習者の産出する言語に教師の誤りの直接修正（direct repair）や正確さを重視したフィードバックが特徴である。最後に、「教室場面形態」（classroom context mode）では、学習者の感情や経験、態度などを表現させる場面やスピーキングの流暢さを目的とし、学習者の turn-taking が長く、教師による言語形式の修正は最小限で、質問時に教師が答えを知らない Wh-question

などの参照質問（以下、referential question）を頻繁に用い、発話内容への
フィードバック（content feedback）や教師の確認チェック（confirmation
check）や理解チェック（comprehension check）が多いことが特徴である。

　Walsh（2006）によると、病院や法廷などの機関（institution）では独自の形
態の会話が展開されることを前提にする。つまり、EFL 教室という機関は
学習者が教育目標を達成するために教師が主体となり、特徴的な会話が展開
される。

2.2　EFL 教室の interaction における教師の発話や機能

　ESL 教室または EFL 教室において、英語熟達者である教師は、英語初級
者である児童や生徒に特徴のある発話を行う。Chaudron（1988, p85）は、
ESL 教師の発話を分析して次の様にまとめている。1）話す速度がより遅い
ようにみえる、2）話す内容を考えるための休止がおそらくより頻繁かつ長
くなる、3）発音が誇張され単純化される傾向がある、4）より基本的な語彙
が使用される、5）従属表現の度合いが低くなる、6）疑問文よりも宣言文・
陳述文が多く使用される、7）教師はより頻繁に自己の発話をくり返す。

　EFL 教室または ESL 教室では、教師の発問の種類や機能にも特徴があ
る。Long & Sato（1983）によると、初級レベル非英語母語話者の学習者を担
当した米国の 6 人の英語母語話者教師の発話を分析すると、display question
（表示質問）の割合は約 80％で、referential question（参照質問）の割合は約
20％という結果を示し、英語初級レベル学習者には display question を多く
用い、さらに教師発話の機能の特徴として 30％余りが学習者の発言をくり
返す（echoic）、display question と referential question を含む情報を得るた
めの発話（epistemic）が約 60％余りであることが報告された。

2.3　EFL 教室の JTE, ALT, HRT の役割

　日本の小学校英語教室では、日本人英語教師（JTE）、外国人指導助手、
（Assistant Language Teacher、以下 ALT）、学級担任（Homeroom Teacher、
以下 HRT）の 3 者が役割分担をしてティーム・ティーチング（以下、TT）を

行うことが多い。最初に、兼重 (2007, p.116) は 3 者の役割を的確に説明しており網羅的である。しかし、小学校教員指導参考書として提案された枠組みであり、実証研究に基づいている訳ではない。本調査で、同枠組みを検証するために、詳細に後述して本章の観察記録データと照合する。

　次に、小川 (2017) によると、学級担任の役割について「児童一人一人の実態把握や他教科との関連性など (中略) すべて担任が把握し、児童を支えています。(中略) 小学校の外国語教育の成功のためには担任の活躍が必要」(p.60) と述べている。TT における ALT の役割は「①英語らしい音、表現をその場面や状況に応じて十分に充てられる、②担任教員との TT で英語の「やり取り」「対話」を示したり、アクティビティーのやり方を実際に見せて示せる、③児童と英語で即興性のあるやり取りができる、④児童の発話を拾いながら、英語の気づきや学びを促すことができる、⑤外国人 ALT なら担任が、日本人 ALT なら担任と双方が、英語を使ってコミュニケーションする日本人のロールモデルを示せる」(p.60) と述べている。

　萬谷 (2019) の小学校教師対象のアンケート調査 (n=335) によると、「学級担任が英語を指導した方が良い」と回答した上位の理由は、1) 担任教師は指導内容・方法を児童に合わせやすいから (82.84%)、2) 担任教師はより深い児童理解があるから (83.58%)、3) 担任教師は児童との相互信頼があるから (85.07%)、4) 担任教師は他教科の内容や生活体験を関連付けられるから (79.85%) という結果を示している。他方、同調査では「専科教師が英語を指導した方が良い」と回答した上位の理由は、1) 専科教師は十分な英語力があるから (89.50%)、2) 専科教員は英語指導技術があるため (91.50%)、3) 専科教員は準備時間に余裕があるため (83.50%) という結果を報告している。

2.4　授業における教師の「足場かけ」(scaffolding)
　小学校の授業では心身の発達段階や英語学習初期という状況で児童は教師から多くの足場かけ (以下、scaffolding) を受ける。scaffolding は児童が問題を解決したり、自らの支援のない努力を超えた目標やタスクを達成したりすることを可能にする過程である (Wood et al., 1976, p.90)。

　本調査に関連のある scaffolding として、オーストラリアの ESL 教室（6・7 才）を観察した Hammond & Gibbons（2005）は、教師と児童の interaction で教師が「授業の目標のために児童の過去の経験を関連付けたり」、「言葉やジェスチャーなどを用いてヒントを出しながら生徒の応答を引き出す」、「recasting（児童の発話を言い直す）」が観察されたことを報告している。さらに同調査では IRF のやり取りでは、最後の Feedback はやり取りの終了ではなく、scaffolding は新しい発話につなげる発展的な役目も果たすと指摘している。

　日本の小学校英語授業を観察し、談話分析の手法で分析した Shino（2020）は、HRT と ALT の協働的な scaffolding として「HRT と ALT が段階的に児童の応答を引き出したり」（例：ALT が発した *drama*［劇］の正しい意味を HRT が日本語のヒントを出しながら導く）、「児童の理解できない不満を和らげたり」（例：*Simon says* のゲーム方法を児童が理解できずに不満を示した時に HRT の日本語や ALT のヒントで理解できた）、ALT と児童のやり取りで「繰り返したり、ヒントを与えながら授業中の重要な部分を理解させたり」（例：ビンゴゲームで ALT の発した *reach* の意味を児童に繰り返しやヒントで理解させた）などを scaffolding として報告している。

3.　調査方法

3.1　研究の問い

　本章は次の 4 つの研究の問いについて明らかにする。

(1)　観察小学校英語授業における interaction で活動順序、turn-taking、授業の主導権はどのような特徴があるか。

(2)　観察小学校英語授業で教師発話と授業目的にはどのような関係があるか。

(3)　観察小学校授業で教師発話と教材にどのような関係があるか。

(4)　観察小学校 TT 英語授業における JTE, ALT、学級担任の役割は何か。

3.2　調査対象者

　本調査は、科学研究費補助金（課題番号 19K00768）の研究活動の一環として、2019 年 12 月から 2022 年 3 月の間に沖縄県内公立 5 小学校の 45 分英語授業 7 学級（3 学級は同一授業者）を参与観察した。さらに、科研費研究活動の主要部分である「小学校英語担当教員スピーキング能力育成研修」では 2020 年に 13 人、2021 年には 15 人の参加教員がビデオ遠隔システム（Zoom）を用いて、10 分から 15 分程度の模擬授業を行い、すべて授業が録音され、文字起し授業記録が研修参加教員に共有・確認された。授業観察記録は A4 サイズ用紙で 200 枚以上になる。

　授業観察をしたすべての授業の中から、TT の協働活動や児童と教師の豊富なやり取り、教師の英語授業経験年数を主に考慮して 45 分授業をサンプル抽出した。5 年生対象の JTE 単独の 1 学級を除いては、他の 6 学級は TT で行われ、最終的に 4 つの授業を抽出し、抽出された授業 A は、6 年生対象で JTE と ALT で担当、授業 B は 5 年生対象で JTE と HRT で担当、授業 C は 5 年生対象で JTE と ALT で担当、授業 D は 3 年生対象で JTE と ALT が担当した。本来なら、JTE と ALT の組み合わせの TT 授業観察のサンプルの方が一貫性を持つが、授業 B の学級担任（HRT）の特徴的な役割に着目して、対象学級として含めた。担当した全員が 5 年以上の教授経験を持つ教員であり、JTE 全員が英語専科教員であり、ALT はすべて英語母語話者である。

3.3　観察記録収集方法と分析方法

　抽出した 4 授業は参与観察を行い、IC リコーダー（Olympus DS-700）で音声を録音した。筆者は主に教室の後部に位置し、授業を観察して記録用紙に活動の流れや教師と児童のやり取りなどを記録した。授業の観察記録は教師と児童のやり取りのすべてを記述したが、教師の発話と動きの調査を主目的とするために、児童のペア活動などの観察記録は一部しか記録されていない。授業後に録音音声の文字起しを行い、録音音声と文字起しデータを授業者と共有して毎回、確認作業を行った。観察記録は定められた授業の観点を

チェックする方法ではなく、教室内で現れる教師と児童の発話の interaction や教師の発話行動を中心に主に会話分析（Heritage, 1997; Seedhouse, 2004; Walsh, 2006）の手法を用いて分析した。観察記録は turn-taking に合わせて教師と児童のすべての発話が番号付けされ、同じ話者（主に教師を指す）が新しい話題や活動について発話する場合は、turn-taking が起こったと捉えた。さらに、教師の発話に着目して、別に教師の turn-taking 数を数えた。

4.　調査結果と考察

4.1　観察授業の概要

　最初に各観察授業の概要を把握するために対象学年や TT の形式、学習目標、教科書・単元・目標表現を下の表 1 にまとめた。

　表 1 によると、授業 A は中学校入学を前にした 6 年生が他人の将来の夢を聞いたり、自分の夢を表現させる内容である。授業 B は、5 年生が身近な目的地への行き方の表現を学習し、自分の目的地への行き方を表現させる内容である。授業 C は、5 年生が食べ物の注文の仕方の表現を学習し、家族の好きな食べ物を考えて注文の表現をさせる内容である。授業 D（3 年生対象）は、『Let's Try! 1』（文部科学省作成）を利用しているが、授業では絵本を主に用いて、動物の単語を音声で理解して、ALT や級友に動物を尋ねる内

表 1：授業の対象学年、TT の形式、学習目標、教科書・単元・目標表現

授業事例	授業 A	授業 B	授業 C	授業 D
対象学年	6 学年	5 学年	5 学年	3 学年
TT の形式	JTE と ALT	JTE と HRT	JTE と ALT	JTE と ALT
学習目標	「将来の夢を言ったり、聞いたりすることに慣れよう」	「目的地への行き方をうまく伝えよう」	「家族のためにレストランで料理を注文しよう」	「動物を当てたり、たずねられたことに答えたりしよう」
教科書・単元・目標表現	『Smiles 6』Lesson 8 "What do you want to be?"	『Smiles 5』Lesson 8 "Where is the station?"	『Smiles 5』Lesson 7 "I'd like pizza."	『Let's Try! 1』Unit 9 "Who are you?"

容である。詳しい内容の分析は後述する。TT の具体的構成員は、授業 A の
ALT と TT をする JTE は英語専科教員であり、かつ 6 年生の学級担任であ
り、個々の児童を十分に理解しており、英語担当は 1 校のみである。授業 B
の JTE は 1 校を担当する英語専科教員であるが、授業時数が約 25 時間と多
く、HRT は学級担任で児童をよく理解している。授業 C の ALT と TT を
している JTE は 2 校を担当する英語専科教員である。授業 D の ALT と TT
をしている JTE は授業 C と同様に 2 校を担当する英語専科教員である。

　次に、各授業の活動順序（sequence）と内容の概要一覧を表 2 で示した。場
面やニーズに応じて話題や必要な単語や文型が選択される日常会話（Nunan,
1987）とは異なり、対象の授業 4 事例は目標表現や単語の学習を「授業目標
（Goal）」に展開している（表 2 では各授業の下線部）。従って、教科書の言
語材料（表現や単語など）の学習を目標とする PPP の形態で、活動順序が展
開していると考える。つまり、目標表現や単語を教師が提示する Presentation
の段階で始まる（表 2 のすべての授業は前時で目標表現や単語が提示されて
おり、最初に目標言語事項と身近な具体例を関連付ける程度になってい
る）。次に提示された言語材料（目標表現や単語）を教師と児童、あるいは児
童同士で練習する Practice の段階である（表 2 では、授業 A では 2 〜 5、授
業 B では 2 〜 5、授業 C では 2 〜 8、授業 D では 2 〜 4）。最後に練習した
目標表現や単語を使うことにより学習成果を披露する Production の段階で
ある（授業 A では 6、授業 B では 6 〜 8、授業 C では 9 と 10、授業 D では
5 〜 10）。対象授業の活動順序は基本的には PPP の形態であるが、教師のモ
デルがくり返されたり（例：授業 C の 2 と 8）、既習事項の復唱がくり返さ
れたりして（授業 A の 5、授業 B の 4、授業 C の 6 と 7、授業 D の 4 と 7）、
PPP の各段階が直線的に進行する訳ではなく、必要に応じて各段階がくり
返される状況が観察された。

4.2　教師と児童の turn-taking

　授業中の教師と児童の発話を数値化して比較するために、本章の分析の基
本単位となる turn-taking の総数や教師と児童の turn-taking の数量や割合を

表 2：授業の活動順序と具体的活動内容

	授業の活動順序と具体的内容
授業 A	1. 導入（身近な経験［児童の修学旅行］に関連した目標表現の導入）→ 2. 目標表現のモデル（JTE と ALT）→ 3. 目標表現を含むビデオ視聴と理解確認（JTE と ALT）→ 4. <u>Goal の提示</u>→ 5. 児童の既習単語の理解確認と復唱（JTE と ALT）→ 6. 目標表現の理解確認ゲーム（JTE 主導）→ 7. まとめ（理解の確認と自己評価）
授業 B	1. 導入（児童に身近で親しみのある場所を話し合う）→ 2. 前時の既習表現を復習→ 3. <u>Goal の提示</u>→ 4. 児童の動作反応で既習単語の理解確認（JTE が主導）→ 5. 目標表現のモデル（JTE が主導）→ 6. 教師と一緒に、全体で目標表現を使って個々の地図の目的地へ到達する→ 7. 教師と一緒に、ペアで目標表現を使って個々の地図の目的地へ到達する→ 8. 地図で目的地への行き方を指名児童が発表→ 9. まとめ（理解の確認と評価）
授業 C	1. 導入（文化紹介など）→ 2. 目標表現のモデル（JTE と ALT）→ 3. 既習目標表現の口頭練習（教師主導）→ 4. <u>Goal の提示</u>→ 5. ビデオを用いて既習表現のチャンツ→ 6. 重要単語の復唱（ALT 主導）→ 7. 値段や数字の復唱（JTE と ALT）→ 8. 目標表現のモデル（JTE と ALT）→ 9. 目標表現を使うペア活動（児童同士）→ 10. 指名児童の目標表現の発表（JTE 主導で）→ 11. まとめ（理解の確認と自己評価）
授業 D	1. 導入（動作を伴う歌）→ 2. <u>Goal の提示</u>→ 3. 絵本の story-telling（ALT 主導）→ 4. 既習単語の確認（JTE 主導で児童と）→ 5. 児童が目標単語を使って ALT に質問→ 6. 目標表現の理解を確認するゲーム（JTE 主導で児童と）→ 7. 目標単語の理解確認（ALT が質問）→ 8. 指名児童が目標単語について質問と応答を発表（ペアワーク）→ 9. 目標単語を用いたゲームのモデル（JTE と ALT）→ 10. 目標単語について質問と応答のペア活動（児童）→ 11. story-telling（ALT）→ 12. まとめ（理解の確認と自己評価）

分析した。表 3 によると、45 分の授業時間の同条件下で、turn-taking の頻度は、最大 324 回（授業 D）から最低 210 回（授業 B）の頻度で分布している。さらに、教師（2 人）の turn-taking と児童全員の turn-taking の数量と割合は、それぞれ、授業 A では教師の 193 回（68.7%）対児童の 88 回（31.3%）、授業 B では、教師の 158 回（75.2%）対児童の 52 回（24.8%）、授業 C では教師の 175 回（58.9%）対児童の 122 回（41.1%）、授業 D では、教師の 176 回（54.3%）対児童の 148 回（45.7%）の比率である。

　授業 A と授業 B は教師の turn-taking 数が多いため、教師主導の印象を受

表 3：授業の turn-taking 総数と教師と児童の turn-taking 数と割合

授業	A	B	C	D
turn-taking 総数	281	210	297	324
教師の turn-taking 数	193 (68.7%)	158 (75.2%)	175 (58.9%)	176 (54.3%)
児童の turn-taking 数	88 (31.3%)	52 (24.8%)	122 (41.1%)	148 (45.7%)

表 4：小学校英語担当者の果たす役割（出所：兼重、2007, p.116）
（各項目の番号は筆者が追加した）

Roles（役割）	HRT（学級担任）	JTE（日本人英語教師）	ALT（外国人指導助手）
Designer（授業作り・設計者）	1. 子供の実態や他教科との関連性にもとづいて	2. 英語教育の知識にもとづいて	3. 英語の知識にもとづいて
Model（モデル）	4. 学習者としてのモデル	5. 英語や英語文化の明示的知識	6. 英語や英語文化の実物モデル・暗示的知識
Teacher/instructor（教授者）	7. 教室運営、授業運営における指導	8. 英語や英語文化などの体験的、授業運営等	9. 英語や英語文化などの体験的教授
Supporter/facilitator/communicator/Mediator（支援者）	10. 学習者の実態を考慮した足場かけ	11. 日本語や英語をともに使った足場かけ	12. 英語によるコミュニケーションを通じた足場かけ
Organizer/Manager（授業運営者）	13. 学習者の実態にもとづいた授業運営・経営	14. 英語教育的視点からの授業運営・構成	15. 英語母語話者の視点からの授業運営・構成
Evaluator（評価者）	16. 学習者の実態に基づいた評価	17. 英語・英語教育的観点からの評価	18. 英語という観点からの評価

けるが、授業観察では授業 A では「将来の夢」を児童から引き出し、表現させるために JTE が多くの例文や自己の経験や児童の修学旅行の経験を発話していた。また、授業 B では、児童全員に目標表現を習得させるために、

JTE は英語と日本語の両方を用いて理解を確認し、HRT も積極的に参加して日本語で児童の激励や指名の発話が多かった。一方、児童の turn-taking 数の割合が最も高い授業 D では、教師のみの発話が少なく、教師のモデル（例：動物の名前）を児童が機械的に復唱する場面が多かったために、児童の turn-taking の割合が相対的に増えている。

　以下、授業観察データを用いて教師の発話の働きや発話以外の動きを精査する。観察データには教師の発話の他に JTE, ALT、学級担任の役割が現れる場合が多いので、前述（2.3）した兼重（2007）の英語教師の果たす役割のモデル（以下、「兼重モデル」で省略）に基づいて（表 4）、JTE, ALT、学級担任の役割の分析も同時に行う。表 4 の授業前に行われる「授業作り・設計者」（項目 1 ～ 3）と授業後に役割が発生する「評価者」（項目 16 ～ 18）は検証しない。

4.3　display question と授業中の主導教師

　先行研究（例：Long & Sato, 1983）では教師の発問が授業中に重要な機能を果たすことが着目された。本章でも教師の発問に着目して、児童の理解や知識を確認するために、事前に答えを知っている発問は「display question（表示質問）」として分類し、児童の応答を引き出したり、話題を広げるために、事前に答えを知らない発問は「referential question（参照質問）」と分類した。さらに、授業中の質問形式の指示（例：授業 C で JTE が ALT に活動の説明を求める *Could you explain?*）は、どちらにも分類できないために、少数ではあるが「運営・指示」として分類した。発問は英語と日本語の両方を含めて頻度を調べた。表 2 で説明したように、すべての対象授業が目標表現や単語（言語材料）の学習を中心に展開しているために、目標表現や単語の理解や運用を目的とする活動部分を「言語材料」として区分し、それ以外の活動を「導入終結」（具体的には「授業目標（Goal）」提示の導入部分と最後のまとめの活動）として区分し、それぞれの部分における発問を数量化した。さらに、TT における教師の発問の様態を明らかにするために、JTE と ALT（授業 B では HRT）に分けて分類した。下に、授業 A（表 5）、授業 B

（表6）、授業 C（表7）、授業 D（表8）で JTE と ALT（または HRT）別に、場面による発問の種類と頻度、割合を示した。（　）内の数値は日本語による発問頻度である。

　表5から表8までを概観すると、発問の総数は授業 A（51）、授業 B（50）、授業 C（41）は発問数が多い。一方、授業 D の発問総数（20）は授業 A、B、C に比べて少ない。発問総数の違いは、授業 A、B、C は教科書を用いた学習であり、目標表現や単語の知識や理解の確認をする発問が多いためである。具体的には、授業 A（表5）では display question（27/52.9%）の内、「導入終結」（1）、「言語材料」（26）、授業 B（表6）では display question（25/50.0%）の内、「導入終結」（4）、「言語材料」（21）、授業 C（表7）では display question（29/70.7%）の内、「導入終結」（1）、「言語材料」（28）と、目標表現や単語を学習する「言語材料」の場面では、display question が圧倒的に多いことがわかる。

　display question は［観察記録抜粋1］で例示する。

表5：授業 A の JTE と ALT の場面による発問種類と頻度、割合
（（　）内の数値は日本語）

発問種類	display question		referential question		運営指示
	導入終結	言語材料	導入終結	言語材料	
JTE	1	24	5	0	7 (7)
ALT	0	2	11	0	1
小計	27		16		8 (7)
割合	52.9%		31.4%		6.4%
総計	51				

表6：授業BのJTEとHRTの場面による発問種類と頻度、割合
（（　）内の数値は日本語）

発問種類	display question		referential question		運営指示
	導入終結	言語材料	導入終結	言語材料	
JTE	1	17 (10)	10 (1)	0	12 (8)
HRT	3 (2)	4 (4)	1 (1)	0	2 (2)
小計	25		11		14 (10)
割合	50.0%		22.0%		28.0%
総計	50				

表7：授業CのJTEとALTの場面による発問種類と頻度、割合

発問種類	display question		referential question		運営指示
	導入終結	言語材料	導入終結	言語材料	
JTE	1	22	6	0	3
ALT	0	6	3	0	0
小計	29		9		3
割合	70.7%		22.0%		7.3%
総計	41				

表8：授業DのJTEとALTの場面による発問種類と頻度、割合

発問種類	display question		referential question		運営指示
	導入終結	言語材料	導入終結	言語材料	
JTE	0	12	1	3	2
ALT	0	0	0	2	0
小計	12		6		2
割合	60.0%		30.0%		10.0%
総計	20				

　　［観察記録抜粋 1］（授業 C）（Ss は児童全員、→部分と下線部が display
　　　question）

（食べ物の値段や数字の学習を目標としている）

→ 119 JTE: Let's check the price.
　　　　　　　 Curry and rice（白板の値段を見ながら）<u>How much?</u>

　　120 ALT: 300 yen.

　　121 Ss:　 300 yen.

→ 122 JTE: Grilled fish. <u>How much?</u>

　　123 ALT: 300 yen.

　　124 Ss:　 300 yen.

→ 125 JTE: Pork steak. <u>How much?</u>

　　126 ALT: 300 yen.

　　127 Ss:　 300 yen.

　上の［観察記録 1］では、JTE は兼重モデル（表 4）「14. 英語教育的視点からの授業運営・構成」の役割に徹しているためか、JTE による目標言語の理解確認の質問（display question）、ALT のモデル、児童の復唱のサイクルで展開され、IRF の Feedback が観察されない。

　さらに、授業の「言語材料」で教師別に display question 頻度を比較すると、授業 A（表 5）では JTE（24）対 ALT（2）、授業 B（表 6）では JTE（17）対 HRT（4）、授業 C（表 7）では JTE（22）対 ALT（6）、授業 D（表 8）では JTE（12）対 ALT（0）と JTE の発問数が圧倒的に多く、JTE が授業の活動主要部分で主導権を持っている事を示している（原、2016）。その事実は、「運営指示」でも JTE の多い発問数（授業 A：JTE ［7］、授業 B：JTE ［12］、授業 C：JTE ［3］、授業 D：JTE ［2］）が同様の傾向を示している。加えて、授業 C と授業 D で日本語使用がないのに対して、授業 A では JTE（運営指示 ［7］）、授業 B では JTE（言語材料 ［10］／運営指示 ［8］）、HRT（言語材料 ［4］／運営指示 ［2］）と日本語使用が多い。この特徴は、兼重モデル（表 4）によると児童理解の「支援者」として、学級担任（授業 A の JTE と授業 B

のHRT）が「10. 学習者の実態を考慮した足場かけ」の役目を果たし、さらに、JTEは、「11. 日本語や英語をともに使った足場かけ」の働きをした事で説明できると考える。また、JTEは言語材料の理解や運用をさせるために、display question を多用しており、兼重モデル（表4）の「5. 英語や英語文化の明示的知識」提供者としての役割に近いと考えるが、実際の授業観察では、児童の身近な例や経験などを用いて、十分に目標言語事項の音声に親しんだ後に授業目標（Goal）（明示的説明）が提示されており、小学生児童には「明示的説明」ではなく、JTEは「英語を帰納的に学習させる」が正しいと考える。

4.4　TTにおける referential question

次に、referential question について検証する。referential question の頻度の特徴は授業A（表5）、授業B（表6）、授業C（表7）の「言語材料」で全く使用されていない点である。授業Dは絵本教材を用いたために、「言語材料」で少数（JTE:3／ALT:2）の referential question が観察されている。つまり、教科書を中心とする「言語材料」の部分では、児童の応答を引き出したり、話題を広げたりする referential question が使用されずに、display question の頻度が高い傾向があることが示唆される。具体的な referential question の使用事例は下の［観察記録2］である。

　　［観察記録抜粋2］（授業A）（Sは児童全員、→部分と下線部が
　　　　referential question／（＊）の番号は教師の役割を示す）
　→ 15 ALT: How about you? <u>Where did you go for free time?</u>
　＊ 16 JTE: On Kokusai street. We went to ...
　　 17 S1:　 McDonald
　　 18 ALT: McDonald's
　→ 19 ALT: <u>What did you eat?</u>
　　 20 S1:　 えーと。
　＊ 21 JTE: I ate ...

22 ALT: Can you explain the food?

→ 23 JTE: <u>What flavor?</u> Vanilla, strawberry. chocolate,

24 JTE: Ok, let's have a small talk. Stand up.

25 S1:　Vanilla.

＊ 26 JTE: Vanilla.

　上の JTE と ALT の［観察記録 2］では、児童の修学旅行の体験と関連付けて、15 *Where did you go for free time?* で、訪問場所の応答を引き出す (elicitation)、19 *What did you eat?* で、食べ物を引き出す、さらに、23 *What flavor?* で、種類（アイスクリーム）について話題を広げる referential question が発問されている。さらに、この会話では ALT の場所 (Where) の質問 (15) に対して、JTE が児童に応答の出だし部分のヒントを与えたり (16)、何 (What) を食べたかの ALT の質問 (19) に対して、児童が応答に躊躇している場面で、JTE が応答の出だし部分を示したり (21)、ALT の明確化要求 (clarification request) の質問 (22) *Can you explain the food?* に対して、JTE がヒント (*What flavor?*) を出し、JTE の scaffolding が観察される。つまり兼重モデル（表 4）の JTE の「11. 日本語や英語をともに使った足場かけ」が観察される。さらに、23 (JTE: *What flavor?*) の質問に対して、応答がなかったために、次の活動に進めようとしたが (24)、数秒して児童は *Vanilla* と答えている (25)。interaction では教師の発問後の silence（沈黙）、waiting time（待つ時間）が重要である (Walsh, 2013) 事を示す観察記録である。

　加えて、下の授業観察事例（観察記録 3）では日本語による referential question や HRT の役割が現れている。

　　［観察記録抜粋 3］（授業 B）(Ss は児童全員、→部分と下線部が
　　　referential question／（＊）は教師の役割を示す)

　→ 15 JTE:　Very good, T sensei. Good morning. <u>What do you like?</u>（電
　　　子黒板で示されているスナックから選ぶ）

　＊ 16 HRT: I like たけのこの里 .

```
     17 Ss:    Me too.
→  18 JTE:   Me too, very good.（生徒の発話をくり返す）
              Looking at this. Who likes たけのこの里？　Who likes たけ
              のこの里？
*  19 HRT: Who likes?（一緒に質問する）
→  20 JTE:   Raise your hand.　Who likes たけのこの里？（教室の何名
              かの児童が手を挙げる）
*  21 HRT: おいしいね。
```

　上の JTE と HRT の［観察記録 3］では、referential question の使用言語や JTE の TT の相手である HRT が特徴ある役割を果たしている。目標表現を導入するために、お菓子（たけのこの里）が購入できる身近な場所への行き方を導入する場面である。JTE はいくつかのスナック菓子の写真から、15 *What do you like?* と、好きなお菓子の応答を引き出したり、18 *Who likes* たけのこの里？ *Who likes* たけのこの里？／ 20 *Who likes* たけのこの里？とくり返し、「たけのこの里」のお菓子が好きな児童の応答を求めたりして（HRT の 19 *Who likes?* は違う役割があると考える）、日本語を交えながら児童の応答を引き出す referential question を発問している。

　一方、［観察記録 3］では HRT は積極的に参加しており、兼重モデル（表4）に当てはめると、16 *I like* たけのこの里 . で JTE の質問（15）にモデルの応答をする事で、「4. 学習者としてのモデル」の役目を果たし、JTE の 18 *Who likes* たけのこの里？に対して、単なる質問のくり返しではなく、学級担任として児童の発言を激励したり（19 *Who likes?*）、JTE（20）の質問に手を挙げた児童に共感する発言をしたり（21 おいしいね）と児童の理解に基づいた発話をしており、「13. 学習者の実態にもとづいた授業運営・経営」に近い役割を担っている。学級担任が英語授業で重要な役目を果たせる実例である。

　さらに、［観察記録 4］では、TT で JTE と HRT が足場かけ（scaffolding）を用いて協働して支援を行い、児童の協力で活動を成功せせる過程が観察できる。事例では、最初の場面で、JTE の指示表現に対して児童がとまどう

状況（118）で、HRT が明確化のために質問をして支援する（119）。JTE の
感謝（120）に続いて、児童と共に HRT も悩みながら答えを考える（121）。
JTE が HRT の疑問に答えて、さらに問題の解決法を児童に求める（122）。
児童が理解している *corner* という単語を発話すると（123）、JTE は児童の理
解している単語を用いて、さらに指示表現を続ける（124）。最終場面で、
JTE は児童の活動の成功を確認して激励する（126）。HRT は児童の深い理
解に基づいて授業運営を行っており、兼重モデル（表 4）の「7.　教室運営、
授業運営における指導」に近い役割を果たしていると考える。

　　　[観察記録抜粋 4]（授業 B）（Ss は児童全員）
　　　118 JTE:　（絵の目的地を指す）はい、どうぞ。"Go straight. Turn
　　　　　　　　right." Go...（児童からとまどいの声）
　　　119 HRT: これ block で良いの。
　　　120 JTE:　Yes, thank you.
　　　121 HRT: 交差点ではないよね。
　　　122 JTE:　Very good. 交差点じゃないから、one block two block だから
　　　　　　　　混乱するから。何を使ったら良いの。
　　　123 Ss:　　corner...
　　　124 JTE:　じゃ corner でいこうか。"Go straight. Turn right at the..."（児
　　　　　　　　童と教師が一緒に確認しながら言う）。
　　　125 S:　　First corner.
　　　126 JTE:　One corner じゃないね。First corner. Very good. Go straight.
　　　　　　　　Very good.

4.5　絵本教材を用いた応答引き出しと反復

　授業 D は絵本教材を中心に「言語材料」の理解確認や運用を行っており、
教科書の目標表現を中心とした他の 3 授業とは異なる教師の発話や動きが
発生したと考えられる。
　可能性として、早期英語学習者を対象に scaffolding（Hammond &

表 9：授業 D における ALT と JTE の応答引き出しと反復の頻度、割合

	応答引き出し	モデル反復
ALT	9	44
JTE	23	3
小計	32	47
割合	40.5%	59.5%
総計	79	

Gibbons, 2005; Shino, 2020）として報告され、上記の観察記録（2, 3, 4）でも表出した教師による応答引き出し（elicitation）や teacher talk（Chaudron, 1988）で観察された「反復」に着目して教師発話の頻度を数量化した。表 9 によると、応答引き出しの発話（32/40.5%）と反復の発話（47/59.5%）の合計（79）が観察され、教師の発話について表 8 に比べて多くの情報を与えている。

　具体的には、［観察記録 5］では、絵を見せながら動物の英単語を JTE が児童から引き出している。事例では、JTE が information gap[5] を用いて動物の絵の一部を見せ、単語を引き出す（175）。児童は、すぐに答えを与えられるのではなく Hint を要求して自ら回答しようと努力する（176, 180, 182）。JTE は徐々に動物の情報を与えて（177, 179, 181, 183）、最終回答を引き出し（185）、児童の推測が正しいというフィードバックを与えている（187）。

　　［観察記録抜粋 5］（授業 D）（Ss は児童全員、下線部が「応答引き出し」部分）

　　　　174 JTE: We are going to do "Who am I" game. Ok.

　→ 175 JTE: <u>Quiz 1（動物の体の一部を見せる）</u>

　　　　176 Ss:　　Hint 1, please.

　→ 177 JTE: <u>I have a triangle ear.</u>

　　　　178 S4:　　三角

　→ 179 JTE: <u>Ear.</u>

　　　　180 Ss:　　Hint 2, please.

→ 181 JTE: <u>I have square foot.</u>

　182 Ss:　Hint 3, please.

→ 183 JTE: <u>I am white and black.</u>

　184 Ss:　I know.

→ 185 JTE: <u>Ready.</u>

　186 Ss:　Are you a cow?

　187 JTE: Yeah. Let me check.（ALT がゆっくりと出す）

　188 Ss:　Yes, I'm a cow.

　次の［観察記録 6］では、絵本（*In the Autumn Forest*）を用いて動物の絵の一部を見せながら、ALT がヒントとなる単語を反復して（学習者の発話をくり返す echoic とは異なる）、目標単語を理解させている（動物をあてる）。授業 D で観察されたのは、ALT が動物ごとに、絵本を説明する表現（132）やヒントとなる単語の反復（134, 136）や動物の回答（140）、正解の再確認（142）という同じサイクルの活動を 5 分程度反復している。児童は単調な表現や単語の反復にも関わらず ALT の表現豊かな story-telling により、楽しそうに復唱をしている。［観察記録 6］での ALT の役割は兼重モデル（表 4）によると、「6. 英語や英語文化の実物モデル・暗示的知識」に該当すると考える。授業中の教師発話の反復と児童の復唱は、前述の［観察記録 1］でも観察され、小学校の授業では、一般的な interaction の形態であると考えられる。

［観察記録抜粋 6］（授業 D）（Ss は児童全員、下線部が「反復」部分）

→ 132 ALT: <u>I see something</u>.

　133 Ss:　I see something.

→ 134 ALT: <u>Round.</u>

　135 Ss:　Round.

→ 136 ALT: <u>Round nose.</u>

　137 Ss:　Round nose.

138 ALT: Are you a...? Ready.

139 Ss:　　Are you a...?

→ 140 ALT: <u>Wow. Wild bore.</u>

141 Ss:　　Wild bore.

→ 142 ALT: <u>Yes, I am.</u>

143 Ss:　　Yes, I am.

　結論を述べる前に調査結果から浮き彫りになった問題点を明確にする。授業 D では他の 3 授業とは異なり、display question は多くは観察されなかった。特徴として絵本教材を利用した授業 D では、児童からの「応答引き出し」や「反復」が観察された。授業 D の教師発話の相違について解釈を試みると、教材や教科書を中心に授業が展開される傾向がある日本の小学校英語授業では、授業目標のみではなく教材も教師発話の種類や機能に大きな影響を与えると考える。

5.　まとめ

　小学校 TT 英語授業の観察事例から量的データと会話分析データを用い、interaction における turn-taking、授業展開（sequence）の特徴、授業目標、教材と教師発話の関係、さらに JTE, ALT、学級担任の役割について検証してきた。下記に調査結果をまとめ、示唆を述べる。

　第 1 に、観察授業事例では、目標表現や単語の習得を授業目標とする「言語材料」の活動場面での発問は主に display question であり（授業 D を除く）、さらに display question は JTE により発問され、授業の主導権を JTE が持つことが示された。

　第 2 に、観察授業事例では、「言語材料」の学習を目的とするために、PPP の活動順序で授業が展開され、授業目標が授業の形態を形作ることが示され（Seedhouse, 2004; Walsh, 2006）、日常会話の interaction とは異なる教師主導の turn-taking（Nunan, 1987）が観察された。

　第 3 に、絵本教材を利用した授業 D では応答引き出しや反復が多く観察され、授業目標のみならず教材も、教師発話の種類や機能に大きな影響を与えると結論づけた。授業 D では単調な教師の反復と児童の復唱が観察されたが、ALT の表現豊かな story-telling により児童は楽しく復唱を続けた。

　第 4 に、観察小学校授業事例では、全体的に JTE によるヒントや反復などの scaffolding（Shino, 2020）や応答引き出しのために referential question が効果的に使用され、さらに学級担任は児童理解に基づいた指示やコメント（授業 A と授業 B）などにより、発達段階や心理面に配慮した支援的な授業が観察された。この点で、小学校英語授業は帰納的な学習の傾向が強く、明示的な説明が多い中学校や高等学校の英語授業とは違うことが再確認された。

　最後に、HRT, JTE, ALT の役割について観察 TT 授業事例では、兼重モデルで示された「授業作り・設計者」（3 項目）、モデル（3 項目）、教授者（3 項目）、支援者（3 項目）、授業運営者（3 項目）のすべてが観察データにより実証された。特に学級担任が小学校英語授業では重要な役割を果たすことが示されたのは特筆すべきことである。多忙な学級担任に英語授業において多くの役割を期待することは難しいが、英語教員研修で育成される英語能力や英語指導技術に加えて、学級児童の実態を把握し、他教科との関連や児童を激励することができる TT における学級担任の重要な役割も見直されるべきである。兼重モデルは現場での経験や観察を基にした教員指導参考モデルであるが、本章で実証的に支持された点は、同モデルの真正性を証明することである。

　本章では、目標表現を中心に編集されている 5 学年と 6 学年の教科書を用いた授業（授業 A、B、C）では「言語材料」を中心とした教師発話が多く、絵本教材を用いた授業（授業 D）では、教師の応答引き出しや反復が多く観察された。今後は教材をテーマに教師発話調査の発展可能性がある。さらに、本章では、発話数の数値データと会話分析データの調査手法を用いて、研究の問いに答えてきた。文字起し作業は 45 分授業でも、10 時間近くを要する作業であるが、会話分析の調査手法は数値で可視化する方法では見

えない、教室で起こっている現象を説明できる可能性がある。特に、本章の
会話分析は JTE, ALT、学級担任が協働して言語的かつ非言語的（絵本や
絵）、心理的な激励などの scaffolding を用いながら児童から発話を引き出し
ていく様態の一部を明らかにできたことは成果の一つである。今後も会話分
析を利用した授業分析研究が新しい知見や発見を与えてくれることが期待で
きる。

注

1　学習者を主体としたコミュニケーション中心のアプローチでは教師と学習者は同
　等の立場を持つコミュニケーションの相手と考えるが、本章では教室における教
　師の役割を主眼としているために、教師と学習者は同等でないと考える。
2　PPP とは、教師が新しい言語事項を学習者に提示し（Presentation）、その後に教
　師と生徒、または生徒同志で言語事項を模倣、反復などの練習を行って定着を図
　り（Practice）、最後に運用の場面や目的を考えながら実際に言語事項を使用する
　（Production）過程を示す活動順序である。
3　EFL（English as a foreign language）とは日本などの非英語圏地域で英語を外国語
　として学習することであり、ESL（English as a second language）とは米国などの
　英語を母語とする英語圏地域で非英語母語話者が英語を第 2 言語として学習す
　る環境である。
4　IRF モデルは IRE（Initiation → Response → Evaluation）と表記される場合もあ
　り、その際は、教師の最後の確認やフィードバックが学習への評価（Evaluation）
　の役割を果たすと考える研究もある。
5　information gap とは情報のやり取りで対話相手が知らない状況で生じる、対話情
　報のずれである。

第 3 部

小学校と中学校の指導をつなぐ

| 第 4 章 | # 英語教員養成課程における
英語発音の知識と技能、態度 |

1. はじめに

　第 1 章では、小学校検定教科書の発音事項の分析を通して、小学校と中学校の発音指導の接続とその重要性を述べた。「英語音声学」は重要であるにも関わらず、教員免許履修科目において必修科目ではなく、発音指導は英語教育において欠落した分野である。本章では、大学英語教員養成課程における発音の知識と技能の習得状況と発音指導の事例研究を通して、現状や課題を掘り下げる。事例では、学生の発音記号に対する知識はアルファベット文字と異なる発音記号は理解が低い。その理由は発音を web を用いて調べる傾向が強く、中学生から発音記号を確認する指導が必要である。英語の音声特徴である超分節的な要素（イントネーション、リズム、強勢）を意識した音読は習得が難しい。学生の大半は、「母語話者のような発音をする必要はない」と認識しているが、実際の発音モデルは ALT に任せたいという発音指導への自信のなさも浮き彫りになった。発音は「英語音声学」講義のみでの習得は難しく、大学のカリキュラム全体でその必要性を認識し、くり返し学習されるべきである。

　英語教員養成課程と現職英語教員研修においては、日本国内のみならず、国外でも発音指導に関する課題が多い。さらに、英語が国際的な言語（English as an international language）としての認識が国際的に高まる中で、発音モデルに関する議論が続いている。まず、国内では、英語教員免許履修

科目に「英語音声学」が必修科目として指定されていないことには問題がある（河内山・有本、2016；杉本・内田、2020）。日本音声学会は「音声に関する科目の履修を英語の教育免許状取得の必須条件とすること」の提言（2017）の中で、「（前略）「英語学」の具体的内容には言及がなく、「国語」については「国語学」（音声言語及び文章表現に関するものを含む。）とあるのに対して、これは著しい不備と言うべきである」（p.2）と述べている。他に、国内大学おける発音に関するカリキュラムの不備（河内山・有本・中西、2013）、英語教員研修会における発音指導の不足（河内山・有本、2016）などが指摘されている。

　日本国内のみならず、国外でも発音指導は、体系的な研究が少なく、研究に基づいた実践指導がなされているとは言いがたい。語彙や文法の指導に比べて、発音指導の欠落は、「ESL/EFL の孤児（orphan of ESL/EFL）」（Grant, 2014, p.8, Gilbert, 2010, p.3 から引用）と比喩される。Derwing & Munro（2005, pp.382-383）は、発音指導は、応用言語学の分野で過小評価されており（marginalization）、ほとんどの主要な TESOL テキストでは、発音に関する情報が少なく、最小限の配慮しかなされていない傾向があると述べ、発音研究を指導に応用する必要性を強調している。同様に、Levis（2005）も発音指導の方向性は研究成果よりも、むしろ教師の日常の直感（intuition）やイデオロギー（例：特定の地域やグループの発音のなまりを受容するかどうか）によって、決定されてきたと指摘している。

　EFL 教師の発音指導への準備不足や自信のなさは、日本国内のみの問題ではなく、世界的に共通する問題であり、北米でも次のように報告されている。Murphy（2014, p.202）は、EFL 教師の発音指導に関する先行研究を比較検証し、1）EFL 教師は発音指導の準備ができていない、2）発音指導の研修がもっと必要である、3）発音指導に配慮した完全版の研修がほとんど提供されていない、4）教師への支援として、開発されたカリキュラム（発音指導を含む）が必要である、5）教員養成では提供する音韻学コースが教授面の視点に欠けていると指摘している。

　本研究では、英語教員養成課程科目を履修している学生を対象に、英語発

音について、分節的要素（母音、子音）、超分節的要素（イントネーション、リズム、強勢、音の変化等）の知識と技能、発音指導や発音モデルに対する態度を調査する。

2.　文献研究

2.1　外国語教授法における発音指導の変遷

　主要な外国語教授法の歴史的変遷の中で発音指導がどのように扱われてきたかを述べる。まず、1700 年代頃から始まった「文法訳読法」(Grammar-Translation Method) では、文法規則や文字の読解の学習を主目的としたため、発音指導はまったく配慮されなかった。

　1800 年代後半から 1900 年代前半に広く使用された、目標言語（例：英語）のみを用いて教授する「直接教授法」(Direct Method) では、発音指導は体系的ではなく、録音教材や教師のモデルを聞くことにより発音を模倣し、直感で教授され、子供が母語を習得するように目標の発音体系を内在化 (internalize)[1] すると考えられた (Celce-Marcia, Brinton, & Goodwin, 2010)。

　1900 年前半から 1950 年頃まで世界中で広く用いられた、聴覚と口頭の反復と模倣、暗記による習慣形成により目標言語を習得することを目標とした「オーラル・アプローチ」(Oral Approach、または Audio-Lingual Method) では、発音は主要な役割を果たし、最初から明示的に教授された。特に母語の発音が目標言語の発音習得の阻害になるという言語学の概念に従い、母音と子音に特化した最小対立練習 (minimal pair drill)[2] を用いた機械的な練習が徹底して行われた。

　1970 年代から始まり、現在も主流である「コミュニカティブ・ランゲージ・ティーチング」(Communicative Language Teaching) は文型や言語形式よりコミュニケーションのために言語を使うことを目的とし、発音指導は聞き手が理解できるか、話し手が明瞭に話すことができるか、つまり相手に伝わる発音が焦点となっている。Derwing (2018) は、「発音指導の価値は、全体的なコミュニケーションを促進するかどうかによって決定される」(p.321)

と述べ、コミュニケーションを重視した発音指導を強調している。Celce-Marcia, et al. (2010, p.9) は、目標とする発音能力について「コミュニケーションのために阻害にならないような境目のレベル (threshold level) を超える発音能力を身に付けることが現実的であり (中略)、コミュニケーションに焦点化した発音の指導方法については、まだ合意がなされていない」と述べている。

2.2　英語教師の発音モデルと国際語としての英語

　英語の標準的発音とは何か、または ELF 教室では、どのような英語発音をモデルに指導すべきかを以下に論じる。

　まず、小学校学習指導要領解説「外国語」(文部科学省、2017a, p.84) および中学校学習指導要領解説 (文部科学省、2017b, p.30) では、両方とも「内容 (知識・技能)　音声」の部分で、目標とする発音を「現代の標準的な発音」と記述している。一般的に標準的な英語発音とされるのは、英国の標準発音である Received Pronunciation (容認発音、RP で略記) は BBC 英語とも呼ばれ、実際には社会的上流階級である 3%程度のイギリス国民しか話さない。一方、北米英語の標準発音である General American (GA で略記) は、米国の広範囲に渡って過半数の国民によって話されている (竹内、2012, p.21)。

　日本国内の英語教育においては、「現代の標準的な発音」は、どのように扱われているのだろうか。Sugimoto & Uchida (2016) が行った中学校検定教科書の付属音声の調査によると、調査した 6 社の教科書の 50 人の登場人物中 46 人が北米発音 (つまり、米国発音またはカナダ発音) であると、英語母語話者より判断されたと報告している。さらに英和辞典の発音表記では、北米発音を最初に、英国発音を 2 番目に表記していることから、日本の英語教育における現状を鑑みて、英語教職科目として発音モデルは GA (General American) を使用することを提案している (杉本・内田、2020)。

　国際的には、国際語としての英語 (例：English as an international language) の研究の進展や英語教育におけるコミュニケーション能力を重視

する状況で、発音は「通じやすさ」を重視して研究が展開される傾向にある。目指すべき発音の概念として、Nativeness Principle（母語話者のような発音を身に付けることが望ましい）と Intelligibility Principle（通じる発音を身に付ければ良い）という二つの考えがある (Levis,2005, pp.370-371)。研究者（例：Celce-Marcia, Brinton, & Goodwin, 2010）の間では、Intelligibility Principle を支持されている傾向があるが、英語学習者や教員の間には必ずしも浸透していない。

　母語話者の発音を一元的にモデルとする考えから、国際語としての英語において、コミュニケーションが成功する場合に、どのような発音の特徴を伴うのかの研究も進展しつつある。例えば、Jenkins (2000, pp.158-159) は、多様な発音を持つ英語話者（例：インド英語話者と米国英語話者）の間に「口頭コミュニケーションで通じること」を目標に、必要不可欠の英語発音の特性のリストを Lingua Franca Core[3] として提案している。

　日本国内では、目標とする発音については母語話者に近い発音を目指す英語教員もいるし、国際語としての英語の観点から発音を論じるべきであると考える研究者もおり、調査結果は異なる。しかし、完璧に母語話者の発音を目指すのではなく、「通じやすさ」(intelligibility)[4] を目指す国際語としての英語をモデルとすることには合意があると考える。例えば、河内山・有本 (2016) が実施した英語教育関係者 56 人を対象にした調査では、調査参加者の指導目標の英語発音として 86％が国際語としての英語を選択している。一方、Uchida & Sugimoto (2019) の調査報告によると、100 人の公立中学校英語教員を対象に行ったアンケートでは、83％の教師が母語話者なみの発音を教師が身に付けるべきだと回答し、わずかに 28％の教師が日本語なまりの痕跡が残った発音を容認できると回答している。Uchida & Sugimoto (2020) は、教師が身に付ける発音の知識や技能、指導技術については、どの研究も明確に定義をしていないと述べており (p.6)、さらなる研究の必要性がある。

2.3　国内の英語教員養成課程と現職教員研修における発音指導の課題

　発音に関するカリキュラムの現状について、河内山・有本・中西（2013）
は、全国の英語教職課程を持つ 239 学部を対象に調査し、1,084 のシラバス
を分析したところ、音声学の知識、発音する能力、発音指導法のいずれかの
要素を含むのは 243 科目（22.4%）であり、約4分1の低い割合であると報
告している。さらに、英語教員の発音研修の実態例としては、河内山・有本
（2016）の 56 人（小・中・高校・大学教員、英語指導者等）を対象にした調査
では、発音指導を受けた機会として、大学・大学院（60%）が過半数で、教
員研修会での受講は非常に低い結果（11%）を示した。加えて、2015 年度の
国内近畿地区教員研修では、音声指導は音読やシャドーイングが主で、発音
指導はほぼゼロであったとし、「英語教員は、教職に就く前に、発音指導を
学ぶ機会がなく、教職についた後も、学ぶ機会はあまり提供されていない」
（p. 160）と課題を指摘している。同様に、Uchida & Sugimoto（2019）の中学
校教員対象（n=100）の調査では、過半数以下の 49% が「発音全般に自信が
ある」と回答した一方、90% の教員が「研修の機会により自己の発音は伸
長する」と回答しており、発音研修の必要性を肯定している。

　さらに、教科書における発音の取り扱いも発音指導を困難かつ複雑にして
いる。河内山・有本（2018）が実施した6社の中学校検定教科書の教授用補
助資料（teacher's book）における発音表記の調査では、イントネーション、
連結、文強勢、ポーズを表す記号に統一性がないことに加えて、発音の説明
に関する分量についても幅（5 頁から皆無）がある事を報告しており、現場
教員の発音指導の混乱と回避につながると指摘している。

2.4　発音指導における分節的要素（segmental）や超分節的要素（suprasegmental）

　発音指導については、近年は分節的要素（segmental）や超分節的要素
（suprasegmental）について議論されることが多い。分節的要素とは、個別の
発音単位である母音や子音を指し、超分節的要素は、強勢（stress）、イント
ネーション（intonation）、リズム（rhythm）などの韻律的（prosodic）特徴であ

る。コミュニケーション重視や英語の多様性（English as an international language, Jenkins, 2000）の影響を受けて、超分節的な観点から発音指導が議論される傾向にある（Levis, 2018; Kang, Thomson, & Murphy, 2018）。一方、分節音の誤りが聞き手にとっては困難をもたらす（Derwing & Munro, 2005, p.391; Jenkins, 2000, pp.158-159）という主張をする研究者もおり、学習者のニーズにより発音の分節的と超分節的な要素は相互作用しながら（Pennington & Rogerson-Revell, 2019, pp.449-450）、両方とも必要であるとする考えもある（Celce-Marcia, et al., 2010, p.11）。

　分節的と超分節的な両方の要素から発音指導の論点を、以下に述べる。

　竹林・斉藤（1998）と Celce-Marcia, et al.（2010）によると、英語の母音音素は 11 音（短母音 6 音と長母音 5 音）であり、子音音素（半母音 /r/,/j/,/w/ を含む）は 24 音である[5]。minimal pair drill のように、英語の母音と子音の合計 35 音のすべての単音の学習に時間を費やすのは困難である。コミュニケーションにおいて、特定のペアの対立音は別のペアの対立音よりも聞き手の理解に大きく影響を与え、責任を担うことが多いと言われている。つまり機能負担量（functional load）が高いことを研究で示されている[6]。例えば Brown（1991）の調査によると、日本人が困難を伴う /s/ と /θ/（例：sink-think）の発音ペアは、/l/ と /n/ の発音ペアより、機能負担量が低いことが示されている。コミュニケーションを重視する発音指導を効率的に行うためには、発音の機能負担量を考慮することは有益である。

　音声の抑揚が少ない日本語に比べて、英語はリズムやテンポ、イントネーションなどの韻律的特徴（prosodic features）を持ち、強弱リズムのある言語である。Gilbert（2012）は英語の音声的な特徴を、「英語の音楽」（music of English）と呼び、発音指導テキストの中で強調している。超分節的な要素は、話者の態度や感情を伝えるのみではなく、韻律的なヒントにより発話の情報が新しいのか既知か、会話の話題が終了するのか、別の話題が始まるのかを判断するのに役立つ（Gilbert, 2014, p.110）。

　英語では、分節的な minimal pair drill の発想で、文中のすべての語を強く発音する訳ではない。原則として、文中で意味に関係して重要な「内容語」

（名詞、動詞、形容詞、疑問詞など）は強く発音され、文中で意味に関係して重要でない「機能語」（代名詞、冠詞や前置詞、助動詞など）は強く発音されない。強勢のある語は、単語全体を強く発音するのではなく、強勢のある音節を「長く」(length)、「強く」(intensity)、「高く」(pitch)発音し、母音は明瞭(clarity)に発音する。一方、強勢を持たない語は短く、弱く、低く発音し、母音はあいまい（例：/ə/schwa）に発音する（内田・杉本、2020, p.40）。発話の理解において、音声強勢の最も重要な要素は、長さと明瞭さである（Grant, 2014, p.16）。

2.5　英語教員養成における音声学教育の提案

　発音指導の理論的枠組みや具体的なカリキュラム、指導技術については、内田・杉本 (2020) の「音声指導力の3要素」（「音声学の知識」「音声指導の技術」「発音と聞き取り」）のモデルは、バランスがよく、包括的である。「音声学の知識」は母音、子音の発音のみではなく、超分節的発音要素であるイントネーション、強勢、リズム、音の変化（連結、脱落、同化）に関する知識を身に付ける。この部分は、通常の大学で提供されている「音声学」の授業で対応できる。「音声指導の技術」は実際に、調音の場所や方法を示しながら、教具などを利用して実施できるが、音声学の知識や発音に対する自信、発音指導経験がなければ学生が戸惑う分野である。*Clear Speech* (Gilbert, 2012) や *Well Said* (Grant, 2010) などは具体的な指導例を豊富に例示しており、役に立つ参考図書である。「発音と聞き取り」では、「音声学の知識」に基づいて、実際にモデルとなるように発音練習を行うことと、個別の音や自然な音の変化を聞き取ったり、さまざまな発音を持つ話し手のメッセージを理解したりする練習を行う。発音練習は、小物（手鏡など）を使ったり、発音を録音するなどの工夫をして通常になされている。英語教員養成課程の学生に特化したリスニングの授業やオーラル・コミュニケーションの授業で特別に組み込む必要がある。テキストとしては、*Clear Speech* (Gilbert, 2012) は、発音練習のみではなく、リスニング活動も含んでおり有用である。

3.　調査方法

3.1　研究の問い

次の研究の問いについて本研究では探求する。

(1)　英語教員養成課程の対象学生の英語発音記号にたいする知識はどの程度で、困難と認識する英語の母音と子音は何か。

(2)　英語教員養成課程の対象学生について、発音学習・音読練習によって「発音指導に対する態度」と「日本人の目指す英語発音」の認識がどのように変化するか。

(3)　英語教員養成課程の対象学生について、発音学習・音読練習によって英語発音の分節的な要素と超分節的な要素はどのように変化するか。

(4)　英語教員養成課程の対象学生について、超分節的な要素を考慮した知識や音読技能はどの程度であるか。

3.2　調査対象者

本研究の調査参加者は、A 大学の英語教職科目である「英語科教育法」(3 年生後期、4 単位、週 2 コマ)の講義を 2022 年 9 月下旬から 2023 年 1 月下旬の期間に受講した 24 人の 3 年生であり、中学校教育実習希望者は 22 人、高等学校教育実習希望者は 2 人である。調査時の受講学生の英語レベルは、実用英語技能検定(以下、英検)準 1 級合格者 1 人、英検 2 級合格者が 19 人で、英検 2 級を合格していない学生が 4 人であった。

3.3　調査用具

本研究では、「発音記号予備調査」、同一形式の「事前調査票」と「事後調査票」(両調査票は Google フォームに回答)、「教科書の発音表記記述」の 4 種類の調査用具が用いられた。各調査用具について下記で述べる。

まず、講義の開始部分に実施された「発音記号予備調査」については、河内山・有本(2019)の調査結果と比較するために、同じ語を用いた(対象 5 語

の発音記号の調査結果は「4.2 で詳述」)。

　講義の事前調査票「英語発音学習・音読練習と音読、目指す英語発音に対する意識について」の質問項目は「発音記号に対する知識」(26 項目)、「発音の確認方法」(1 問、5 項目、複数回答可)、「英語発音の難しい項目」(1 問、9 項目、複数回答可)については、河内山・有本 (2019) の調査と同じ内容であり、「英語音声学の受講状況」(1 問)、「英語発音に対する自信や態度」(3 問)、「発音指導に対する態度」(3 問)、「英語発音に対する自己評価」(4 問)、「日本人が目指す英語発音」(1 問、自由記述)、「発音指導についての本講義への要望」(自由記述)については、著者が独自に質問項目を追加した。

　講義の事後調査票は、事前調査票と比較するために同じ内容を多く含めた。具体的には、「発音記号に対する知識」(26 項目)、「英語発音に対する自信や態度」(3 問)、「発音指導に対する態度」(3 問)、英語発音に対する自己評価 (4 問)、「日本人が目指す英語発音」(自由記述) は同一質問で、最後に「本講義の発音学習・音読練習に対する所感」を新しく追加した。

　講義の最終部分で実施された「教科書の発音表記記述」は、講義での発音学習・音読練習の成果を反映した音読指導を行う事を想定して、検定教科書『Here We Go! 2 年』(p.52) の教科書本文 (「4.2.6」を参照) に実際に、イントネーション、文中の強勢、音の連結、音の脱落の 4 点について記号を用いて記述させた。『Here We Go! 2 年』が選択された理由は、教師用指導書の発音表記が最もわかりやすく、参加学生にも馴染みのある表記方法で、講義での事後指導に利用しやすいと考えたからである。

3.4　「英語科教育法」における発音学習・音読練習と調査項目の関連

　「英語科教育法」は、教授法や第 2 言語習得論、学習指導要領、言語知識 (発音、文法、単語) と 4 技能の指導や評価、模擬授業などの理論かつ授業実践に加えて、2 種類の常時活動として発音学習・音読練習と英語で授業を行える活動 (classroom English と teacher talk)[7] を行った。本研究では、主に発音学習・音読練習について述べる。本研究のすべての参加学生が「英語音声学」を受講済み (20 人)、あるいは受講中 (4 人) ではあるが、「英語音声

学」で得た知識を英語授業指導でどのように活用するかについては十分に認
識されておらず、また「英語音声学」で得た知識を活用して母音や子音の発
音、音の変化やイントネーションなどを実演する技能は十分に身に付けてい
ないと推測して講義を行った。母音や子音の分節的な要素のみではなく、実
際に音読指導で教師の範読や教師と生徒の一斉読みの際に、発音の正解さの
みではなく、文中のコンテクストでの音の変化やイントネーションなどの超
分節的な要素も考慮した。従って、後述する様に、同講義の最終部分で行わ
れた学生個人の「文法指導」または「音読・内容理解指導」の模擬授業で発
音学習・音読練習の成果を総合的に発揮することが期待された。

　「英語科教育法」のシラバスを発音学習・音読練習を中心に説明すると、
まず参加学生の発音に対する基礎的知識の情報収集と発音学習・音読練習に
対する動機付けを目的に、「発音記号予備調査」を実施した(第 3 回)。続い
て、事前の調査票「英語発音学習・音読練習と音読、目指す英語発音に対す
る意識について」を実施し(第 4 回)、同様な内容の事後調査票を実施し(第
30 回)、講義中に行われた発音学習・音読練習効果の変化について調査した。

　発音学習・音読練習としては、標準英語発音(General American と
Received Pronunciation)と国際語としての英語、IPA (International Phonetic
Alphabet)、母音や子音の調音法や調音点などの音声学の基礎的知識(第 8
回)、子音連結と音の変化(音の連結、脱落、同化)(第 10 回)、イントネー
ションの学習と表記活動([『Here We Go! 2 年』、p.68]で、教科書本文に実
際に下降と上昇、列挙するイントネーションを記述)(第 11 回)、英語のリ
ズムと内容語、機能語(第 14 回)の学習を行った。加えて、第 3 回の「発音
記号テスト」で達成度が低かったために、約 10 語の発音記号の小テスト(第
13 回と第 19 回)を実施し、発音記号の定着を図ったが、発音学習・音読練
習が目的であったために、調査結果には含めていない。さらに、発音学習・
音読練習を意識しながら、次の事項を留意してペア活動として音読練習を行
なった。スラッシュ読み、正確な発音、イントネーション(第 13 回)、全文
読み、内容語と機能語、リズム(第 15 回)、自然な発音(prosody)に留意し
て読む、音の連結、脱落、同化(第 17 回)、シャドーイング(第 19 回、21

回)を行った。さらに、国際語としての英語について意識を高めるために、多様な英語発音を聞く学習活動(ELLLO[8])、英語発音の機能負担量(functional load)の研究成果の理解を行った(第 26 回)。最後のまとめとして、発音学習・音読練習と音読練習活動を活用した文法事項の模擬授業と音読・内容理解の模擬授業を行うことが期待された(文法事項模擬授業と音読・内容理解模擬授業のいずれかが全員の学生に割り当てられた)。

　「英語発音学習・音読練習と音読、目指す英語発音に対する意識について」の事前調査票(第 4 回講義)及び事後調査票(第 30 回)の実施の際には、趣旨を説明し，入手したデータについては目的以外で使用しないこととデータの管理に充分な配慮をすることを理解してもらった。データの信頼性を高めるために調査票には参加者の氏名を記入させた。

4.　調査結果

4.1　発音記号の予備調査について

　本研究では英語教職課程学生の英語発音に対する本調査の前に、発音記号の習得状況を把握する予備調査を行った(第 3 回講義)。参加学生には、表 1 の 5 個の英単語の発音記号(出所：河内山・有本、2019)が示され、該当する英単語を書くクイズである。表 1 に、正解率、不正解率、無回答率と各数値をまとめた。5 個のすべてを正解した参加学生は 2 人のみである。正解率の範囲は、8.3％(match)から 62.5％(ball/large)とばらつきが大きく、全体的に英語教員養成課程の学生としては高い正解率とは言えない。表 1 の下には誤答例を列挙してある。最も正解率が低い発音記号は、/mætʃ/ で、正解率は 8.3％(2 人)である。下の誤答例を見ると meet(4 人)、meat(4 人)が最も多く、/m/ の子音は理解しているが、母音 /æ/ と子音 /tʃ/ を大半の学生が理解していないことを示している。さらに、/sɪŋk/ について、think(5 人)の誤答例から /s/ と / θ / の混同、sing(5 人)の誤答例から /ŋ/ と /k/ が連続して、混乱があることが推測できる。加えて、/bɔːl/ の発音記号では、誤答例から、長母音 /ɔː/ を理解していない、/jɛs/ の発音記号では、半母音

表 1：発音記号を英単語の綴りに変換する「予備調査」の結果一覧
（出所：河内山・有本、2019）

発音記号	/bɔːl/	/lɑːrdʒ/	/siŋk/	/mætʃ/	/jɛs/
正解	ball	large	sink	match	yes
正解率 （正解数）	62.5 (15)	62.5 (15)	50 (12)	8.3 (2)	45.8 (11)
不正解率 （不正解数）	33.3 (8)	20.8 (5)	45.8 (11)	75 (18)	20.8 (5)
無回答率 （無回答数）	4.2 (1)	16.7 (4)	4.2 (1)	16.7 (4)	33.3 (8)

(1)　/bɔːl/ (ball) の全誤答例　（　）内は誤答数
　　　B　bowl（2 人）　boal　boul　bell　bool　boal
(2)　/lɑːrdʒ/ (large) の全誤答例
　　　la　learge　read　lard　ready
(3)　/siŋk/ (sink) 全誤答例
　　　think（5）　sing（5）　silk
(4)　/mætʃ/ (match) 全誤答例
　　　mate　much（2）　march　meant　meet（4）　math　meat（4）
(5)　/jɛs/ (yes) 全誤答例
　　　j　jass　ジュース　jazz　jets

/j/ とアルファベット j を混同していることも特徴である。河内山・有本
(2019) の教職科目履修者を対象にした同一の 5 個の発音記号のクイズは、
全体的に正解率は 20％前後であり、/jɛs/ の単語綴りについては、無回答が
大半で「94％が解答を放棄している。」(p.93) と報告しており、本研究の参
加学生の正解率と比較すると低い。

4.2　「英語発音学習・音読、目指す英語発音に対する意識について」
　　　の事前と事後調査結果

4.2.1　発音記号に対する知識について

　予備調査により、発音記号の知識が十分に身についていないことが示さ
れ、講義実施前の推測が正しい事が確認された。引き続き、「英語発音学
習・音読、目指す英語発音に対する意識について」という題目で、講義開始

時（第4回）に事前調査票を、講義終了時（第30回）に事後調査票を用いて
調査した。河内山・有本（2019）の調査と同一の26個の抽出された発音記号
（8個の母音、18個の子音）について調査した。回答の選択肢は、「読めな
い」、「読める」、「発音記号も知り、かつ音も知っている」である。講義中の
英語発音学習・音読練習の効果を確認するために、事前調査票と事後調査票
の結果を表2にまとめた。表2の数値は各発音記号に対する24人の受講生
の発音記号と発音の理解に対する回答人数と回答割合である。実際の回答で
は、「読める」の回答は無かった。表2によると例えば、発音記号 /ə/ につ
いては、事前調査では12人（50.0%）が「発音記号も知り、かつ音も知って
いる」および12人が（50.0%）が「読めない」と回答している。一方、事後
調査では、18人（75.0%）が「発音記号も知り、かつ音も知っている」と回
答し、6人（25.0%）が「読めない」と回答している事を示している。

　すべての発音記号と発音について、事前調査票と事後調査票の回答人数と
割合を比較すると、全体的に事後調査票の「発音記号も知り、かつ音も知っ
ている」に対する数値は微増であるが上昇している（/ʌ/ を除く）。一方、事
前と事後で「発音記号も知りかつ音も知っている」の回答割合の差が最も大
きいのは、母音 /ɔ/（事前：8人（33.3%）→事後：16人（66.7%））と子音 /ʧ/
（事前：7人（29.2%）→事後：18人（75.0%））であり、講義中の発音学習・
音読練習を通して認識を高めた発音記号であと考える。母音 /ʌ/ について
は、「発音記号も知り、かつ音も知っている」の回答割合は、事前（62.5%）
から事後（58.3%）であり大きな変化がなかったため、認識の困難さは解消
されなかった。

　表2によると、事前調査票で発音記号と発音の理解の割合が低いのは、
/ʌ/, /ə/, /ɔ/, /ʃ/, /ʧ/ であり、理由は、日本語の「ア」の音に近い /ʌ/, /ə/[9] など
の母音が複数有る、/ɔ/, /dʒ/, /ʃ/, /ʧ/ はアルファベットの文字にない発音記号
であることが考えられる（河内山・有本、2019、p.91）。一方、アルファベッ
ト文字にない th 音（/θ/）は、日本人の困難な英語発音として頻繁に強調さ
れているために、高い数値であると推測する。

　表3に認識が困難であることが示された前述の5個の発音記号について、

表 2：発音記号の知識に対する事前調査票（QI）と事後調査票（QI）の回答人数（n=24）と割合の比較（出所：河内山・有本、2019）
（（　）内は、割合を示す）

	発音記号	/ɑ/	/æ/	/ʌ/	/ə/	/e/	/i/	/ɔ/	/u/	/b/
事前	発音/記号理解	20 (83.3)	22 (91.7)	15 (62.5)	12 (50.0)	20 (83.3)	22 (91.7)	8 (33.3)	23 (95.8)	19 (79.2)
	読めない	4 (16.7)	2 (8.3)	9 (37.5)	12 (50.0)	4 (16.7)	2 (8.3)	16 (66.7)	1 (4.2)	5 (20.8)
事後	発音/記号理解	21 (87.5)	23 (95.8)	14 (58.3)	18 (75.0)	20 (83.3)	22 (91.7)	16 (66.7)	23 (95.8)	22 (91.7)
	読めない	3 (12.5)	1 (4.2)	10 (41.7)	6 (25.0)	4 (16.7)	2 (8.3)	8 (33.3)	1 (4.2)	2 (8.3)

上に続く

		/d/	/dʒ/	/f/	/g/	/h/	/j/	/k/	/m/	/n/
事前	発音/記号理解	21 (87.5)	17 (70.8)	21 (87.5)	22 (91.7)	19 (79.2)	19 (79.2)	21 (87.5)	21 (87.5)	22 (91.7)
	読めない	3 (12.5)	7 (29.2)	3 (12.5)	2 (8.3)	5 (20.8)	5 (20.8)	3 (12.5)	3 (12.5)	2 (8.3)
事後	発音/記号理解	22 (91.7)	20 (83.3)	22 (91.7)	22 (91.7)	22 (91.7)	23 (95.8)	23 (95.8)	22 (91.7)	22 (91.7)
	読めない	2 (8.3)	4 (16.7)	2 (8.3)	2 (8.3)	2 (8.3)	1 (4.2)	1 (4.2)	2 (8.3)	2 (8.3)

上に続く

		/ŋ/	/p/	/r/	/s/	/ʃ/	/t/	/ʧ/	/θ/
事前	発音/記号理解	19 (79.2)	22 (91.7)	18 (75.0)	22 (91.7)	16 (66.7)	20 (83.3)	7 (29.2)	20 (83.3)
	読めない	5 (20.8)	2 (8.3)	6 (25.0)	2 (8.3)	8 (33.3)	4 (16.7)	17 (70.8)	4 (16.7)
事後	発音/記号理解	22 (91.7)	23 (95.8)	22 (91.7)	23 (95.8)	22 (91.7)	22 (91.7)	18 (75.0)	22 (91.7)
	読めない	2 (8.3)	1 (4.2)	2 (8.3)	1 (4.2)	2 (8.3)	2) (8.3)	6 (25.0)	2 (8.3)

「読めない」と回答した人数を事前調査票と事後調査票の一覧で示した。事前調査票で、「読めない」と回答した /ɔ/（66.7％、16 人）、/ʧ/（70.8％、17人）は、事後調査票では、半数以下に人数が減少している（表2）。一方、母音 /ʌ/ については、「読めない」と回答した人数に変化が少なく、学習後も認識が困難であることを示している。

表3：認識の困難な発音記号の事前調査票（QI）と事後調査票（QI）の回答数

発音記号	/ʌ/	/ə/	/ɔ/	/ʃ/	/ʧ/
事前「読めない」　回答数	9	12	16	8	17
事後「読めない」　回答数	10	6	8	2	6

4.2.2　英語発音を確認する方法について（事前調査）

　事前調査票では、参加学生の発音学習に対する背景を理解するために、「英語発音が分からないときにどのように確認しますか（複数回答可）」の質問を行ない、結果を表4に示した。表4によると、「電子辞書（または Web）の音声を聞く」の選択肢を選んだ学生が最も割合が高く（42.3％）、実際に「辞書の発音記号を確かめる」の選択肢を選んだのは1割程度の学生であり、非常に低い（13.3％）。この回答結果から、発音記号の予備調査で5個の発音記号の認識が低かったのは、発音の確認方法が携帯電話などの Web を多用し、実際に発音記号を確かめることが少ないことが原因であると考える。

表4：事前調査（QII 2）の英語発音が分からない時の確認方法（複数回答可）
（出所：河内山・有本、2019）

選択肢	回答人数（割合）
電子辞書（Web）の音声を聞く	19（42.3％）
友人や先生にたずねる	10（22.2％）
辞書の発音記号を確かめる	6（13.3％）
つづりから発音を推測する	10（22.2％）
回答合計数	45（100％）

　表 1 から表 4 までの結果を英語教員養成課程の立場から考察すると、表 1 における発音記号を綴りに変換する調査の全体的な低い正解率、表 3 において、講義最終時でもいくつかの発音記号は「読めない」という状況であった事は、楽観的に受け止められる数値では無い。表 2 における発音記号認識の困難さに共通する要素や、表 4 における学生の発音の確認方法の実態は今後の英語教員養成課程に対する課題を示している。

4.2.3　英語発音に関して難しいと考える点について

　事前調査票と事後調査票で、「英語発音の難しいと認識する項目」について調査を行った結果を表 5 にまとめた。回答の多いのは、「/r/ と /l/ の発音の区別」(16.9%)、「文脈に応じたイントネーション」(15.7%) であり、先行研究（河内山・有本、2019）の上位 3 項目でも同様な結果である。「/æ/ と /ʌ/ の発音の区別」についても困難と認識する学生が最も多く (20.5%)、前出の表 3 の結果でも /ʌ/ の発音の認識ができない学生が、事前 (9 人) と事後 (10 人) と変化しなかった結果とも一致している。

表 5：「英語発音の難しいと認識する項目（複数回答可）」について（事前調査 QII 3）
（出所：河内山・有本、2019）

項　　　　　目	回答人数（割合）
/r/ と /l/ の発音の区別	14 (16.9%)
/f/ と /v/ の発音の区別	5 (6.0%)
/v/ と /b/ の発音の区別	8 (9.6%)
/θ/ と /s/ の発音の区別	7 (8.4%)
母音挿入を防ぐ	8 (9.6%)
/æ/ と /ʌ/ の発音の区別	17 (20.5%)
強弱のリズム	11 (13.3%)
文脈に応じたイントネーション	13 (15.7%)
回答合計数	83 (100%)

4.2.4　英語発音に対する自信について

　「英語科教育法」の発音学習・音読練習を通して、英語発音に対する自信が増したかを数項目について事前調査票と事後調査票で比較した自己評価の平均値が表 6 である（回答はリッカート 5 件法で、最小値は 1 で最高値 5）。

　表 6 では、次の 2 項目については、「1．英単語の発音に自信がある」（事前：3.0／事後：3.8）、「2．英文の発音に自信がある」（事前：3.0／事後：3.9）という結果であり、講義内の発音学習・音読練習を通して微増であるが「3：どちらとも言えない」から「4：やや同意する」に近い自己評価平均値に変化している。さらに、「3．自分の発音はもっと練習の機会があれば進歩すると思う」については、事前（4.0）と事後（4.1）の数値で変化はほとんどないが、平均値は高い数値であり、発音練習の必要性と効果を強く認識している傾向にある。

表 6：「英語発音に対する自信」に対する事前（QⅢ 1–3）と
事後（QⅡ 1–3）の自己評価平均値

項　　　目	事前平均値	事後平均値	差異
1．英単語の発音に自信がある	3.0	3.8	0.8
2．英文の発音に自信がある	3.0	3.9	0.9
3．自分の発音はもっと練習の機会があれば進歩すると思う	4.0	4.1	0.1

4.2.5　発音指導や母語話者の発音に対する態度について

　「発音指導に対する態度」について、事前評価票と事後評価票で平均値の変化をまとめたのが表 7 である（回答はリッカート 5 件法で、最小値は 1 で最高値 5）。

　表 7 によると、講義中の発音学習や音読練習を通して、「1．発音指導は重要である」については、全体的な態度として「3：どちらとも言えない」（事前：3）から「4：やや合意する」（事後：4）と、肯定的な態度に変化しており、発音指導の重要性の認識が高まったと考える。しかし、「2．発音指

表7：「発音指導に対する態度」に対する事前（Q IV 1–4）平均値と事後（Q III 1–4）平均値

項　　　　　目	事前平均値	事後平均値	差異
1．発音指導は重要である	3	4	1.0
2．発音指導より別の知識（文法や単語）や技能（4技能）が重要である	3	3.8	0.8
3．ALT 等の母語話者が発音を指導すべきである	4.1	3.9	− 0.2
4．発音の指導の仕方がわからない	4	4	0.0

導より別の知識（文法や単語）や技能（4技能）が重要である」の質問についての結果は、事前平均値（3）と事後平均値（3.8）であり、必ずしも発音指導を優先的に捉えている訳ではない。「英語科教育法」の中では発音指導と共に、単語や文法、4技能の指導も同時に教授実践を行ったために、「1. 発音指導は重要である」に対する認識が高まったと同時に、他の言語知識や言語技能の指導の重要性についても認識が高まったと推測する。さらに、「発音の指導がわからない」の質問については、事前平均値（4）、事後平均値（4）で同じ数値であり、発音指導については自信がない状況に変化はなかった。

　上の表7の「3. ALT 等の母語話者が発音を指導すべきである」の質問については、ほぼ同数値（事前：4.1／事後：3.9）であり、全体的に「4：やや同意する」と数値が高いのは、発音指導の重要性は認識しつつも、自己の発音指導の能力には自信がないために、ALT 等の母語話者に任せたいという態度であると推察する。一方、事前調査票（Q IV）と事後調査票（Q V）で「日本人は母語話者の発音を目指すべきか」についての質問に対しては、全体的な傾向として、日本人英語教師や生徒は、英語発音の多様性を認識し、母語話者の発音を徹底的に目指す必要はないとの回答が多かった。例えば、自由回答をした5人の回答結果は以下である。

「日本人は母語話者の発音を目指すべきか」の質問に対する回答抽出
学生A
〈事前〉出来れば発音が良い方が良いが、聞き取りやすさが1番重要だ思う。

〈事後〉一つの単語のみで会話をすることは少なく、多少正式な音とズレて
　　　　いたとしても、前後の音や文脈から伝わることの方が多いから。

学生B

〈事前〉英語は日本語と違って、口や舌などを使って音を出す言語である
　　　　ため、日本人英語教師は英語母語話者のような発音を正しく身につけ
　　　　ることが必要だと考えるから。

〈事後〉生徒の見本になるために正しい音声方法は身につけるべきだがネイ
　　　　ティブレベルまでは必要ないと考える。

学生C

〈事前〉コミュニケーション時や、何らかの英語のリスニングテストでも、
　　　　ネイティブの発音を聴くことになる。正しい発音を教えなければ、
　　　　コミュニケーションや英語のテストで困難な状況になるため、教師
　　　　は正しい発音を教えることが望ましいと思います。

〈事後〉発音に関しては英語母語話者のような発音だといいんですが、実際
　　　　に発音に関しては頑張ってネイティブに近づけようとして近づける
　　　　ことではないと思っているので理解できれば良いと思います。

学生D

〈事前〉生徒も初めから母語話者のように話すと後から発音を修正するより
　　　　も、理解できるから。

〈事後〉まずは母語である日本語を正しく使うことの方が大事である。英語
　　　　はある程度話せれば困ることはない。

学生E

〈事前〉教師がうまく話せないと、生徒も同じように学んでしまうため、発
　　　　音の綺麗さは重要であると思う。

〈事後〉発音が英語母語話者のようでなくても、コミュニケーションは取れ
　　　　るということを、教師が生徒に見せることで、少しでも壁を薄くで
　　　　きる一つになると思う。

　具体的な変化としては、学生Cは、「日本人英語教師は英語母語話者のよ

うな発音を正しく身につけることが必要」(事前)から「正しい音声方法は身につけるべきだがネイティブレベルまでは必要ないと考える」(事後)に変化している。さらに、学生 E は、「教師がうまく話せないと、生徒も同じように学んでしまうため、発音の綺麗さは重要であると思う。」(事前)から「発音が英語母語話者のようでなくても、コミュニケーションは取れるということを、教師が生徒に見せることで、少しでも壁を薄くできる一つになると思う」(事後)に変化している。「英語音声学」等の受講を通して培われた「すべての英単語を正確かつ母語話者の様に発音しなければならない」という分節的かつ母語話者中心の意識から、コミュニケーションを重視した超分節的な学習を強調した「英語科教育法」の受講により、「英語はすべての語を正確かつ同様に発音するのではなく、意味上で重要な語を強調し、重要でない語は前後関係で推測する」という認識が、受講学生の意識の変化をもたらしたかもしれない。

4.2.6　分節的要素かつ超分節的要素に留意した音読について

　講義を通して、分節的な発音要素(母音と子音)、さらに超分節的な発音要素(イントネーション、強勢やリズム、音の連結、同化、脱落など)に留意した音読に対する事前調査票と事後調査票の自己評価平均値を表 8 にまとめた(リッカート 5 件法で、最小値は 1 で最高値 5)。

　表 8 によると、4 項目の質問は微増で変化しているが、全体的に事後調査票では「3：どちらとも言えない」という回答平均値に近い自己評価であり、高い評価値ではない。前述の表 6 の「1.　英単語の発音に自信がある」(事前：3.0／事後：3.8)、「2.　英文の発音に自信がある」(事前：3.0／事後：3.9)と比べると低い数値である。講義中では音読練習の最終段階で、母音や子音の正確な発音や強勢、意味の区切り、イントネーション、文中の強勢(内容語と機能語)、リズム、音の連結、同化、脱落などのすべての英語発音の特徴に留意しながら音読できることを目標としたために、その目標に対する自己評価であると考える。

　一方、「英語科教育法」の終結時に超分節的な要素を理解して音読教材を

表 8：発音の分節的・超分節的な要素に留意した音読の
事前（Q V）と事後（Q IV）の自己評価平均値

項　　　目	事前平均値	事後平均値	差異
1. 母音や子音の正しい発音や強勢に気を付けて音読できる	2.71	3.33	0.62
2. 意味の区切りやイントネーションに気を付けて音読できる	2.79	3.67	0.88
3. 機能語や内容語や強調したい語など気を付けて、正しいリズムで音読できる	2.5	3.25	0.75
4. 音連続、同化、脱落などの音変化や子音連結に気を付けて、自然な英語で音読できる	2.42	3.13	0.71

分析できるかを確認するために、中学校教師用指導書（『Here We Go! 2 年』、p.52）に示されている発音表記（図 1）について、発音表記のない生徒用教科書に記述させた。具体的には、指導書には、脱落（4 か所）、イントネーション（3 か所）、文中の強勢（15 か所）、音の連結（6 か所）の音声表記が発音指導の補助として示されている。指導書の発音表記については、発音専門家により監修されたことを想定しているが、絶対的な指標ではないと考え、対象学生の発音表記結果と指導書の一致率として算出した[10]。

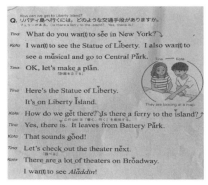

図 1：『Here We Go! 2 年』Unit 4, Part 2
（p.52）「教師用指導書」抜粋

　下の表 9 によると、イントネーションについては約 8 割（79.3%）と一致
率は高く、学生の理解は高い。脱落（41.8%）、強勢（44.5%）、連結（50.7%）
の 3 項目については、約半数の一致率であり、表 8 の事後平均値でも項目 2
（3.67）、項目 3（3.25）、項目 4（3.13）が中位点（5 点中）に近いことから、結
果には相関性は見られる。

表 9：発音表記に関する教師用指導書と対象学生の発音表記の一致率

発音表記	一致平均点	一致の割合
イントネーション	2.38（3 点中）	79.30%
脱落	1.67（4 点中）	41.80%
強勢	6.67（15 点中）	44.50%
連結	3.04（6 点中）	50.70%

5.　まとめ

　英語教員養成課程の学生を対象にした本研究における、英語発音の分節的
および超分節的要素の知識および技能、英語発音に対する態度や自己評価に
ついて下記にまとめ、発音指導に対する示唆を述べる。
　第 1 に、対象学生は、発音記号に対する事後調査票の最終的な正解率平
均値は、87.5% である。発音記号を綴りに変換する調査では、約 8% から約
60% の正解率の範囲であり、決定して高い数値では無い。傾向として、ア
ルファベット文字にない母音（例：/ʌ/, /ə/, /ɔ/）や子音（例：/ʃ/ や /ʧ/）の発音
記号の認識に困難がある。課題として、発音が分からない時に web 等で発
音を確認する傾向が示された（全体の 42%）。「英語音声学」では、認識でき
ている発音記号と困難点を持つ発音記号を区別して指導することが効果的だ
と考える。また、発音記号を導入する中学生から発音記号を確認する学習習
慣を教育現場では身に付けさせて欲しい。
　第 2 に、講義の発音学習や音読練習などを通して、単語や英文の発音に
対する自信は、「どちらとも言えない」から「やや同意する」に肯定的に変

化している。しかし、発音指導については、自信がない状況は変化しなかった。後述するが、単一の講義で本研究の対象学生の発音に対する自信が増すことは難しいと考える。

　第3に、講義終了時に、「日本人英語教師は母語話者のような発音を目指す必要はない」という態度を示した学生がほぼ全員であった。しかし、発音指導については、「ALT等の母語話者に任せた方が良い」という態度に変化はなかった。発音指導に対する自信の欠如から母語話者に発音指導を任せたいという考えがあると推察する。

　第4に、講義を通して超分節的な要素（強勢、イントネーション、リズム、音の変化）に留意した音読についての自己評価は微増したが、講義終了時には約50%の達成率であり、課題は克服されなかった。

　最後に、発音記号の知識や超分節的な要素の発音技能については、先行研究で指摘されているように、対象の英語教員養成課程の学生は十分に習得しているとは言えない。英語発音の知識と技能は単一の「英語音声学」での習得は難しいと考える。大学全体の英語カリキュラムでくり返し学習できるように、位置づける必要がある。そのためには、超分節的な要素である文中の強勢・リズムやイントネーションなどが、コミュニケーションにおける「通じやすさ」（intelligibility）に大きな役割を果たし、さらに分節的な要素である個々の正確な発音が聞き手の理解を助けることを共通認識されなければならない。加えて、英語発音に対して自信を持って指導するには、発音学習の強化と共に、母語話者中心（Nativeness Principle）から通じやすさ（Intelligibility Principle）に意識改革が必要だと考えるが、日本社会では時間を要する。今後は、内田・杉本（2020）等が指摘するように、音声学を融合した英語教職科目について研究開発の必要性がある。

注

1　internalize とは内在化のことで、多量の音声言語にさらされることにより、人間独特の言語獲得の仕組みを利用して、子供が母語の発音を習得するように非母語話者が自らの発音体系に取り入れることである。

2　minimal pair とは、他の発音は同じで 1 つの子音や母音のみが異なるペアのことである。例えば、pick と kick のペアでは /pik/ と /kik/ で対立して異なる発音は、/p/ と /k/ である。くり返し対立する発音を持つペアの単語の発音練習をすることにより、英語の発音を非英語話者が完全に習得することをねらいとする。

3　Lingua Franca Core によると、例えば、/ θ / と / ð /（例：*thin*, *this*）を除くすべての子音、/p/、/t/、/k/ の単語初頭の閉鎖音の無声音（例：*pin*, *top*, *cat*）、子音連結（例：*string*）、母音の長さは保持する（例：*live* と *leave*）、強勢により対比の意味が異なる場合（例：my sister wears *glasses*./my *sister* wears glasses.）などは共通する最低限の発音特質として、異なる発音で話す人々の間にもコミュニケーションのために保持されるべきだとしている。

4　intelligibility が「通じやすさ」を主目的とする Jenkins（2000）らの研究と Levis（2018）らによる母語話者がどのように話すかを論じる「明瞭さ」である intelligibility に分かれて、違う意味で用いられる。

5　研究者により母音と子音の数え方は異なる。本章では音の最小単位である音素で母音と子音を数える。

6　内田・杉本（2020、p.28）によると、機能負担量の高いペアは、/l/-/r/、/f/-/h/、/s/-/ʃ/、/ɪ/-/iː/、/oʊ/-/ɔː/、/æ/-/ʌ/-/ɑ/（3 個）としている。一方、機能負担量の低いペアは、/v/-/ð/、/t/-/ θ /、/f/-/ θ /、/ʊ/-/ uː/、/ʊə/-/ɔə/ としている。

7　classroom English と teacher talk については同様であるために、渡慶次（2020c）の調査結果を参照する。

8　ELLLO は、「ELLLO One Minute English」の略称（1 分間でさまざまな国の人々の英語を聞ける教材サイト）（https://elllo.org/video/index.htm）

9　日本語の母音「ア」に近い英語の発音は、/æ/、/ɑ/、/ʌ/、/ə/ がある。

10　指導書に示されている次の発音表記例以外にも学生の発音表記については、誤りであるとは断言できない。例えば、一行目英文（What do you want to see in New York?）において、wha［t］の表記例があり、what do の子音の連続において、［t］音の脱落は正解であると考える。さらに、2 行目英文（I want to see the Statue of Liberty）においては、指導書では、脱落 wan［t］の発音表記であるが、学生の回答は、音の連結（wanna）と捉える表記があり、誤りではないと考える。また、2 行から 3 行目英文（I also want to see a musical and go to Central Park.）において、名詞（Central）+ 名詞（Park）において 2 番目の名詞に強勢がある表記が

　正しいが、実際の音読では、Central に強勢があっても問題がないと考え、一致
すると判断し、同じ基準で文中の強勢を計算した。

第5章 | # 小学校と中学校の英文法指導の接続

1. はじめに

　本章では、小学校と中学校の英語の文法的な特徴について言語知識と言語処理の第2言語習得研究から分析して英文法指導の接続を探る。小学校の共通教科書と検定教科書の合計16冊と中学校検定教科書6冊および小学校授業観察を用いて分析を行った。調査結果は、小学校の教科書で提示される文型は身近な話題や目的について焦点化し、文法的な特徴は重要な役割を果たさない。中学校では、文法規則や用法が文法用語を用いて明示的かつ体型的に最初から提示されており、小学校と大きな違いがある。小学校と中学校の接続への示唆として、学習者が文的な特徴を分析できる能力を身に付け、教師は明示的指導に留まらず、文法的特徴が英文の意味や機能、言語使用に重要で意味のある役割を果たすことを児童・生徒に認識させる指導の工夫が必要である。

　小学校英語教育は2020年学習指導要領実施により、大きな変革期を迎えている。小学校英語教育が強化される中、小学校と中学校の英語教育接続の必要性が指摘されている。小学校英語共通教科書『We Can! 1』と『We Can! 2』の分析（渡慶次、2021b）、英語検定教科書7社14冊の分析（渡慶次、2022a）を通して、小学校英語の学習内容は主に身近な題材に基づいて、英語の音声を中心に、文法規則を極力用いずに[1]、目標表現・文型に慣れ親しむように編集されていることを報告した。小学校学習指導要領解説（文部

科学省、2017a）では、「文及び文構造の指導にあたっては、文法の用語や用法の指導を行うのではなく、言語活動の中で基本的な表現としてくり返しふれることを通して指導することとした。」（p.66）と述べられており、文法規則を用いずに目標表現・文型に慣れ親しむと説明している。しかし、中学校に入学するとフォニックスや母音、子音などを中心とする音声学習については大きな変化がないが、英文法学習については、1年生の検定教科書のすべて（6社）が最初から文法規則を明示的かつ体系的に提示しており、小学校の英語学習と違いがある[2]。

　本章では、英文法とは伝統的文法、つまり学校文法（松浪ほか、1983）を指し、小学校学習指導要領解説（文部科学省、2017a）と中学校学習指導要領解説（文部科学省、2017b）で示す文・文構造（文型）・文法事項に限定して論じる。

2.　文献研究

2.1　文法とコミュニケーションの教授法の歴史

　文法を取り巻く英語教授法の歴史を概観すると、the Audio-Lingual Method（オーディオ・リンガル法）などのコミュニケーションの場面や目的を考慮しない目標言語の機械的な練習への批判から、1970年代にはコミュニケーションを中心とした教授法が広く支持された。しかし、カナダのImmersion Program（イマージョンプログラム）の調査などでコミュニケーション能力は向上したものの、誤りが自己修正されなかった（誤りの化石化、fossilization of error）という報告からコミュニケーションに偏った教授方法が批判され、現在は、コミュニケーションと文法の折衷型の教授法であるfocus on form（フォーカス・オン・フォーム）の実証研究や授業実践が注目されている（Larsen-Freeman & Anderson, 2011）。Lightbown & Spada（1993）は、文法などの正確さのみを求めるプログラムや、あるいはコミュニケーションの流暢さのみを求めるプログラムよりも、コミュニケーションを目的としたコンテクストで言語形式にも注意させる折衷型のプログラムが効果的

であることを教室内英語習得のデータは支持していると述べている
(p.105)。小学校学習指導要領解説（文部科学省、2017a）と中学校学習指導
要領解説（文部科学省、2017b）でも、言語活動の「働き」や「使用場面」を
考慮して言語材料（音声、文型、語彙、符号）を学習するように、つまりコ
ミュニケーション活動と言語知識習得のバランスを強調している。

2.2 「宣言的知識」対「手続き的知識」と「暗示的知識」対「明示的知識」

　児童・生徒の持っている文法知識はどのような特徴や区分があるのだろ
う。第2言語習得研究における学習者の言語知識は、認知的アプローチに
よると「宣言的知識」(declarative knowledge) 対「手続き的知識」(procedural
knowledge)、あるいは「暗示的知識」(implicit knowledge) 対「明示的知識」
(explicit knowledge) の対立項で説明される。
　「宣言的知識」とは教室等で明示的に教えられた知識であり、知っている
文法規則や文型、語形変化である。例えば、三人称単数現在の "s" を口頭で
説明できるなどである。一方、「手続き的知識」は練習などにより得られる
「〜のやりかたを知っている」という知識である。例えば、規則動詞の "ed"
[t/d/id] の発音を練習の結果、無意識に区別して発音できるなどである。
「宣言的知識」は連続体として「手続き的知識」に発達することができる(R.
Ellis, 2008, p.427)。例えば、規則動詞の "ed" の発音の違いを学習したあと
に、練習や多用することにより無意識に発音を区別できるようになる。
　R. Ellis (2008, p.418) によると、「暗示的知識」と「明示的知識」の特徴を
次のように述べている。「暗示的知識」は、言語形式を素早く直感で気づく
(Schmidt, 1990) ことができ（つまり、母語話者が文法性と非文法性を直感的
に判断できることが例）、自動的に引き出せる「手続き的知識」に変化した
規則や固まりであり、体系的かつ多様であるが、口頭で説明できないとす
る。一方、「明示的知識」は学習等を通して得た「宣言的知識」を用いて、
やや時間を要しながら意識して、言語形式に気がつくことができるが、不規
則かつ整合性に欠け、口頭で説明ができるとする。

　「暗示的知識」と「明示的知識」について視点を変えると、両極にある知識で連続体ではないと考える研究者もいる。つまり、言語習得において、自然な言語環境で無意識に獲得される「暗示的知識」は「習得」（acquisition）であり、教室などで意識的に言語を獲得する「明示的知識」は「学習」（learning）であり、「学習」が発達しても「習得」にはならないノン・インターフェイスの立場を取る研究者（例：Krashen, 1982）がいる。一方、コミュニケーションで言語を使用したり、教室での練習により「暗示的知識」が「明示的知識」に発達するというインターフェイスの立場を取る研究者（例：N. Ellis, 2002, Dekeyser, 1998）がいる。あるいはスキル習得理論（skill acquisition theory）を支持する考えは、宣言的知識（declarative knowledge）が明示的に物事を学習し、くり返し練習し、その目標言語に一定期間接触することで、暗示的に処理できる自動化した手続き的知識（procedural knowledge）に発達するという考えである（白畑、2018）。

　「暗示的知識」と「手続き的知識」、「明示的知識」と「宣言的知識」はほぼ同義語で説明される場合が多いが、R. Ellis（2008, p.430）は「暗示的知識」と「明示的知識」は直感的か意識して気づくかの違いであり、「宣言的知識」と「手続き的知識」は処理が統制的であるか、あるいは自動的であるかで区別できるとする。

2.3　統制的処理と自動的処理

　言語習得は情報処理アプローチにより説明することができ、統制的処理（controlled processing）と自動的処理（automatic processing）により説明できる（McLaughlin, 1987）。言語が統制的処理をされる時は、蓄えられた知識（宣言的知識や明示的知識）に意識しながら注意して、やや時間を要して理解したり、使用したりする。英語を外国語として学習する初級もしくは中級レベルの人々は統制的処理を用いる。一方、言語が自動的に処理される場合は、蓄えられた知識（暗示的知識）を無意識に用いて、瞬時に理解したり、使用したりする。母語話者に近い第 2 外国語学習者や母語話者は自動的処理を用いる。

2.4　小学生と中学生の文法知識と処理

　本章は、前述したように、英文法能力は練習や使用により最終的に獲得されるというインターフェイスの立場で小学生と中学生の言語知識と言語処理の熟達化を論述する。つまり、教室での練習などにより言語知識が暗示的から明示的に発達し、言語処理も意識しながら処理する統制的処理から徐々に無意識に処理する自動的処理に発達する（Bialystock, 2001）。板垣（2017）は小中高の英語教育の接続について熟達化理論を用いて次の様に説明している（p.22）。

(1)　英語知識の熟達化：言語知識が徐々に分析され、組織・構造化され、そして明示化される（言語知識の質的変化）
(2)　運用処理の熟達化：言語知識の運用処理過程が統制的な段階から徐々に自動化される（運用処理過程の自動化）[3]

　さらに、板垣・鈴木（2011）は、小学生と中学生の言語知識と言語処理の発達段階について R. Ellis（2008）のモデル（p.430）を修正して明示的知識と暗示的知識、さらに統制的処理と自動的処理を表 1 で説明している[4]。

表 1：第 2 言語習得の 4 タイプとその熟達化モデル（出所：板垣・鈴木、2011）

	統制的処理（非自動化）	自動的処理（手続き的）
明示的知識 （分析的）	*タイプ A* ・形式的に学習された意識的言語知識 ・言語規則に基づく知識が中心 ・不十分な練習→非自動的言語運用	*タイプ B* ・形式的に学習された意識的言語知識 ・言語規則に基づく知識が中心 ・十分な練習→自動的言語運用
暗示的知識 （非分析的）	*タイプ C* ・無意識に身に付けた直感的言語知識 ・定型表現・決まり文句の丸暗記の蓄積が中心 ・不十分な練習→非自動的言語運用	*タイプ D* ・無意識に身に付けた直感的な言語知識 ・定型表現・決まり文句の丸暗記が中心 ・十分な練習→自動的言語運用 （母語話者並の流暢さ）

　板垣・鈴木 (2011) の表 1 によると、小学生と中学生の文法習得状況を以下の様に例示している。一般的な小学校児童が目指すのは、タイプ C であるとする。つまり、語彙や表現を直感的に想起しながら (例えば、決まり文句、チャンクとして) ゆっくりと発話しており、潜在的な記憶に基づいて発話している (p.20)。また小学生の言語使用について「暗示的知識」は「なんとなく、こんな感じかな」「相手の意図はこんなことかな」「なんか、こんな言い方でよさそうな気がする」などの「独り言 (内言)」が示すように、直感的な言語知識が中心である[5] (板垣・鈴木、2015, p.69) と説明している。一方、中学生が目指すのはタイプ A であるとする。「中学校英語教育の指導目標としては、徐々に明示的文法指導 (文法の教授・学習) を導入し、小学校英語活動で蓄積してきた「非分析的な決まり文句・定型表現 (暗示的知識)」の分析能力の指導を目標とすべきである」(板垣・鈴木、2011, p.22) としている。板垣 (2017) は小中の英文法学習の接続として、「小学校外国語活動[6] は、「習うより慣れよ」「学ぶより真似よ」」(中略) の学習プロセスに基づき、定型表現に「慣れることと真似ること」で (中略) それは質的に、暗示的言語知識であると考えられる (R. Ellis, 2008)[7]、中学校英語教育では、「慣れるより習う」と「真似るより学ぶ」であり、「徐々に文法規則を理解学習し、それに基づいた創造的表現の運用練習を行なう」と考える」と説明している (p.28)。

　内野 (2019) は、『Hi Friends!』の教科書を使用した小学校 5 年生と 6 年生の合計約 340 人を対象に暗示的知識と明示的知識について調査した。調査課題は以下の be 動詞、語順、can、want to、過去形の 5 つの文法項目を対象とした。調査方法として、暗示的知識の調査方法は「制限付文法性判断課題」(Timed Grammaticality Judgement Test、以下 TGJT) を用いて、学習により文法性を判断する暗示的知識を身に付けたかを測定した。TGJT は具体的には、10 問の英文を聞いた後に 2 秒以内で、文法的に「正しい」か「まちがい」かを判断させた (例：You are students in Japan.（「正しい」）、*We am doctors from China（「まちがい」）。一方、明示的知識を測定するために「メタ知識課題」(Meta Knowledge Test、以下 MKT) を用いて、学習により

文法の明示的知識を身に付けたかを測定した。MKT は、英語の5問の文法項目（「be 動詞」「語順」「can」「want to」「過去形」）について4つの日本語の選択肢（「正答肢」、「錯乱肢」、「どちらもまちがい」、「わからない」）を選択させた。例えば、表2の様に「be 動詞」と「語順」については、「正答肢」と「錯乱肢」の記述は以下である。

表2：MKT（メタ知識課題）の設問事例（出所：内野、2019）

文法項目	正答肢	錯乱肢
be 動詞	「あなたたち」のことについて英語で言うときには、is ではなくて are を使う	「わたちたち」のことについて英語で言うときには、is ではなくて am を使う。
語順	ある人の動作について英語で言うときには、「誰が」「どうする」「何を」の語順になる。	ある人の動作について英語で言うときには、「誰が」「何を」「どうする」の語順になる。

　暗示的知識の習得を測定した TGJT の結果は、2択で偶然に正解する50%を下回っており、全体正解平均値は48.1%であり、5年生は44.5%の平均正解値、6年生は51.6%の平均正解値で、5年生と6年生では約6%の正解値上昇はあったが、全体的には暗示的知識の獲得を支持できる顕著な結果ではなかった。明示的知識の獲得を測定した MKT の正解平均値は全体で47.5%（5年生平均値：42.6%、6年生平均値：52.3%）で、学年間で統計的に有意な文法項目は、「語順」「can」「want to」であった。同調査は日本の小学生の暗示的知識と明示的知識について科学的手法を用いて調査した意欲的な研究であるが、5年生と6年生は各35時間の英語学習時間であり、顕著な結果を示すには英語学習時間が不足したと考える。授業時数が増加した2020年以降の同様な研究結果を注視する必要がある。

2.5　学習の初期段階に習得する定型表現とその発達

　小学生の様に言語習得の初期段階において定型表現（formulaic expression または prefabricated patterns）が果たす役割は大きい（Skehan, 1998; McKay, 2006; Kersten, 2015; 板垣、2017; 内野、2019）。板垣（2017）によると、定型

表現は表現全体が定型である「ルーチン（routine）／チャンク（chunk）／ユニット（unit）」（"How are you?" "Nice to meet you." など）と、他に定型要素と非定型要素から成る「パターン（pattern）」（I'm from（Japan）. /"What（food）do you like?" など）に大別される。子供が定型表現の空所（open slot）に語句を加えて習得する段階から、創造的に抽象的な言語を習得する段階に、2つの段階が相互作用しながら発達することは多くの研究者に支持されている（Kersten, 2015, p.135）。

　Skehan（1998）は、言語習得には定型表現と文法規則に基づいた仕組み（rule-based system）の両方が必要だとし、定型表現のみ、あるいは文法規則のみで言語習得することは効果的でないとする（p.89）。同様に、板垣（2017）は表現や英文法の小学校と中学校の接続について、小学校の「表現依存型運用能力」から中学校は「定型表現依存型運用能力と文法規則依存型運用能力の複合体」へ発展、変化する必要があると提言しており、定型表現と文法規則は中学校では両方必要だと述べている（p.29）[8]。

　McKay（2006）は、文法規則で理解するメタ知識（meta language）を持たない子供は、定型表現に頼ることが多く、時間をかけて聞いてあげたり、激励の合図をしたり、くり返したりする支援的な環境の中で、成功することができるとする（p.37）。

　さらに、子供には生得的に言語を習得する生まれつきの能力があるという立場[9]に対して、用法基盤モデル（usage-based linguistics、以下 UBL）の立場を取る研究者（例：Eskildsen, 2009; 村端・村端、2020）は、定型表現が練習や学習によって産出（主にスピーキング）を通して、次第に創造的な文型に発達していくとし、産出される言語は使用によってより複雑かつ創造的な文型になるとする。村端・村端（2020）による以下の UBL の言語習得の説明は、日本の小学校英語学習と親和性が高いと考える[10]。

　　人はまずは具体的な場面や状況の中で実際の用法（用例）を全体的なひと塊として繰り返し聞いたり使用したりすることによって場面や状況と形式と意味とを結びつけ、徐々に類似した用法からパタンを抽出でき

るようになり、漸進的により抽象度を増す表現枠、すなわち初期文法の発現により言語発達が促され、最終的にはそれまで耳にしたことのない表現を状況や場面に応じて適切に、かつ創造的に産出できる言語能力に到達すると考えられている (p.149)。

　一方、Skehan (1998) によると、定型表現は関連した場面 (context) で、既習言語を使用することにより、限定的な役割しか持たないとする。その価値は、コミュニケーションに迫られた時に文法知識より速く、必要な言語を取り出すことができるとする (p.63)。さらに、Skehan (1998) は、定型表現は、場面や状況に縛られる傾向があり（例：買い物の定型表現）、他の場面や状況には簡単に転移できないとする (p.89)。

2.6　文法の指導

　コミュニケーションによって自動的に学習者が文法的な特徴に注意を向けることはない。注意を向ける教育的介入が必要であり、教授により文法的な特徴に学習者が注意を向けて、気がつくことが起こる教師の働きかけが必要である (Cameron, 2001, p.101)。

　コミュニケーション重視の文法指導について、Nassaji (2004) と Nassaji & Fotos (2011) による6つの具体的指導方法は有益であり、日本の小学校と中学校における文法指導への示唆に富む。第1番目に、processing instruction（処理教授）は、主にリスニングを中心とした指導方法で、リスニングタスクを文法の形式に向けさせるように設計する方法である。2番目の方法はinteractional feedback（相互交流フィードバック）で、コミュニケーション活動の中で教師が誤りに対して正しい形式を気づかせるようなフィードバックを与えることである。具体的なフィードバックとしては、「反復」(repetition)、不明な部分を明確にする「明確化要求」(clarification request)、現在の学習から次の段階に進む場合の「確認チェック」(confirmation check)、学習理解度を確認する「理解チェック」(comprehension check)、学習者の誤りに対して教師が正しい言語形式を与える「言い直し」(recast) で

ある。第3番目の方法は、文字強調(textual enhancement)であり、重要な言語形式に下線を引いたり、斜字体にしたり、大文字にしたりなどして、意識的に文法事項に気がつかせる方法である。4番目の方法は、目標の文型や文法事項を使わなければタスクが完成しない focused task を用いる方法で、コミュニケーションのみを目的とする unfocused task とは異なる(R. Ellis, 2003)。日本の英語教科書は言語事項を中心に編集されているために、ほとんどが focused task であると言える。5番目の方法は、collaborative output task(協働的アウトプット・タスク)で、具体的には教師が読む英文を学習者がグループで再現する dictogloss[11] の手法などを用いる。最後は、discourse-based approaches(談話中心のアプローチ)で、英文の前後関係や使用されるコンテクストで総合的に文法的な働きや規則に気がつかせる方法である。

2.7　文法的特徴や項目による習得の困難度

　文法的特徴や文型により、習得の困難度は異なるという主張がある。

　R. Ellis (2009, pp.144–147) による文型の学習困難度に関係する次の5点の要素は示唆に富み、後述の小学校検定教科書の分析に利用した。つまり、文法習得の困難度に影響するのは、第1に、「頻度」(frequency)、つまり、インプットの中にどれだけの頻度で文法的な特徴が現れるか[12]、第2に、「顕著さ」(saliency)、つまり、インプットの中で文法的な特徴に容易に気がつくか(例:動詞〜 ing は音韻的に気がつきやすいが、三人称単 -s は音韻的に気がつきにくい、つまり重要でない)、第3に、「機能的な価値」(functional value)、つまり、文法的な特徴と英文の特定な意味が一致するか(例:不定詞は、名詞的用法、形容詞的用法、副詞的用法の複数の機能を持ち、用法の判断が難しい。一方、比較級や最上級は対応する機能は単一であるために容易である)、第4に、「規則性」(regularity)、つまり、幅広く使用される文法的な特徴であるか(例:複数形 -s は多くの名詞に適応されるので習得が容易である)、第5に、「処理可能性」(processability)、つまり、文法事項の習得は学習者の発達段階に従う(例:this book を習得した後に、複数形の these books を習得する順序がある)である。

　さらに、白畑（2018）は文法項目のグループにより、明示的な文法指導や
誤り訂正、習得の維持が異なることを下記の 6 グループで具体的に示して
いる。文法指導には文法項目を推測させる帰納法と明示的に指導する演繹法
があり、その方法の選択の判断に文法項目のグループ化は、有用な提案であ
る[13]。

　例えば第 1 グループは、「明示的な文法指導、誤り訂正が効果的である」
で、1）規則の内部構造が単純な文法項目、2）語彙的意味の伝達が主となる
項目、3）日本語（母語）に類似した構造や概念を持つ項目である。第 2 グ
ループは「明示的な文法事項、誤り訂正を行ってもあまり効果がない」で、
4）文法規則の内部構造が複雑な項目、5）文法的機能の伝達が主となる項目、
6）日本語（母語）に類似した概念・構造が存在しない項目である。さらに、
第 3 グループの「教師からの説明は軽くても良く、誤りも一時的である項
目」は、7）語順（SV, SVC, SVO, SVOC, SVOO など）、8）be 動詞の活用形、
9）代名詞の格変化（I, my, me, he, his, him など）などである。加えて、第 4 グ
ループの「教師からの説明は軽くて良いが、比較的長期間誤りの続く項目」
は、10）三人称単数形、11）不定冠詞（a/an）、12）一般動詞の過去形（特に、
規則動詞 -ed）、13）wh 疑問文での助動詞（do/does/did）、14）受動態の助動
詞（Mary was hit by John.）、15）比較表現（中学校で学習する -er than, more
than）である。第 5 グループの「明示的に説明してもすぐには習得できない
項目」は、16）定冠詞（the）、17）不可算名詞の複数形（fire か fires か）、18）
前置詞一般（at, in など）である。最後に、第 6 グループの「明示的に概念を
確実に教えるべき項目（習得が困難な項目）」とは、19）現在完了形、20）仮
定法、21）不定詞、22）関係代名詞節である。

3.　調査方法

3.1　研究の問い
　本章では小学校における文法的特徴や表現・文型の配列の概念、小学校英
語教育と接続が求められる中学校 1 年の文法等、さらに小学校と中学校を

接続する効果的文法指導を探るために、次の4点の研究の問いを検証する。

(1)　小学校の英語教科書と授業では文法的な特徴がどのような役割を果たすか。
(2)　小学校の表現・文型はどのような配列の概念で配置されているか。
(3)　中学校英語教科書（1年）では、文法規則や用法はどのように提示されているか。
(4)　小学校と中学校の文法指導の効果的な指導についての示唆は何か。

3.2　調査対象教科書と観察授業

　本章は小学校と中学校の文法指導接続について、小学校英語共通教科書『We Can! 1』と『We Can! 2』の分析（渡慶次、2021b）、小学校英語検定教科書7社14冊（5年生、6年生対象）の分析（渡慶次、2022a）の再検証と中学校英語検定教科書6冊（1年生対象）の分析を中心に行う。本章は教科書分析が目的ではないために、小学校の目標表現・文型のモデルである『We Can! 1』と『We Can! 2』を中心に例文を引用し、必要に応じて検定教科書の例文を引用する。

　さらに、本章で分析に利用する4授業は、2019年12月から2022年3月の間に観察した沖縄県内公立5小学校の45分英語授業で、全7学級から研究の目的に合う授業を抽出した。対象学年は、3年生は1クラス、5年生は2クラス、6年生は1クラスである。すべてのクラスは、ティーム・ティーチングの形式（日本人英語専科教師とALT、または日本人英語専科教師と担任教師の組み合わせ）で行われた。

4.　文法事項および文型に関する分析結果

4.1　小学校教科書から考察する文法的特徴

　小学校学習指導要領解説（文部科学省、2017a）によると前述したように、文法用語を用いた体系的な明示的文法学習は行われず、音声を中心に、くり

返し目標表現・文型に親しむ趣旨が述べられている。検定教科書の分析（渡慶次、2022b）によると、共通教材『We Can! 1』と『We Can! 2』と検定教科書 14 冊の目標表現・文型の対応の割合は非常に高い（5 年生で 93.3%、6 年生で 79.0%）。検定教科書も『We Can! 1』と『We Can! 2』と同様な文法的特徴を持つと考える。文法指導は基本的に明示的に行われないために、まず、教科書に出現する表現・文型から文法的特徴について次の 6 点を論じる。

　まず、第 1 点目に、出現する表現・文型は『We Can! 1』と『We Can! 2』では、合計 43 文型である[14]（渡慶次、2021b）。出現する 43 文型の内、板垣（2017）の分類に従うと、表現全体が定型であるのは、あいさつで用いられる 1 文型のみである（例：*Hello. /Nice to meet you.* など）。他の 42 文型は、定型要素と非定型要素から成るパターン（pattern）である（例：*What do you study [have] on [〜 day]？/ [I/You/ He/ She] can swim fast.* など）。つまり、ほとんどが定型表現を中心に、空所 [　] に必要な語を加えたり、置き換えて目標表現・文型を学習する構成になっている。

　第 2 点目に、全体的に教科書全体を横断して、目標表現・文型が頻繁に出現し、くり返し学習する構成になっている。例えば、最も高い出現表現・文型は、*I like* [　] の文型で 5 年生で 78 回、6 年生で 108 回出現する。また教科書全体を通してらせん状に横断的に出現率が高いのは、*I like apples very much. /What (sport) do you like?)* の文型で、『We Can! 1』では、9 Unit 中 6 Unit に出現、『We Can! 2』では、9Unit すべてに出現する。以下、2 番目に自己紹介（*Hello, I'm 〜 ., Nice to meet you.*）の文型で、3 番目にできること (I/ You/ He/ She can swim fast.) の文型の横断的な出現率が高い（渡慶次、2021b）。

　第 3 点目に、文型の複雑さの順により提示されているのではなく[15]、児童の身近な題材や使用目的に合わせた文型が提示されている。渡慶次（2021b）によると、児童の身近な題材を表現するのに必要な表現・文型が提示されており、例えば、『We Can! 2』の Unit 5（*My summer vacation*「夏休みの思い出」）では、*I ate ice cream./ I enjoyed fishing.* の例文のように夏休みの思い出を

表現する事に必要な不規則動詞と規則動詞の過去形を学習する。また、児童の使用目的に応じて、例えば『We Can! 2』の Unit 8（*What do you want to be?*「将来の夢・職業」）では、*I want to be a vet.*/*I want to be a teacher.* などの文を学習し、将来の希望職業を表現できる文型（*want to be*）を使用する構成になっている。

　第4点目に、『We Can! 1』と『We Can! 2』の分析（渡慶次、2021b）、14冊の検定教科書の分析（渡慶次、2022a）には明示的な文法規則の説明が必要な文型、つまり語形変化（[　]の部分）が伴う次の4文型[16]は出現しない。具体的には、現在進行形（be 動詞＋〜［ing］）、所有［'s］、規則動詞［-ed］（enjoyed を除く）、三人称単数現在［s/es］を含む文型は出現しない。文法的な説明を避けるために、語形変化を伴う文型・文法は出現しないように構成されている。例えば、三人称単数形の使用をさけるために、*She can swim very fast.*/*He is good at pitching, too.*（One World Smiles 5, p.108）では、*can* と *is good at* を使用することにより三人称単数形の使用を避けている。しかし、小学校の出現文型に含めない判断基準は明瞭であるとは言えない[17]。

　第5点目に、限定的であるが検定教科書では明示的な文法的説明がなされている。例えば『Junior Sunshine 6』では、以下の様に文法用語を用いて説明をしている（p.105）。しかし、教科書における提示は、巻末の「中学校へつなげよう」という補足的な部分で、教師が紹介程度で扱う場合は特に小学校の文法的特徴の概念的枠組みから逸脱しているとは考えない。

　　英語では、「〜した」と過去のことを表すときには、語（動詞）の形を変えます。
　　　多くの場合、動詞に ed を付けます。例　**play-played**
　　　しかし、ed をつけずに形を変える動詞もあります。例　**go-went**

　最後に、小学校教科書では文法的特徴が英文の意味や役割に影響を与える構成になっているかという重要な問題がある。例えば、現在完了形は、過去から現在まで行動や経験が終了や継続した事を示し、過去の経験や行動では

ないために（現在に近い分類）、文法的な特徴は英文の意味に影響を与える。また、to 不定詞の用法は、名詞的、副詞的、形容詞的用法により英文の意味が異なる。5 年生と 6 年生のすべての教科書を分析すると「代名詞の用法」、「一般動詞の用法」に共起する（伴う）語、「動詞の過去形」の 3 事例が強い文法的特徴を持っている。下記では、『We Can! 1』と『We Can! 2』の事例を中心に示しているが、他の検定教科書でも同様な文法的特徴が見られた。

事例 1「代名詞の用法」

I like Kenji. He can run fast.　（出所：『We Can! 2』, Unit 3 Story Time, p.25）

We had a nice dish of fish. It was delicious.

（出所：『We Can! 2』, Unit 5 Story Time, p.41）

　2 例文では、前出の *Kenji* を *He* に、*fish* を *It* に置き換えて代名詞を用いているが、教科書での取り扱いが Story Time（付録的な物語）であり、実際の活動は内容理解に留まり、文法的特徴への「気づき」はほとんど発生しないと予想される。

事例 2「一般動詞の用法」

I (*always/ usually/ sometimes*) *get up at* ［時間］. (出所：『We Can! 1』, Unit 4)

　一般動詞には、「習慣」「事実」「未来」を表す用法がある。事例では「習慣」を示す用法を強調するために、*always/ usually/ sometimes* のいずれかの副詞が共起する活動である。しかし、文法的な特徴に児童の「気づき」が発生する教師の働きかけがなければ、機械的に副詞を置き換える活動になる可能性がある。

　上の 2 事例では、文法的な特徴に児童が「気づく」には、教師の働きかけがなければいけない。定型的な塊の語句に必要な語を置き換える学習であれば、文法学習が起こるとは言えない。さらに次の小学校の思い出を扱う題材でも共起する過去を表す語（例：in May/ last year）がないために文法的特

性に「気づく」必要性はない。

> 事例3「動詞の過去形」
> *My Best Memory*
> *My best memory is the school trip.*
> *We went to Yokohama.*
> *We ate Chinese food.*
> *It was delicious.*
>
> （出所：『One World Smiles 5』, Unit 7［*My Best Memory*］, p.78）

　まとめとして、小学校の教科書では表現・文型は頻繁に出現し（R. Ellis, 2009）、各学年での提示については文型の複雑さより、むしろ児童の身近な場面や目的に合わせて学習するように構成されており（Skehan, 1998）、明示的な文法指導を避けるために一部の語形変化を伴う文型は出現しない。また、限定的に検定教科書では文法の明示的な説明が含まれているが教師の取り扱いにより小学校での文法的特徴の概念的枠組みから逸脱しているとは言えない。最後に文法的な特徴を持つ用法や文型が出現するが、いずれの例文も教師の働きかけがなければ児童が文法的特徴に「気づく」ことは発生せず（Cameron, 2001）、提示されている例文は文法的特徴が、英文の意味や機能を変えるほど顕著性（saliency）を持たない（R. Ellis, 2009）。

4.2　小学校授業観察から考察する文法学習および指導

　観察した小学校4学級では、教師と児童の順番交替（turn-taking）の数は、最大324回から最低210回の頻度で観察された（渡慶次、2023a）。観察授業について、文法指導と学習について以下の3点を述べる。

　第1点目に、観察された授業では、文型や文法規則の明示的な説明は一切なされず、身近な題材や目標に合わせて、伝える内容（意味）を重視し、目標表現・文型に音声で親しみ、伝え合ったり、発表する活動が主であった。具体的には、伝統的なPPTの形式で、つまりPresentation（提示）で教

師が目標表現・文型を導入・モデルを示し、次に Practice（練習）でチャンツやリスニング、やり取りなどを通して目標表現・文型を教師と児童、または児童同士で練習をし、さらに Production（発表）では、練習した目標表現・文型を発表するという sequence（授業順序）である。

　第 2 点目に、上の観察記録に関連して、教師主導で授業はテンポ良く展開され、目標表現・文型の理解と運用が主目的であるために、児童が文法的特徴に「気づく」機会は観察されなかった。

　第 3 点目に、文法的な誤りに対する授業中の教師のフィードバックは観察されなかった。むしろ、目標表現・文型で意味を正しく伝えられるかが重要である。（例えば、下の事例 4 では、*What do you want to be?* の質問に対して、適切な語句（[*professional baseball player*]）で答えられるかに教師のフィードバックが集中している。）

　　事例 4（小学校 5 年生の学級、JTE：日本人英語専科教員、S：児童）
　　JTE: *S5 san, what do you want to be?*
　　S5:　　プロ野球選手
　　JTE: *How do you say* プロ野球選手 *?*
　　ALT: *Oh, professional baseball player.*
　　Ss:　　*Professional baseball player.*　　　　　　　　（出所：未発表資料）

　事例の教師のフィードバックは、正しい文法形式（*I want to be* [　　]）ではなく、伝えたい意味（*professional baseball player*）を中心に活動が展開している。

　授業観察をまとめると、文法規則の明示的な説明はなされず、教師主導で授業が展開されたために、文法的な特徴に児童が「気づく」機会は与えられなかった。さらに、児童の誤りに対する教師のフィードバックは正しい言語形式ではなく、適切な意味の語句を使えるかに教師の注意は払われた。

4.3　中学校検定教科書の文法形式と明示的説明

　中学校の文法事項の配列と明示的説明を下に述べる。

　2021年採択中学校検定教科書6社の文法事項配列は、学習指導要領の改訂を複数回経ているにも関わらず、2006年版検定教科書の分析（馬場、2009）から2012年版検定教科書の分析（渡慶次、2015）、現在にいたるまで基本的に学年枠で配列されており、配列順序は教科書により学年枠の範囲内で移動している。例えば、1学年はbe動詞、一般動詞、三人称単数形、Wh-question、現在進行形、規則動詞・不規則動詞過去形、2学年は不定詞、原級・比較級・最上級、When〜、従属節、3学年では受動態、現在完了形、関係代名詞、さらに中学校学習指導要領解説（文部科学省、2017b）により追加された仮定法過去（I wish＋過去形、If I＋過去形）などが一般的な学年配置である。前述した白畑（2018）の「明示的に概念を確実に教えるべき項目（習得が困難な項目）」は現在の検定教科書では、現在完了形（3年）、仮定法（3年）、不定詞（2年）、関係代名詞節（3年）の様に、上位学年で配置されており、提案と一致している。文法項目の学年枠配置が継続されているのは、4年ごとに改訂される教科書採択制度において、異なる教科書が採択される場合に、教科書間で大きな混乱が生じないための配慮もあるようである（馬場、2009）。教科書により文法事項の学年配置がやや異なる場合もあるが[18]、本章の研究主題ではないために細かい分析は行わない。

　次に、中学校入学後の1年生の教科書は、表3のように、途中まで小学

表3：『We Can! 1&2』＋『Let's Try! 1&2』と中学校1年生検定教科書の文型の対応

中学校検定教科書1年生	文型（表現）の対応状況
『Here We Go! 1年』	Unit 5（8Unit中）まで小学校での既習の表現・文型を学習
『Sunshine 1年』	Program 4（10 programと3 project中）まで小学校での既習の表現・文型を学習
『New Horizon 1年』	Unit 5（11 unit中）まで小学校での既習の表現・文型を学習
『One World 1年』	Lesson 2（9 Lesson中）まで小学校での既習の表現・文型を学習
『New Crown 1年』	Lesson 3（8 Lesson中）まで小学校での既習の表現・文型を学習
『Blue Sky 1年』	Unit 4（10 unit中）まで小学校での既習の表現・文型を学習

校（『We Can! 1&2』＋『Let's Try! 1&2』）と同じ文型が配置され、復習する構成になっている。6 社に共通するのは小学校文型復習の後に、新しい文法事項として三人称単数形を学習する（例：『Here We Go! 1 年』Unit 6, Part 1 の基本文は、*She likes singing and dancing.*）。三人称単数形は習得が困難（Ellis, 2009）であることが指摘されており、中学 1 年生にとって最初の壁であると考える。

　さらに、中学校の文法学習について、中学校検定教科書で 1 年生の最初から文法規則の明示的な説明があり、規則の暗記やテストにより学習が行われれば大きな困難点になり得る。事例 5 のように、中学校 1 年生英語学習の最初から文法規則の説明がなされる。

　　事例 5
　　「自分のことを言うときは、主語に I を使います。am は動詞の仲間で「be 動詞」と呼ばれます。I am（I'm）の後ろに、名前や職業、出身などを表す語句がきます。」（下線部は筆者による文法用語の表示）
　　　　　　　　　　　　　（出所：『Here We Go! 1 年』Unit 1, Part 1, p.31）

　一方、『New Crown 1 年』では、文法規則を明示的に説明するのではなく下の様にヒントを出して、生徒が推測して文法規則を帰納的に学習するようになっている。

　　事例 6
　　①　*Is this Wakada Shrine?*　　　②　*What is this?*
　　　　Yes, it is.　　　　　　　　　　*It is a library.*
　　　　No, it is not.

is の位置に注目して、p.50 の文と比べよう	①と②の文のちがいや共通点について話し合おう。

　　　　　　　　　　　　　（出所：『New Crown 1 年』Lesson 3, p.54）

表4：中学校1年生検定教科書の文法事項の提示方法一覧

中学校検定教科書1年生	文法の提示方法
『Here We Go! 1年』	各partで詳細に文法用語（例Unit 1:「be動詞」「一般動詞」「助動詞」）で明示的に文法規則を説明している。1〜3Unitごとに体系的に文法用語を用いて、文法規則をまとめている（［6つのActive Grammar］1〜2頁）。文法知識の量は多い。
『Sunshine 1年』	各sceneには文法説明（基本文）がない。各Programの最後に体系的に文法用語を用いて文法規則を説明している。文法知識の量は多い。
『New Horizon 1年』	各partで詳細に文法用語（例Unit 1:「be動詞」「一般動詞」）で明示的に文法規則を説明している。1〜2Unitごとに体系的に文法用語を用いて、文法規則をまとめている（［7つのGrammar for Communication］1〜2頁）［文法練習問題（Let's Try）が各頁に1問］。文法知識の量は多い。
『One World 1年』	各sectionで文法用語を用いて文法規則を説明している。Lessonの最後（2頁）に体系的に文法用語を用いて文法規則を説明している。文法知識の量は多い。
『New Crown 1年』	各partで文法規則を推測する導入となっている。明示的な説明はない（帰納的導入）。Unitごとに体系的に文法用語を用いて、文法規則をまとめている。文法知識の量は多い。
『Blue Sky 1年』	各partで文法規則を文法用語（例：Unit 1:疑問文、肯定、否定文）を用いて説明しているが、他教科書よりは文法用語の使用していない。Unit（1, 2は別）ごとに体系的に文法用語を用いて、文法規則をまとめている。文法知識の量はやや少ない。

　2021年採択の中学校1年生検定教科書の文法事項の提示方法を一覧にした表4によると、文法規則は体系的に文法用語を用いて、まとめて学習する提示方法になっており、文法項目の学習量は多い。

　最後に、文法規則や用法の明示的知識の学習後のコミュニケーションのために事例7の様に、配慮しているのは、『New Horizon 1年』のみである。下の事例では（1）は文章中の名詞をくり返すことを避ける英語の特徴を考慮

していない小学校の発表で良く見られる英文例ではあるが、(2)では英語らしい文にする手立てが述べられている。

事例 7

(1)　*Do you know Ken?　Ken is my friend.　Ken is kind.　I like Ken.*

(2)　*Do you know Ken?　**He** is my friend.　**He** is kind.　I like **him**.*

　　(1)では Ken が 4 回も出てきます。英語でも日本語でも、文章の中で同じ語を何度もくり返すことはしません。そのために、(2)のように Ken のかわりに he や him を使います。he や him のように名詞のかわりにする言葉を代名詞といいます。

　　　　　　　(出所:『New Horizon 1 年』、Grammar for Communication 5, p.76)

　中学校英語検定教科書について文法事項をまとめると、文法事項の配列は学年枠で考慮され、配列は長年変化していない。2021 年採択検定教科書の傾向としては、1 年生中途まで小学校既習文型の復習をする構成になっており、新しい文法事項として三人称単数形を共通して提示している。文法の説明は 1 年生の最初から文法用語を用いて体系的に学習し、文法学習の情報量は多い。一方、『New Crown 1 年』のように明示的に文法事項を学習するのではなく、帰納的に話し合いなどを通して文法規則を考える方法や、『New Horizon 1 年』のようにコミュニケーションを意識した文法知識の提示の工夫も見られる。

5.　まとめ

　小学校のほとんどの表現・文型(43 文型中 42 文型)は「定型要素＋非定型要素」の形態で提示され、定型要素を塊として練習し、非定型要素の語句を置き換えていると考える。さらに、小学校では、事例(1, 2, 3)の様に文法的な特徴が英文の意味や働きに影響を与えない。また、小学校では、3 年生と 4 年生でも複雑な文型が出現し、学年進行により文型が複雑になるので

はなく、複雑な文型でも頻繁に練習することにより習得すると考える教材配列の概念である。さらに、児童の成長に合わせて、身近な話題や目的（例：6年生では将来の夢）を表現できることを目標とした配列である。授業でも学習指導要領に従い、児童の誤りに対して教師による文法的なフィードバックが観察されなかった。また、教師が主導して目標表現・文型の練習に授業が集中するために、児童が文法的な特徴に「気づく」機会も観察されなかった。

　根本的に文法的な特徴については小学校英語教育では重要な役割は果たさず、板垣（2017）が提案するように、「英語知識の熟達化：言語知識が徐々に分析され、組織・構造化され、そして明示化される」が起こっている実証的データを見つけることは難しい。具体的には、「語形変化」（例：複数形や規則動詞 -ed）は児童の「気づき」がないままに、定型表現として学習するため、明示的な知識に変化している可能性は少ないが、一方、頻繁な文型の練習により、「語順」については、内野（2019）の調査結果のように暗示的知識が徐々に明示的な知識に変化している可能性はある。さらに、板垣（2017）が提案する「運用処理の熟達化：言語知識の運用処理過程が統制的な段階から徐々に自動化される（運用処理過程の自動化）」については、文法的な特徴に注意が払われないために熟達化がさほど進むとは考えられないが、音声中心の学習であるために音声面では熟達化が進んでいる可能性はある。

　中学校では1年生の最初から明示的（『New Crown 1年』を除く）かつ体系的に、文法用語を用いて文法規則や用法を学習する。一方、言語使用、コミュニケーションのために文法的説明（『New Horizon 1年』）がなされていたり、文法的な規則を話し合い等で「気づく」工夫（『New Crown 1年』）をしている教科書もあり、文法指導は明示的知識を暗記させる方法のみではない。

　小学校と中学校の英文法指導の示唆として、身近な話題や目的を中心に表現・文型を提示している小学校に対して、文型や用法の複雑さや困難さ、学年枠で文法項目の配置をしている中学校との根本的な文法的な特徴の違いを理解する必要がある。中学校教科書の中途まで、小学校既習の表現・文型が配置されており、学習者の心理面を配慮しながら、音声に慣れ親しんできた

小学校英語学習の背景を理解し、明示的知識導入の滞りのない接続が大切である。さらに、小学校でも中学校においても学習者自身が文法的特徴に「気づく」、つまり言語的分析ができる能力を養い、教師は文法規則や用法の教授に留まらず、文法的特徴が英文の意味や機能、言語使用に重要な役割を果たすということを示す指導の工夫が必要であると考える。

注

1　渡慶次 (2022b) の教科書分析では、一部の教科書が巻末などに文法用語を用いて明示的に説明したり、体系的に文法を説明する箇所が指摘された。

2　令和 4 年 8 月 9 日に名桜大学で開催された「令和 4 年第 1 回小学校・中学校英語教員合同研修会」にて、渡慶次は小学校と中学校の教科書分析について報告した。

3　板垣によると「運用処理の熟達化」と記述しているが、運用は主にスピーキングとライティングを指すために、正式にはリスニングとリーディングの処理である理解も含めて、「理解・運用の処理の熟達化」と示す方が正しいと考える。

4　表 1 は、基本的に、タイプ C とタイプ D の「定型表現・決まり文句の丸暗記」の部分は板垣・鈴木 (2011) が Ellis のモデルに独自に追加した記述である。

5　板垣は小学校で得られる言語知識は「直感的である」と説明しているが、内野 (2019) による、小学校で得られる「言語知識は定型表現・決まり文句の丸暗記の蓄積が中心である」(p.163) の説明がより正確であり、小学生は教師主導で目標表現を練習する場合が多く、直感的な言語知識を取り出して言語使用する場合は限られると考える。

6　板垣 (2017) の学術論文が出版された時期は、「外国語活動」を念頭に執筆されているが、「外国語」にも板垣の主張は当てはまると考える。

7　R. Ellis (2008) の「暗示的知識」の定義では、文法性・非文法性の判断ができる知識であると記述されているが、自然な言語環境で習得がある程度完成した母語話者を念頭においており、小学生が文法性・非文法性の言語知識を獲得しているとは言えない。

8　板垣 (2017) の提案では、中学校では文法規則を中心とした文型に創造的に (既習の語句や文型) を加えていく概念であるが、やや認知的アプローチに偏った、従来のパターンプラクティスに似た考えであり、コミュニケーションを目標とする

言語の機能や使用場面などを加味した統合的な説明が必要であると考える。

9　Chomsky らによると子供は生得的に言語習得装置（Language Acquisition Device）を持っており、普遍文法（Universal Grammar）を用いて、言語を習得する能力が備わっているとする生得的言語習得観の立場を取る生成変形文法理論の事である。

10　Usage-Based Linguistics は生得的な立場とは逆に、目標言語を後天的に使う（主にスピーキング）事により、目標言語を獲得するとする立場を取るが、言語習得の初期である子供は音声によるインプット（リスニング）で言語を徐々に習得することが知られており、村端・村端（2020）の小学生を対象とした調査結果では、リスニングの成果は大きかったが、スピーキングの成果は低かった。早期英語教育には慎重に応用されるべきであると考える。

11　教師が短い、内容のある濃い英文を数回読んで、学習者が聞いた英文をグループ等で協力して再現するディクテーションに似た活動である。

12　R. Ellis（2009）によると、一般的に高頻度の文法項目は習得しやすいが、冠詞（a/an/the）は英文での出現が高頻度にも関わらず、習得が難しいという例外もあると述べている。

13　筆者の教授経験から、9) 代名詞の格変化（I, my, me, he, his, him など）はそれほど困難ではなく、10) 三人称単数形は生徒がつまずく第 1 難所であり、教師は十分に説明する必要があり、11) 不定冠詞（a/an）と 16) 定冠詞（the）は同程度に困難であり、12) 一般動詞の過去形（特に、規則動詞）(-ed) は、それ程困難ではないと考える。

14　『Let's Try! 1』［3 年生対象］と『Let's Try! 2』［4 年生対象］を含めて 43 文型が出現する。

15　3 年生と 4 年生で学習した文型を 5 年生と 6 年生でくり返す目的の方が強く、単純な文型から複雑な文型に系列的に提示されているとは言い難い。例えば、『Let's Try! 2』［4 年生対象］で学習する文型は Unit 7（例：*I want bananas.* を学習）や Unit 9（例：*I eat breakfast.* を学習）であり、同様な文型を 5 年生と 6 年生でもくり返し学習している。また、6 年生で出現する不規則動詞（例：went/saw/ate）や *want to be* などの文型は語句の塊として明示的な知識を必要とせずに、目的や場面、状況で難易度に関係なく使用していると考える。

16　渡慶次（2021b; 2022a）の調査結果では *We are 〜 .* の文型を含んで 5 文型が出現しないと報告したが、本章では語形変化を伴わない *We are 〜 .* は含めていない。

17　Ellis（2009）によると文法困難性の判断として、機能的価値（functional value）の要素では三人称単数現在（s/es）は余剰であるため必要性は低い、顕著性（saliency）の要素では、現在進行形（〜 ing）は重要であると説明している。小学校の表現・

　　文型に含めないという判断の根拠が明確でない。
18　例えば、『New Crown 1 年』と『One World 1 年』では、未来形 (will/be going to) を扱う点が他の教科書と異なる。

使用した教科書一覧

『We Can! 1』(2018) 文部科学省

『We Can! 2』(2018) 文部科学省

『Here We Go! 5』(2020) 光村図書

『Here We Go! 6』(2020) 光村図書

『NEW HORIZON Elementary 5』(2020) 東京書籍

『NEW HORIZON Elementary 6』(2020) 東京書籍

『New Horizon Picture Dictionary』(2020) 東京書籍

『Junior Sunshine 5』(2020) 開隆堂

『Junior Sunshine 6』(2020) 開隆堂

『ONE WORLD Smiles 5』(2020) 教育出版

『ONE WORLD Smiles 6』(2020) 教育出版

『JUNIOR TOTAL ENGLISH 1』(2020) 学校図書

『JUNIOR TOTAL ENGLISH 2』(2020) 学校図書

『CROWN Jr.5』(2020) 三省堂

『CROWN Jr.6』(2020) 三省堂

『Blue Sky elementary 5』(2020) 啓林館

『Blue Sky elementary 6』(2020) 啓林館

『Here We Go! English Course 1 年』(2021) 光村図書

『New Horizon English Course 1 年』(2021) 東京書籍

『Sunshine English Course 1 年』(2021) 開隆堂

『One World English Course 1 年』(2021) 教育出版

『New Crown English Series 1 年』(2021) 三省堂

『Blue Sky English Course 1 年』(2021) 啓林館

第6章 | 小学校と中学校の単語指導の接続について

1. はじめに

　新学習指導要領施行により、小学校と中学校で学習する単語数は約2倍近くに増加した。検定教科書では、文法・文型が小学校と中学校でくり返し学習するように配列されているのに対して、単語学習は体系的な取り扱いはない。文部科学省より「指定された単語リスト」がないために、重要語や取り扱う単語は、各検定教科書に任せられている。英語教師は独自に重要単語リストを作成して、活用し、各レベルに応じた単語指導の工夫が必要である。小学校検定教科書に高頻度で出現する単語は内容語（名詞、動詞、形容詞など）が多く、重要な働きをする機能語（前置詞、冠詞、接続詞など）は出現頻度が低いために、留意して指導されなければならない。

　国内では過去10年間に「アジアでトップクラスの英語力を目指す」、「2020年の東京パラリンピック・オリンピックを見据えて」を目標に（文部科学省、2014）、英語教育改革が行われてきた。本格的な英語教育改革が始まった2020年の小学校学習指導要領施行後で、学習内容として最も変化が大きいのは語彙数の増加である。小学校学習指導要領解説（文部科学省、2017a）によると、小学校では600語から700語程度、中学校学習指導要領解説（文部科学省、2017b）によると小学校の語彙とは別に1,600語から1,800語程度を学習すると記述されている[1]。旧学習指導要領では、小学校と中学校を併せて、1,200語程度を学習するとされていた。つまり、現行の学習指

導要領では小学校と中学校を併せて最小語彙数は、2,200 語（600 語＋ 1,600 語）程度から最大語彙数 2,500 語（700 語＋ 1,800 語）程度の範囲での語彙能力の習得が求められている。2020 年以降の学習指導要領施行では小学校と中学校で、旧学習指導要領に比べて約 2 倍の語彙数増加である。小学校では、授業時数が旧学習指導要領の 70 時間（5 学年：35 時間、6 学年：35 時間）から現行の 210 時間（3 学年：35 時間、4 学年：35 時間、5 学年：70 時間、6 学年：70 時間）に増加したものの、中学校では、授業時数は年間 140 時間で旧学習指導要領と変化がない状況で語彙数増加に対応しないといけない。

　2020 年から使用されている小学校英語検定教科書の単語数は旧教科書と比べて増加している。2019 年まで共通教科書として使用されていた『We Can! 1』（5 学年）と比べると 5 学年 7 冊の検定教科書の平均単語数は 160％の増加、『We Can! 2』（6 学年）と比べると 6 学年 7 冊の検定教科書の平均単語数は 200％の増加である（佐藤、2021a）。さらに、小学校では授業時数は増加したものの、検定教科書では言語項目の目標（goal）は表現・文型（例：I like 〜 .）の習得を重視する傾向が強く、3 学年から 6 学年まで同じ表現・文型をくり返し学習することにより、慣れ親しむ構成と系統になっている（渡慶次、2023b）。一方、小学校の英単語学習活動は検定教科書では全体の約 20％で限られており、中学校の新出単語の様な特別な取り扱いはなく（渡慶次、2022b）、長期間持続した体系的な単語学習活動はほとんどない。体系的な文法指導に比べて、語彙指導はすべてのレベルにおいて体系的でないと語彙研究の多くが指摘している（Schmitt & Schmitt, 2020, p.162）。

　中学校では、小学校の文法・文型（表現）の既習事項が中学校 1 学年の中途までくり返し提示され（渡慶次、2023b）、ていねいに取り扱われるのに対して、単語学習は単語数増加に加えて、小学校で求められる意味と音声の知識のみならず、品詞、語形変化（屈折形）、発音記号、強勢、多義語（同じ綴りで複数の意味を持つ）[2] などの言語知識が増える。特に英単語の意味と音声の理解を中心とする小学校 5 学年・6 学年から中学校 1 学年の移行時期は、単語数や単語に派生する知識量が大幅に増加することが児童・生徒に大

きな学習困難をもたらすと考える。川又 (2012, p.111) によると、中学校では、1989 年 (平成元年) 告示 (新語は、1,000) の学習指導要領まで 500 語前後の取り扱うべき語彙が示されてきた[3]。1999 年 (平成 10 年) 告示の学習指導要領では、「ゆとり教育」の影響を受け、取り扱うべき語は 100 語 (新語は、900) に限定されている。2008 年 (平成 20 年) 告示の学習指導要領では、1,200 語程度の語彙数が示されたが、「特に指定された語」がなくなっている (青森県教育委員会、2018)。2017 年 (平成 29 年) 告示の中学校学習指導要領解説においても、「指定された語」は示されておらず、語彙の選択は各検定教科書会社に任せられており、中学校の英語学習に重要な単語リストを作成して活用する必要がある (佐藤、2021a)。

　単語については、小学校検定教科書では体系的な単語学習が配慮されておらず、中学校では増加する単語数に対して授業時数が増えていないことにより、学習指導要領による単語習得の目標を達成することに懸念が生じる。本章では、1) 単語数はどのように数えられているか、2) 母語話者および小学生・中学生に求められる語彙能力はどの程度か、3) 検定教科書の単語と重要語 (コーパスなど) は一致するか、4) 単語を知っているとは何か、5) 単語学習を促進あるいは困難にする要因は何か、について論じる。

　本章では、語彙と単語の両方の用語を織り交ぜて同義語として用いる (例えば、中学校教科書では「新出単語」と呼ばれ、教育現場では「単語」の用語が頻繁に用いられるが、調査では「語彙」と呼ばれる場合がある)。

2.　小学校 5 学年・6 学年検定教科書と中学校 1 学年検定教科書の単語数

　単語の数え方により、英語辞書、教科書、調査方法等の単語数は異なり、どのような単位で単語を数えたかを明確にする必要がある。Nation (2001) によると、一般的に単語の数え方は延べ語数 (トークン、token)、異なり語 (タイプ、type)、レマ (lemma)、ワード・ファミリー (word family) の 4 つの方法があり、下記に具体的に述べる。例えば、*It is not easy to say it correctly.* の英文では、延べ語数 (トークン) はすべての語を数えるために 8 語であり、

異なり語（タイプ）では、7語となる（*it* が2回出現するため）。

　レマ（lemma）の数え方は、見出し語（head word）とその屈折形（inflection）と短縮形（n't）からなる。英語の屈折形は、複数、3人称単数現在時制、過去時制、-ing、比較級、最上級、および所有格である。ワード・ファミリーはレマの屈折形と短縮形を含めて、un- のような接頭辞、-ness などの接尾辞および語幹[4] などの派生形（derivations）を含んだ見出し語をまとめて一つの語をみなす。Bauer & Nation（1993）によると、表1の見出し語 *develop* をレマとワード・ファミリーで区別することができる。本章では、延べ語数（トークン）は語彙調査に用いられる方法で、辞書や教科書等の語彙数には用いられないために、主に異なり語（type）、レマ、ワード・ファミリーの3種類を中心に小学校5学年・6学年検定教科書と中学校1年検定教科書の単語数について述べていく。

　表1の例では、レマを用いた単語の数え方は、*develop* の見出し語に加えて、3人称単数現在時制（*develops*）、一般動詞過去形（*developed*）、進行形や現在分詞の -ing（*developing*）の様な文法的な知識を理解する必要がある。Nation（2016）によると、派生形を理解している母語話者にとってはワード・ファミリーの単位で単語数を数える方法が妥当としているが、ワード・ファミリーについては、接頭辞や接尾辞から単語の意味を類推しないといけないために、母語話者には容易でも日本人のような EFL 学習者（English as a foreign language、外国語としての英語、以下 EFL で略記）には困難である

表1：見出し語 *develop* のレマ、ワード・ファミリーの例
（出所：Bauer & Nation, 1993, p.254）

レマ（屈折形）	ワード・ファミリー
develop（見出し語） develops developed developing	developable/undevelopable/developer(s)/ undeveloped/ development(s)/developmental/ developmentally/ developmentwise/ semideveloped/antidevelopment/ redevelop/predeveloped
1語として算出 （見出し語を含めて）	1語として算出（レマの4語と接頭辞と接尾辞の12語の派生語（derivations）を含む）

(Schmitt & Schmitt, 2020)。

　では、小学校(5 学年、6 学年)と中学校(1 年)の教科書は、上記の 3 種類のどの単語の数え方に基づいて語彙数を示しているのだろうか。

　Hoshino(2020)は、7 社 14 冊の小学校英語検定教科書(5 年生と 6 年生対象)の語彙数を異なり語(type)で調査し、734 語から 1,126 語の範囲で単語が使用されていると報告されている。Hoshino の単語リストを筆者が再検証すると、教科書 7 社共通の単語群から 3 社共通の単語群までの合計 959 語[5]の内、見出し語＋屈接形(複数形 -s)が 6 組(例：*animal* と *animals*)、見出し語＋屈接形(所有格 -'s)が 3 語(例：*children's*)、短縮形が 6 語(例：I'd)[6] を異なり語としており、合計の 15 語(全体の 1.6%)を除くと、レマの単位では単語数は 944 語(98.4%)であり、異なり語数とレマの語数はさほど変わらない。

　一方、佐藤(2021b)の「小学生のための重要語リスト 1,000 語」によると、異なり語の 1,000 語の内、27 語の屈折形、2 語から 3 語の連語・固有名詞 32 組(例：*New Year's Eve, New Zealand*)、定型表現 5 組(例：*Excuse me.*)[7]の合計 64 語(組)を除いて、レマ単位で計算すると 929 語(92.9%)になる。Hoshino の単語リストでは、複数形の屈接形を含めているのに対して、動詞の屈接形は含めていない。佐藤の単語リストでは、動詞の屈折形、連語、慣用表現を含めているが、省略形と名詞複数形の屈折形は含めていない。単語リストは、作成者の意図で含まれる単語が異なることを示している。

　佐藤ほか(2022)の調査によると、6 社の中学校 1 学年検定教科書の異なり語数は、『Blue Sky 1 年』は 919 語、『Here We Go! 1 年』(14 語の短縮形を含む)は 1,100 語、『New Crown 1 年』は 1,130 語(2 語の短縮形を含む)、『New Horizon 1 年』は 981 語、『One World 1 年』(13 語の短縮形を含む)は 1,005 語、『Sunshine 1 年』(12 語の短縮形を含む)は 904 語と報告しており、異なり語数については最小値(『Sunshine 1 年』：904 語)と最大値(『New Crown 1 年』：1,130 語)で 100 語程度の差がある。単語の数え方については、*How are you?* などの定型表現、複数形、人名(例：*Ken*)、名詞＋ 's(例：*people's*)は分析対象から除いている。中学校 1 年検定教科書を筆者が再検証

すると、『New Horizon 1 年』（*can* と *cannot* は別の単語として計算）と『Blue Sky 1 年』は、短縮形を含めておらず、他の 4 社の教科書は短縮形も単語リストに含めており、単語の算出方法はレマ単位に近い。6 社の教科書会社に共通している点は、見出し語とその不規則動詞過去形（例：*go-went, tell-told*）は異なる語と示し、規則動詞過去形については、見出し語のみで表示している。不規則動詞過去形は規則動詞過去形の屈折形 (-ed) のように同形の過去形ではないために、各教科書会社が学習者の困難度を考慮して別の単語として算出していると考える。

3.　母語話者の語彙能力と EFL 学習者の語彙能力

　文部科学省によると前述したように、小学生では、600 語〜 700 語程度、中学校では、2,200 語〜 2,500 語程度、高等学校では、4,000 語〜 5,000 語程度の習得が求めれている。では、語彙研究ではどの程度の語彙数が必要であるとされているのであろうか。必要な語彙数は言語環境（母語話者か EFL 学習者）、言語技能、単語の数え方などにより異なる。Nation (2001) によると、教育を受けた母語話者は 20,000 語程度のワード・ファミリーの語彙能力を持っていると報告している。ちなみに、Nation (2016, p.23) によると、3,000 語の高頻度の単語において、ワード・ファミリー、レマ、異なり語 (type) の割合は、1：3：6 であるとする。つまり、Nation の換算方法に従うと、母語話者が必要な 20,000 語のワード・ファミリーは、レマ単位では 60,000 語（20,000 語の 3 倍）程度になり、ほとんどの EFL 学習者にとっては到達困難な語彙数である。

　もし、オーラル・コミュニケーション能力向上を目的としてコーパスや英語辞書の語彙を使用する時は留意が必要である。近年は、英語辞書（例：COBUILD）はコーパスのデータを利用して作成されているが、書き言葉のデータを収集することが容易であることからコーパスの語彙は書き言葉に偏りがちで、話し言葉のコーパスは実際には少ない。例えば、代表的な英語コーパスである British National Corpus [8]（以下、BNC で略記）には話し言葉

は約 11% しか含まれない。

　EFL 学習者の重要単語リストとしてよく知られるのは、West により 1953 年に出版された 2,284 見出し語からなる *General Service List* であるが、Browne, Culligan & Joseph (2015) により問題点[9]が改善され、2,801 見出し語からなる *New General Service List*（以下、NGSL で略記）が発表された。NGSL は、一般英語の平均 92% をカバーし、他の英語ジャンルでのカバー率はさらに高く、例えば *Harry Potter* では 93%、TOEIC 試験では 94%、*Friends* などのテレビドラマでは 95% をカバーするとしている（New General Service Project のウェブサイトからの情報）。国内では、青木（2016）が東京都の 10 年間（2005 年から 2014 年）の英語高校入試問題の単語数を調査し、NGSL の単語リストの 94.7% をカバーしている報告しており、国内の中学校英語教育で用いられる単語との整合性も高いと考えられる。NGSL は学術的な英語も含んでおり 3,000 語に近い単語数であるが、日常生活に必要な一般英語の重要語は約 2,000 語のワード・ファミリー[10]とされており、重要語 2,000 語を出現頻度で算出するとすべての英単語の約 80% をカバーすることが報告されている（Nation, 2001）。一方、Schmitt & Schmitt (2014) は、会話英語を理解するには 3,000 語のワード・ファミリーが必要であると主張しており、重要語は 2,000 語から 3,000 語程度であると考える。

4.　「受容語彙」と「産出語彙」における語彙数

　英語学習に必要な語彙は、言語技能の種類によって異なる事が教育実践および研究でも示されている。小学校学習指導要領解説（文部科学省、2017a）および中学校学習指導要領（文部科学省、2017b）によると、言語の理解を目的とするリーディングやリスニングに必要な「受容語彙」と、言語の表現を目的とするスピーキングとライティングに必要な「産出語彙」の違いを考慮して指導することが指摘されている。

　EFL 学習者は通常、「産出語彙」に比べて、「受容語彙」の習得数が多く、リスニングやリーディングと匹敵する語彙数をスピーキングとライティング

で用いることはないと指摘している (Schmitt & Schmitt, 2020)。さらに英文を理解するには、95％から98％の単語を知っていることが必要とされている。Laufer & Ravenhorst-Kalovski (2010) の調査によると、EFL学習者のリーディングにおいて、98％の読解には8,000語のワード・ファミリー、95％の読解には最低4,000～5,000語のワード・ファミリーが必要としており、かなりの単語数の習得が必要である。

　Nation (2016) によると、EFL学習者はリーディングやリスニングの「受容語彙」にはワード・ファミリーの単位で語彙能力が適当であろうとしている。理由は、EFL学習者でも語幹や接頭辞、接尾辞から派生語 (derivations) を推測できるとしている。しかし、前出のHoshino (2020) と佐藤 (2021a) の小学校検定教科書の語彙分析に異なり語 (タイプ) を用いたように、小学生には三人称単数現在形 (-s) や現在進行形 (-ing)、規則動詞 (-ed) などの屈折形に関する文法的な知識はなく、例えば *shop* と *shopping* を違う単語として学習する方法が現実的である。*I am* と *I'm* の短縮形についても、単語を分解して同じ単語が含めれていることを学習するのではなく、違う単語として固まりで使うことが想定される。中学校では、文法的な屈折形や短縮形に関する知識を学習するのでレマ単位での単語使用が困難ではないが、ワード・ファミリー単位の単語学習は難易度が高いと考える。

　一方、「産出語彙」については、ほとんどの語彙研究者がスピーキングやライティングにおいてワード・ファミリー単位の語彙能力を発揮することができないことを支持している (Schmitt & Schmitt, 2020, p.10)。

5. 単語の出現頻度と重要単語

　英語における重要単語リストや英語辞書は出現頻度 (frequency) により作成されるのが通常であるが、小学校では、必ずしも検定教科書に高頻度で出現する単語が日常生活で重要という訳ではない。Nation (2013) によると、重要語2,000語の中で、「機能語」(冠詞、前置詞、代名詞、接続詞など) は、約半分を占め、重要であるとする (例えば、BNC頻度順では、*the* が1位、

表 2：検定教科書の低頻度特徴上位 20 語（出所：佐藤、2021a、筆者により一部修正）
補足説明（順位（重要度）は検定教科書の出現頻度で決定しているのではなく、British National Corpus における出現頻度を考慮して示されている）

順位（重要度）	出現頻度	単語	順位（重要度）	出現頻度	単語
1	91	that	11	9	think
2	68	of	12	3	just
3	385	and	13	30	if
4	1110	the	14	18	not
5	208	in	15	6	got
6	7	as	16	3	which
7	62	they	17	77	for
8	23	but	18	2	were
9	32	so	19	3	because
10	5	or	20	12	now

and が 5 位である）。しかし、佐藤（2021a）の 7 社 14 冊小学校検定教科書の分析調査では、名詞や動詞、形容詞、疑問詞などの「内容語」が高い頻度で出現した。さらに、BNC 話し言葉コーパスに高頻度で出現し、かつ日常生活で重要な「機能語」の観点で比較検証した場合、検定教科書では、日常生活で重要な語の出現頻度が低いという相反する結果が示された（表 2）。単語の重要度について、佐藤（2021a）は「小学校用の検定教科書には高頻度では使用されていないが、児童が将来英語を使う際に出会う確率が高い語彙である」（p.64）と説明している。

　表 2 によると、検定教科書の低頻度出現の 20 語の内、*that, of, and, the, in, as, they, but, so, or* の上位 10 語は、実際の日常英会話では頻繁に使用される単語ではあるが、検定教科書では出現頻度は低い結果を示している。この結果について、佐藤（2021a, p.64）は、「簡単な語句や基本的な表現がその指導の中心である小学校の英語では単文がメインとなり、think that SV のような複文や接続詞を使った重文が用いられることは多くないため」と説明している。教科書で出現頻度が高い単語だけではなく、実際の英語使用における重要な単語を念頭において、表 2 に示されている機能語も意識しながら指導しなければならないことを示唆している。Hoshino（2020）による小学校検定

教科書 7 社 14 冊の調査でも同様な結果を示している。具体的には、7 社すべてに出現する 275 単語（Range7）を例にとると、「内容語」と「機能語」で主に分けると、「内容語」は、全体の 84.4%で 232 語（名詞 165 語、動詞 40語、形容詞および副詞 27 語）、一方、「機能語」は全体の 12.7%で 35 語（前置詞 12 語、代名詞 13 語、疑問詞 5 語、助動詞 3 語、接続詞 2 語）、その他8 語（*hi, hello, no, Let's, Mr.* など）と報告している[11]。つまり、すべての教科書に出現する単語で「内容語」は約 8 割（84.4%）で、「機能語」は約 1 割（12.7%）である。Hoshino（再掲）によると、小学校教科書の単語は、イメージがしやすい具体的な名詞（例：色や食べ物、動物、スポーツなど）は多いが、抽象的名詞（例：*education*）は少なく、動詞は動的な動詞（例：*cook, eat, jump*）が多いが、静的な動詞（*like, think*）は少なく、形容詞や副詞は肯定的な感情を表現する語（例：*good, great, nice, beautiful, well*）が多いと説明している。

6.　「単語を知っている」とは何か

　「単語を知っている」とは何かという基本的な疑問がある。小学校英語教育では単語の「発音」と「意味」の知識が求められる程度である。多くの語彙研究は、試験項目を正解したかどうかで単語を「知らない」または「学習した」を判断しがちである。しかし、単語知識には多くの要素が含まれている（Schmitt, 2010, p.20）。Nation（2001）の表 3 の単語知識の分類表は、教育実践のみではなく、研究にも有用な枠組みである。Nation の枠組みは、単語を上手に使うために、多くの要素の知識が必要であることを示している。表 3 によると、「形」、「意味」、「使用」について受容的（receptive）と産出的（productive）に分けて下記のように示している。「形」、「意味」、「使用」について 9 の中位項目があり、さらに受容的と産出的に分かれて、18 の下位項目がある。小学校および中学校の検定教科書は基本的には表現・文型中心で構成されており、語彙学習は、表 3 の「形」（下位項目 1 〜 4）程度で扱われている。小学校や中学校で大幅に語彙数が増えた現状を考えれば、検定教科書は文法・文型中心の旧来の編集方針を改めて、体系的な語彙学習を導入す

表 3 :「単語を知っている」に何が含まれているか（出所 : Nation, 2001
（筆者訳、一部修正））「授」は受容的、「産」は産出的の省略形である

大項目	中位項目	形式	下位項目
形	音声	授	1.　単語がどのように聞こえるか
		産	2.　単語がどのように発音されるか
	つづり	授	3.　単語がどのように見えるか
		産	4.　単語がどのように書かれて、綴られているか
	語の構成	授	5.　この単語のどの部分が認識されるか
		産	6.　単語のどの部分がその意味を表現するために必要か
意味	語と意味	授	7.　この単語形式が何の意味を伝えるか
		産	8.　どの単語形式がこの意味を表するために使われるか
	概念と指示物	授	9.　（単語の）概念には何が含まれるか
		産	10.　（単語の）概念はどの項目を示すか
	連想	授	11.　（この単語は）他のどの単語を連想させるか
		産	12.　この単語の代わりにどの単語を使うか
使用	文法	授	13.　その単語はどんなパターンで現れるか
		産	14.　その単語をどんなパターンで使用するか
	コロケーション	授	15.　どのような単語（連語）がその語と一緒に現れるか
		産	16.　どの単語（連語）がその語と一緒に使われるか
	使用の制限	授	17.　どこで、いつ、どの程度、この単語に出会うか
		産	18.　どこで、いつ、どの程度、この単語を使用するか

る必要があり、表 3 は語彙学習の体系化としては役立つ情報である。
Schmitt（2019）は、教科書で着目される語彙は文章の題材により選択され、
次の題材でくり返し学習する体系的な構成ではないと指摘する。

　表 3 について、*train* という単語を例に、望月（2008, p.3）による以下の説
明はわかりやすい。

　　（前略）「形と意味」を受容的に知っているとは、*train* という形（音声
　またはつづり）が与えられた場合、「列車、訓練する」のような意味が
　頭に浮かんでくることを表します。逆に、この意味を表現したいとき
　に、音声またはつづりで *train* という語を記憶から引き出せれば、産出
　的に知っていることになります。「概念」とは、*train* という単語がもつ
　抽象的な考えで、その範疇に当てはまる対象物を知っていることになり

ます。(中略)「連想」とは、*train* という単語から英語母語話者が思い浮かべる単語を知っていることを表します。たとえば、*station, passenger, arrive, delay, seat* などがあげられます。(中略)「文法」を知っているとは、*train* は「列車」という意味で可算名詞である、「訓練する」という意味で自動詞・他動詞であると知っていることを表します。「コロケーション」は、*local train, passenger train, take a train, train children* など、*train* という単語と一緒に使う語を知っていることをさします。

7.　単語の「偶発的学習」と「意識的学習」、語彙学習に影響を与える要因

　5歳の英語母語話者の子供は、入学前に身近な環境で意味のあるやり取り(コミュニケーション)の中で無意識な「偶発的学習」(incidental learning)を通して4,000語から5,000語のワード・ファミリーを習得するとされる(Nation & Waring, 1997, p.7)。コミュニケーション能力向上を目指して、国内の英語教室においては、小学校では身近な題材について「やり取り」をしたり、中学校では基本文(目標の文型)を用いた言語活動が多い。小学校や中学校の言語活動では、「目標表現・文型を使う」ことを目標(goal)とする場合が多く(渡慶次、2023b)、コミュニケーションと文法・文型の折衷形が主流である。しかし、コミュニケーション中心の学習法は語彙に対してほとんど方向性を示してこなかった。小学校および中学校や高等学校の検定教科書では、自然な文脈や場面設定、オーセンティクな英語表現、学習者の興味関心のある題材を重視するあまり、語彙を統制することが難しくなり、重要な語彙を意図的に学習する機会が少なくなっている(佐藤、2021a, p.66)。母語話者のようにコミュニケーションのための語彙に触れるだけでは、語彙の習得は十分でない。

　EFL学習者は、学校での「意識的学習」(intentional learning)を通して、語彙を学習する方が効果的であると主張する研究者は多い(例：Nation, 2001)。Schmitt & Schmitt (2020) は、単純に語彙に無意識に触れるだけでは

なく、意識的な単語学習は飛躍的なスタートを切ることができ、単語を長期的にリサイクルすることが大切であると指摘している。

　では、「意識的学習」を通して語彙を習得する場合に、単語の学習が促進されるか、あるいは困難になるかを判断する時に表4の項目は有用である。小学校と中学校の検定教科書を中心に、表4を参照していくつかの例を取り上げ考える。例えば、小学校検定教科書では「4. 音と文字の関係が一貫している」英単語の学習にフォニックスが強調されているのに対して、中学校では、「音と文字の関係が一貫していない」場合は（例：the, one, come など）、全体で一語として読むサイト・ワード・リーディング[12] の方法が使われる。さらに、小学校検定教科書では、「8. 一つの形式にひとつの意味」を持つ単語として使用場面で取り扱われがちだが、中学校検定教科書では、巻末の単語リストの説明から「一つの形式に複数の意味」を理解することが可能である。また、小学校検定教科書では身近な題材を扱う「11. 具体的名詞」が多いが、中学校検定教科書で「抽象的名詞」が増える（Hoshino,

表4：語彙学習に影響を与える語彙の内的要因（出所：Schmitt & Schmitt, 2020, p165 が Laufer 1997, p.154 の一覧を修正した。筆者訳、一部修正）

促進する要因	困難にする要因
1. 馴染みのある音素	馴染みのない音素の存在
2. 馴染みのある文字の組み合わせ（例：sland）	馴染みのない文字の組み合わせ（例：dnsla）
3. 同じ音節に強勢が常にある	強勢にばらつきがある
4. 音と文字の関係が一貫している	音と文字の関係が一貫していない
5. 派生形の規則性	派生形の複雑さ
6. 単語部分の透明（例：preview ＝ look before）	誤解をうむ単語部分（例：outline ≠ out of line）
7. 一般的な言語使用域を持つ一般語	限定した言語使用域を持つ特殊語　慣用語
8. 一つの形式にひとつの意味	一つの形式に複数の意味
9. 短い単語	長い単語
10. 名詞や動詞は一般的に易しい	形容詞や副詞は一般的に難しい
11. 具体的名詞	抽象的名詞

2020)。

8.　まとめ

　本章では、小学校と中学校の先行研究や筆者の独自の教科書分析を中心に、語彙の数え方による違い、母語話者および EFL 学習者に必要な語彙数、「受容語彙」と「産出語彙」、単語の出現頻度と重要性、「単語を知っているとは何か」という本質的な問い、単語の「偶発的学習」と「意識的学習」に影響する要因などについて主に海外の語彙主要研究を引用しながら、関連する国内の語彙研究も含めて論じてきた。本章は小学校5学年・6学年と中学校1学年の語彙学習の接続を主要な目的とするために、現場英語教育に示唆を与える点を主に下記に述べる。

　第1に、新学習指導要領における小学校と中学校の大幅な単語数増加にも関わらず、検定教科書では単語をくり返し、長期的に学習する体系的な構成や配慮になっていない。検定教科書は文法・文型中心（小学校では目標表現、中学校では基本文）で構成される従来の概念で作成されており、コミュニケーション能力を育成する言語活動では、題材や場面にあった単語が必要に応じて使用され、くり返し学習されることは少ない。音声と意味の範囲に留まらず、上記の表3で示した Nation (2001) の「単語を知っている」の枠組みを参照しながら体系的に学習する工夫が必要である。

　第2に、2008年（平成20年）告示の学習指導要領から現在まで「指定された単語リスト」が示されず、使用される単語や重要単語の選択は各検定教科書会社に委ねられている。佐藤 (2021b) や青森県教育委員会 (2018) の取り組みの様に、独自の重要単語リストを作成し、体系的に単語指導を行う必要がある。佐藤 (2021a, p.66) は、「各学習段階で必要となる語彙の種類とサイズを適切に設定し、その語彙が繰り返し出現し、学習者がそれに何度も触れることができるような教科書、教材作りが必要なのではないだろうか」と述べている。

　第3に、一般的に英語の重要単語リストは出現頻度で作成され、利用さ

れるのが通常であるが、特に小学校の検定教科書は題材や興味に応じた名詞や動詞、形容詞などの「内容語」の出現頻度が高い。代表的な英語コーパス（例：BNC）において高頻度で出現する「機能語」（例：the, and など）は、小学校検定教科書で出現頻度が低い。「機能語」も英文においては重要な役割を果たすために、留意して指導する必要がある。

　最後に、EFL 学習環境では、語彙は母語話者が習得するように、「偶発的学習」が起こることは難しく、意識的にくり返し、長期的に学習することが求められる。検定教科書の単語リストをそのまま指導することに留まらず、独自の重要単語リストを作成、活用する必要がある。小学校レベルでは、カタカナ英語の既知情報を活用したり、単語ビンゴ（例：*Let's Enjoy 'Bingo'* 5・6 ［浜島書店］）で楽しみながら単語学習をしたり、定型表現（formulaic expression）を固まりとして学習させたり、中学校レベルでは、一緒に使われる単語（コロケーション）に留意したり、辞書や教科書単語リストを利用して文法的働き（品詞）やさまざまな意味を確認したり、さらに派生形（例：否定の un-、副詞形の -ly）に気づかせたり、同義語（synonym）や反意語（antonym）を与えることにより語彙知識の幅を広げたりして、意図的かつ体系的に単語学習をさせる必要がある。

注

1　高等学校では、2,000 語から 2,200 語の単語学習が高等学習指導要領解説では、示されており、高等学校終了レベルに 4,000 語から 5,000 語程度の単語習得を目標としている。従来の学習指導要領では、高等学校終了レベルに 3,000 語程度を習得することを目標としていた。

2　例えば、take の意味は『*Here We Go!* 1』（光村図書）によると、「①（写真）を取る、②（物）を取る、③〜する、④（授業・試験）を受ける、⑤（乗り物、道など）を利用する」の 5 つの意味や用法を示している。

3　川又（2012）によると、学習指導要領における「取り扱うべき語彙」は、1958 年（昭和 33 年）告示では 520 語が指定（新語数 1,100 〜 1,300）、1969 年（昭和 44 年）告示では 513 語が指定（新語数 950 〜 1,100）、1977 年（昭和 52 年）告示では

490 語が指定 (新語数 900 〜 1,050) と報告している。

4　英単語は接頭辞、語幹、接尾辞から構成される。語幹の例として、「spect 見る」
　　の語幹を持つ派生語は、「prospect：先見、見通し」や「retrospect：回顧する、
　　振り返る」、「respect：尊敬する」などがこの語源を持つ。

5　Hoshino の調査によると、7 社共通の単語である Range7 (275 語)、6 社共通の単
　　語である Range6 (139 語)、5 社共通の単語である Range5 (157 語)、4 社共通の
　　語である Range4 (143 語)、3 社共通の語である Range3 (245 語) の合計 959 語で
　　ある。2 社共通は Hoshino の調査報告には含まれていない。

6　Hoshino の単語リストには、見出し語と屈接形 (複数形 -s) が 6 組 (animal-animals,
　　book-books, flower-flowers, friend-friends, game-games, glove-gloves, job-jobs)、 見
　　出し語 + 所有格 -'s が 3 組 (year's, children's, nurse's)、 短縮形が 6 組 (I'd, let's,
　　what's, don't, you're, we're) である。

7　「小学生のための重要語リスト 1,000 語」によると、重複する異なり語は、見出
　　し語と屈折形 1 語ペア [20 組] (call-called, come-comes, dance-dancing, draw-
　　drawing, eat-eating, fly-flying, listen-listening, look-looking, read-reading, sing-
　　singing, sit-sitting, skate-skating, ski-skiing, study-studying, swim-swimming, take-
　　takes, use-using, visit-visited, wear-wearing,)、見出し語と屈折形 2 語ペア [6 組]
　　(make-making-made, play-played-playing, say-said-saying, talk-talking-took, want-
　　wants-wanted, watch-watching-watched)、見出し語と屈折形 3 語ペア [1 組] (do-
　　doing-does-did)、連語・固有名詞 32 組 (each other, Eiffel Tower, elementary school,
　　ferris wheel, flight attendant, for example, French fries, game creator, gas station, green
　　pepper, home economics, ice cream, ice hockey, in front of, junior high school, make
　　pairs, mineral water, moral education, New Year's Eve, New Zealand, Olympic Games,
　　Paralympic Games, pastry chef, pay attention, pencil case, post office, roller coaster,
　　social studies, soda pop, The Statue of Liberty, track and field, was/were/able to)、定
　　型表現 5 組 (Excuse me., good luck, Of course, Thank you. What else?) である。

8　British National Corpus (BNC) は、20 世紀以降に収集された、約一億語の書き言
　　葉と話し言葉のイギリス英語を収集したコーパスである。米語の代表的なコーパ
　　スは、Corpus of Contemporary American English (COCA) である。

9　例えば West の *General Service List* では、'your, yours, yourself' のワード・ファミ
　　リーは you であり 1 語して計算されたが、Bauman, Culligan & Joseph の *New
　　General Service List* はこれらの語を別々の語として計算した。

10　2,000 語ワード・ファミリーはレマ単位では、約 6,000 語、3,000 語ワード・ファ
　　ミリーでは約 9,000 語になる。

11　Hoshino (2020) の論文本文に含まれていない単語について同論文別表を筆者が再

検証し、本章では次の単語を追加した。38 語追加名詞は抽象名詞（例：education）や普通名詞（例：bed, book, desk, drama）、数字 4 語（例：one, two）、動詞追加は studies、形容詞追加は、rainy, sunny である。

12　フォニックスのルールに当てはまらない単語を多量に「見ること (sight)」で慣れさせながら単語が読めるようにする方法である。英語圏地域では子供の読む力をつけるために 220 語のドルチ・サイト・ワード・リスト (Dolch Sight Word List) が良く知られており、リストの語はほとんどが日本の中学校低学年までに学習する単語である。

使用した教科書一覧

『We Can! 1 』『We Can! 2 』(2018) 文部科学省
『NEW HORIZON Elementary 5』『NEW HORIZON Elementary 6』(2020) 東京書籍
『Junior Sunshine 5』『Junior Sunshine 6』(2020) 開隆堂
『ONE WORLD Smiles 5』『ONE WORLD Smiles 6』(2020) 教育出版
『JUNIOR TOTAL ENGLISH 1』『JUNIOR TOTAL ENGLISH 2』(2020) 学校図書
『CROWN Jr.5』『CROWN Jr.6』(2020) 三省堂
『Blue Sky elementary 5』『Blue Sky elementary 6』(2020) 啓林館
『Here We Go! 5』『Here We Go! 6』(2020) 光村図書
『Here We Go! English Course 1 年』(2021) 光村図書
『New Horizon English Course 1 年』(2021) 東京書籍
『Sunshine English Course 1 年』(2021) 開隆堂
『One World English Course 1 年』(2021) 教育出版
『New Crown English Series 1 年』(2021) 三省堂
『Blue Sky English Course 1 年』(2021) 啓林館

第 4 部

小学校英語教員を育成する

第7章 | **小学校英語教育における
教員研修と教員養成**

1. はじめに

　2011年からの「外国語活動」の開始に伴い、英語は必修科目として位置づけられ、2020年には英語が「外国語」として教科になり、授業時数も約3倍に増加した。英語教育改革が急速に進展する中で、5年計画の「推進リーダー研修」中央研修を核として小学校教員研修が強化されてきた。本章では、小学校コア・カリキュラムが発表され、小学校教員英語研修や大学の英語教員養成課程、指導力や英語力について一定の基準と具体的な項目を示されたことを説明する。一方、地方、学校単位では研修は十分ではない点、ブリティッシュ・カウンシルのような外部団体へ研修を依存している点、中学校英語2種免許取得の課題、小学校教員養成課程における英語教授必修科目の新設などについて述べる。

　英語教育改革にあたり英語教育を担当する小学校教員の研修や大学の小学校教員養成課程は充分に整備されているとは言えない。小学校英語教員の指導力や英語力について多くの不安や課題が指摘されている。例えば、ベネッセ教育総合研究所（2010）の全国調査（n=2,326）では、約7割の小学校教員が英語指導や英語力に自信がないと回答している。猪井（2009）の調査（n=41）では、英語指導の不安要素として英語力、年間指導計画、学習指導案、指導法を指摘している。また、Machida（2016）の調査（n=133）でも8割近い小学校教員が英語の指導に不安を感じていると報告している。さらに、泉（2019）

は小学校教員養成課程の多い履修科目数に加えて英語科目を履修する負担を
指摘している。

　近隣アジア諸国・地域と比べても小学校英語教育の整備について日本は遅
れている。韓国は 1997 年から小学校英語教育を正式導入し（日本は 2011 年
から正式導入）、中国や台湾も小学校教員英語研修や大学の小学校教員養成
英語カリキュラムが日本と比較して充実している。

　小学校英語教育を推進するにあたり、英語教員の指導力および英語力の育
成は重要な要素である。文部科学省を中心に現場教員の教員研修の強化、小
学校教員の中学校英語二種免許の取得、大学の小学校教員養成課程における
英語教育の改善などに取り組んでいる。さらに英語教育の向上と基準の統一
化を図るために、文部科学省委託事業として「英語教員の英語力・指導力強
化のための調査研究事業（コア・カリキュラム）」（東京学芸大学、2017）が発
行され、教員研修や小学校教員養成は新たな展開を見せている。文部科学省
主導の小学校英語コア・カリキュラムの導入に際して、小学校の教員研修や
教員養成、求められる指導力や英語力について本章で論じる事は研究の意義
があると考える。

　本章では、現場教員の小学校教員英語研修、大学における小学校教員養成
課程の英語カリキュラム、小学校教員に求められる英語指導力と英語力につ
いて文献調査を中心に検証する。

2.　小学校英語コア・カリキュラム

　これまで英語教員養成の内容や目標等については大学任せであったが、文
部科学省は「英語教員の英語力・指導力強化のための調査研究報告事業」（東
京学芸大学、2017）によりコア・カリキュラムを示し、教員養成課程と教員
研修における研修・学習項目と到達目標を一律化し、基準の統一を図ろうと
している。実質的に教員免許の更新や申請にはコア・カリキュラムの項目に
合致しなければ審査に合格しない仕組みになっている。

　小学校英語教育の質の向上と標準化を目的としている小学校教員研修コ

ア・カリキュラム（東京学芸大学、2017）によると小学校英語教員研修の研修項目は以下に定めている（p.80）。

①学習指導要領、②主教材、③子供の第 2 言語習得についての知識と活用、④英語での語りかけ、⑤児童の発話の引き出し方、児童とのやりとりの進め方、⑥文字言語との出合わせ方、読む活動、書く活動への導き方、⑦題材の選定、教材研究、⑧学習到達目標、指導計画（1 時間の授業づくり、単元計画、学習指導案）、⑨ ALT 等のティーム・ティーチングによる指導の在り方、⑩ ICT 等の活用の仕方、⑪学習状況の評価（パフォーマンス評価や学習到達目標の活用を含む）、⑫小・中・高等学校の連携と小学校の役割、⑬指導計画（年間指導計画・短時間学習）、⑭英語に関する基本的知識（音声・語彙・文構造・文法・正書法等）、⑮第 2 言語習得に関する基本的知識、⑯児童文学（絵本、子供向けの歌や詩等）、⑰異文化理解、⑱児童や学校の多様性への対応

　上記のコア・カリキュラムについては、言語教授法（例：トータル・フィジカル・レスポンスやオーディオ・リンガルメソッド、コミュニカティブ・ランゲージ・ティーチング）は重要であるが含まれておらず、今後追加が望まれる。コア・カリキュラムの研修内容は、韓国や他のアジア諸国と比較しても遜色のない内容であり、今後の課題は示されている研修内容が中央研修参加者のみではなく、学級担任レベルまでどの程度徹底できるかではないだろうか。

　各大学は文部科学省から示されたコア・カリキュラムに準じて免許講習開講や教員養成課程カリキュラムの変更を行っている。コア・カリキュラムによると小学校教員養成課程では、2019 年度より「外国語の指導法」（2 単位程度）と「外国語に関する科目」（1 単位程度）を履修しなければならない。小学校教養成課程・英語コースでは次の項目を含むことをコア・カリキュラムでは示している（p.69）。

1.　専門的な知識
①　第 2 言語習得理論についての知識
②　音声学についての知識
③　第 2 言語教授法についての知識
④　カリキュラムについての知識
⑤　教材についての知識
⑥　語用論

2.　専門的な指導技術
①　リスニングの指導
②　スピーキングの指導
③　リーディングの指導
④　ライティングの指導

　上記の同コア・カリキュラムの示す小学校英語教員研修の項目に比べると英語言語学的理解や指導案の書き方やティーム・ティーチング、評価方法などが含まれておらずやや簡素な内容になっている。

3.　東アジア諸国・地域の研修制度・教員養成

　英国や米国の植民地支配の歴史を持つ国々（例：シンガポール、マレーシア、フィリピン）とその歴史を持たない国では英語教育の背景が異なる。日本と同様に英国や米国の植民地支配歴史を持たない東アジア諸国・地域において、小学校英語教育の本格的導入が韓国では 1997 年、中国では 2001 年、台湾では 2001 年から始まっている。日本の小学校英語教育の本格的開始は 2011 年である。本節では、近隣 3 か国・地域の小学校英語教員養成と研修制度を論じる。

　韓国では 1997 年から開始した小学校英語教育と加熱する保護者の関心に対応するために、小学校教員全員が 120 時間の英語教育の「基礎研修」を受講した後に、希望者がさらに 120 時間の「深化研修」を受講した（バト

ラー、2005）。研修の内容は全体の約 7 割の時間が英会話等の意思疎通能力
に、残り約 3 割が英語教授法に充てられた（山本、2015）。小学校教員全員
に一定時間の英語研修を受講させた点は、アジア諸国ではもっとも徹底した
国主導の研修である。韓国の小学校英語担当教員は、専任教員が担当してい
る学校が約 6 割、専ら学級担任が担当している学校は約 4 割である（文部科
学省、2005a）。日本では文部科学省（2018a）の調査報告で、学級担任が英語
指導を行っている割合は、約 75％ である。韓国の小学校の教育実習期間は
8 週間である。ちなみに日本での小学校教育実習は 4 週間程度である。

　台湾も小学校英語教員養成や研修について政府レベルで強化を行ってい
る。2001 年からの英語教育正式開始に向けて 3,400 名程度の小学校英語教
員を必要とした。政府は 1999 年に専科教員採用試験（「国民小学英語教師英
語能力検核測験」）を臨時に実施し、受験者約 5 万人から約 3,500 人を合格さ
せ（文部科学省、2005c）、240 時間の英語技能の研修と 120 時間の英語教授
法の研修を 2 年間行い（1 年間の現場実習を含む）、最終的に約 1,000 人が
残った（バトラー、2005）。相川（2015）によると、台湾では 2012 年より小
学校教員免許と英語教員免許を同時に取得できる「小学校教員・英語指導資
格認定証」の発行を始めた。同資格は、2013 年時点で全体の 1.5％ の小学校
英語教員が取得しており、年々取得率が増加している。台湾では教員の自主
研修が年間を通して行われ、教員の修士号取得者の割合も増えている（2012
年時点で小学校教員の修士号取得者は 42.3％）。また大学の英語教員養成課
程では教員免許の取得に必要な英語力として CEFR-B2[1] レベル（英検準 1 級
程度）を義務付けている。教育実習期間は半年であり長期である。日本で
は、英語教員養成コア・カリキュラム（東京学芸大学、2017）で英語教員免
許関連科目を CEFR-B2 レベルにすることを基準としているが、基準の達成
をどのように確認しているかは定かではない。ちなみに、筆者が勤務する大
学の英語教員養成課程では、教育実習受講の条件を最低 CEFR-B1 レベル
（英検 2 級）と定めているが、教員免許取得に英語力の基準を求めていない。
他の国内大学も同様であると推測する。

　中国は広大な国土を有し、多数の民族で構成され、農村地区と都市地区の

格差などの問題があり、日本や韓国、台湾と単純に比較する事はできないが、英語教育改革は急速に進んでいる。相川（2015）によると、1999 年から現職の英語教員 1,100 万人に対して、全員に研修を行っている。その中から 1 万人を選抜して 3 か月の国内での集中研修を行い、英語教員の質向上を図っている。英語教員養成では、TEM8 級（英検準 1 級程度）に合格しないと英語教員免許が取得できない仕組みになっている（岡野、2017）。台湾と同様に高い英語能力を英語教員免許取得に求めている。農村地区と都市地区の英語教員研修の格差を解消するために、優秀教員の派遣事業と農村部の中堅教員の内地留学研修などが実施されている（文部科学省、2005b）。小学校英語教育を早期に実施した東アジア諸国・地域をモデルに、遅れて導入した日本も小学校英語教育指導体制を整えつつある。

4.　国内の小学校英語教員の資格や能力

　小学校における英語指導教員の資格や能力については英語教育初期から課題であり、その克服に努めてきた。

　ベネッセ教育総合研究所（2010）の調査報告では教務主任 2,383 人、5・6 年の学級担任 2,326 人を対象に全国規模で調査を実施し、英語活動を担当する教員は学級担任が 97.5%（2006 年調査での学級担任の比率は 86.8%）であり、英語指導の中心が英語指導助手（ALT）から学級担任に代わっている。しかし、授業の形態はティーム・ティーチング（TT）が多く ALT の役割は大きいと報告している。一方、指導者確保のために、英語教員免許を持たない英語が堪能な地域人材の活用を文部科学省は推奨している（文部科学省、2003）。その充分とは言えない小学校での英語指導体制に対して、大谷（2015）は「英語の完全な素人の学級担任が「英語を教え」させられ、同時に、教員の資格を持たない「外国語に堪能な地域の人々」をも教壇に立たせることを文部科学省は推奨している」（pp. iv-v）と批判している。同様に、Rixon（2013）の報告書は英語を母語としない 64 か国の小学校英語教育を調査し、日本は学級担任が中心となり英語を指導している（64 か国中 6 か国の

み）、正式な教員免許を持たない外国人教師（ALT）に指導を委ねている（64
か国中 7 か国のみ）数少ない国であると報告しており、英語教員資格が充分
に整っていない点を指摘している。伊藤（2011）も文部科学省の小学校英語
教員養成は「指導者の資質能力や専門性（英語力と教授力・授業力）に関し
て具体的かつ明確な言及がないまま現在に至っている」（p.64）と教員養成の
概念の不明瞭さを述べている。

　小学校の英語指導体制は徐々に改善されつつある。2008 年の教育職員免
許法の施行規則改正により、教員免許状を持たない特別非常勤講師や、中学
校または高等学校教員の免許を所持する者が小学校で英語教授が可能になっ
た（伊藤ほか、2011）。また、「平成 30 年度小学校等における英語教育実施
状況調査」（文部科学省、2018a）によると、小学校英語担当教員で中学校や
高等学校から来ている英語教員を除いて、英語免許を所持している教員は
5.9%（343,295 人中 20,182 人）である。しかし、英語担当教員としての学級
担任の比率は 75.6%（80,072 人中 60,566 人）であり、上記のベネッセの調査
よりは比率が低くなっているが、依然として学級担任が英語担当の中心であ
ることは変わりなく、学級担任の英語指導力をどのように育成するかは大き
な課題である。2020 年から正式に始まった新カリキュラムに向けて、前倒
しの形で英語の授業を 3 年生から開始している小学校が多く、英語授業時
数はかなり増加（最大で 3 倍）している。小学校での英語教員免許保持者が
増えたり、中学校・高等学校英語教員が小学校で英語担当する制度が整った
りしたとしても小学校における英語教師養成は喫緊の課題である（伊藤、
2011）。

5.　国レベルと民間団体の小学校英語教員研修（2000 年以降）

　2000 年以降の小学校英語教育に対する国内の英語教員研修制度の推移を
時系列に下記に述べる。

　2002 年から導入された「総合的な学習」の一環としての英語学習に対応
するために、「小学校英語活動地域サポート事業」[2]（2005 ～ 2007 年度）、「小

学校における英語活動等国際理解活動指導者養成研修」[3]（独立行政法人・教員研修センター主催）（2007年度開始）、「小学校英語条件整備推進プラン」[4]（2007 ～ 2009年度）が実施されてきた（伊藤、2011）。また、2011年から「外国語活動」が必修となった事を契機に小学校英語教員研修が強化された。英語指導者研修は、全国の指導主事と小学校英語教員100名を対象に3日間（10月）の中央研修が行われ、伝達研修として各都道府県や市町村でカスケード[5]の形で集合研修や校内指導研修助言が行われてきた。

　「外国語」として英語が教科になり、小学校3年生から英語学習が導入される2020年の英語教育改革に向けて、「グローバル化に対応した英語教育改革実施計画」（2013）により「小学校英語教育推進リーダー研修」が中心的な役割を担っている。「小学校英語教育推進リーダー研修」は、5か年計画（2014年から2018年）で養成研修が実施され、2018年に修了し、2019年は継続研修を行っている。同研修は地域の英語教育の推進リーダーとなる小学校教員200名を対象に5か年計画で、毎年7月と11月に各5日間の研修を実施した（推定80時間の研修：8時間× 10日間）。研修内容は、2020年からの英語教科化に向けて、従来の研修では実施されていない内容となっている。具体的には、絵本の読み聞かせ、歌、チャンツ、ALTとの打ち合わせに必要な表現を含む教室英語、発音と綴りの関係などである。研修開始前に英語試験を受験し、研修会後の授業ビデオ提出、研修がない時には、オンライン教材での英語力や指導力の自己研修が求められている（文部科学省、2015a）。地域教員に伝えるカスケードとしては、推進リーダー教員が地域教員の研修を14時間程度行い、学校や地域での講師も務める。

　小学校英語教員の研修は民間団体によっても実施されてきた。推進リーダーの中央研修は文部科学省独自の研修ではなく、2014年から2017年までは、英国の英語教員養成団体であるブリティッシュ・カウンシルに委託して実施した（文部科学省、2017c）。大阪府教育委員会とブリティッシュ・カウンシルの通年型研修の成功例のように効果をあげた事例（河合・信田、2019）もあれば、地域や日本のコンテクストに合わない研修内容もあったと考えられる（筆者の参加者からの個人的な聞き取り）。また、NPO小学校英

語指導者認定協議会 (J-SHINE: Japan Shogakko Instructors of English) など により児童英語指導者の認定が行われてきたが、「英語活動に必要とされる 英語力、ひいては研修に関する明確な基準がないままである」(伊藤、2011, p.72)。オンライン研修としては、ケンブリッジ社が英語教授法認定資格 CELT (https://cambridgecentre.jp/teachers/celt-s-2/) をオンラインで一部地域 に提供しているが、説明はすべて英語で行われ、受講の英語能力条件は CEFR-B1 (英検2級) 以上であり、希望者全員が受講できるわけではない。 同様に、Cengage 社がオンライン研修で英語学習 60 時間、指導法 60 時間の コースで ELTeach (http://elteach.com/programs/) を提供しているが、説明は すべて英語であり、ある程度の英語能力がないと受講できない。

　一方、英語教員指導体制の方針については、「今後の英語教育の改善・充 実方策について報告～グローバル化に対応した英語教育改革の5つの提言 ～」(文部科学省、2014) を公表し、「改革5. 学校における指導体制の充実」 で英語教育の指導体制を強化することを下記のように述べている (p.13)。

(1) 地域全体の指導体制を強化。地域の中心となる英語教育推進リーダー 等の養成、定数措置などの支援が必要、

(2) 各学校では、中核教員等を中心とした指導体制の強化、

(3) 小中連携の効果が期待される相互乗り入れ授業や小中の合同研修、

(4) 小学校の中学年では、主に学級担任が外国語指導助手 (ALT) 等との ティーム・ティーチングも活用しながら指導し、高学年では、学級担 任が英語の指導力に関する専門性を高めて指導する、併せて専科指導 を行う教員を活用する。小学校教員が自信を持って専科指導に当たる ことが可能となるよう、「免許法認定講習」開設支援等による中学校 英語免許状取得を促進。英語指導に当たる外部人材、中・高等学校英 語担当教員等の活用を促進、

(5) 2019 (平成31) 年度までに、すべての小学校で ALT を確保、

(6) 大学の教員養成におけるカリキュラムの開発・改善が必要。例えば、 小学校における英語指導に必要な基本的な英語音声学、英語指導法、

ティーム・ティーチングを含む模擬授業、教材研究、小・中連携に対
応した演習や事例研究等の充実、小学校の専科指導や中・高等学校の
言語活動の高度化に対応した現職教員の研修を確実に実施。

　上記で既に述べられているが、文部科学省の提言 5「指導体制の充実」の
(1)(2) については、「小学校英語教育推進リーダー研修」を 5 か年実施し、
2018 年には終了し、推進リーダーによる中核教員の研修、中核教員の各学
校での研修というカスケード研修が実現されている。(3) については、「平
成 30 年度小学校等における英語教育実施状況調査」(文部科学省、2018a) に
よると調査対象 68,843 校中、2,887 人の中学校および高等学校の英語教員が
「外国語活動」または「教科としての英語」を小学校で教えている。(4)(5)
については、全小学校における ALT 活用の正確な数値を文部科学省は示し
ておらず、正確な実態は把握できない。(6) については、英語教員の英語
力・指導力強化のための調査研究費用として、2015 年度は大学教職課程
(510 校) と教育委員会の共同プログラム開発として 58,113 千円を予算計上
しており (文部科学省、2015b)、計画は着実に進捗していると推測される。
　国による中央研修や研修の基準や内容について他のアジア英語教育先進
国・地域と大きな差異はないと考える。しかし、地域レベルにおいてはどう
なのか検証する必要がある。

6.　地域レベルの日本と韓国の小学校英語研修内容の比較

　本節では、日本の小学校英語研修と韓国の小学校英語研修を比較する。韓
国は近隣の諸国では小学校英語教育が最も充実しており、日本が模範とする
点が多い。表 1 を参照しながら、地域レベルの英語教員研修について論じ
る。
　表 1 は、2003 年に実施された韓国の地方集中研修について京畿道外国語
教育研修所 (http:www.gifle.go.kr/) (大井・笹島、2005) の事例と日本の小学
校英語中核教員 (各学校の代表教員) を対象に実施した 2015 年と 2016 年の

表 1：日本（川崎市）と韓国（京幾道）の小学校英語教員研修の比較

川崎市総合研修センター主催の小学校英語中核教員研修の事例（文部科学省、2017c）[23 時間]	韓国（京幾道外国語教育研修所）の英語教員研修（大井・笹島、2005）[120 時間]
1 回、2 回（8 時間） ①オリエンテーション ②有識者による講演 ③英語教育推進リーダーによる研修①②（教室英語、単語や表現の学習）3 回（3 時間） ④英語教育推進リーダーによる研修③（歌の活用（1）、絵本の活用（1）4 回、5 回（8 時間） ⑤英語教育推進リーダーによる研修④⑤⑥（歌の活用（2）、絵本の活用（2）、アルファベットの音・指導案検討に必要な英語） ⑥外部専門機関による英語演習 6 回（4 時間） ⑦英語教育推進リーダーによる研修⑦（ALT との授業、他教科と関連した活動、研修のまとめ）	Communication（40 時間）（英語力の養成） ① Topic-based communication（10 時間）（話題に基づいたコミュニケーション） ② Drama（10 時間）（教室活動を演じる） ③ Multi-cultural awareness（10 時間）（多文化理解につながる英語活動） ④ Task-based writing（10 時間）（さまざまな英文構成の理解と作成） Methodologies（50 時間）（英語指導技術とアイディア） ⑤ Methodological workshop（10 時間）（授業での英語使用にかかわる活動技術） ⑥ Literature circles（10 時間）（読み聞かせにかかわる朗読と発音） ⑦ Let's celebrate（10 時間）（欧米の行事を通じて文化理解） ⑧ Teaching English through technology（10 時間）（コンピュータ教具・教材利用） ⑨ Lesson planning and demo lesson（10 時間）（授業案作成と模擬授業） MALL（21 時間）（マルチメディア利用） ⑩ English discoveries（CALL room）（7 時間）（CALL 教材の活用） ⑪ Connect with English（AV room）（7 時間）（ESOL 自学自習教材の活用） ⑫ Planet English（Multimedia lab）（7 時間）（CD 教材の活用） Supplementary（12 時間）（その他） ⑬ Special lectures（5 時間）（講義） ⑭ Field trip（6 時間）（実地研修） ⑮ Listening test（1 時間）（研修評価のためのテスト）

川崎市総合研修センター主催の研修事例（文部科学省、2017c）を比較したものである。

まず研修時間について比較すると京幾道地区(韓国の中西部の行政区)は、政府により定められた通り120時間の英語教員研修を受講している。一方、川崎市では23時間程度の中核教員研修であり、推進リーダーが5日間の2回(約80時間)であることから地域レベルの中核教員の研修時間は4分の1程度に減少する。各学校レベルになるとさらに英語研修時間が減少することは明白である。韓国の京幾道地区については指導者が明記されていないので不明だが、川崎市では推進リーダーが大部分を担当しており、推進リーダーの指導力や研修内容の理解度により研修の質が大きく左右される可能性がある。韓国はIT活用大国であり、マルチメディアを用いた指導法の研修に21時間も費やしているのは国家の政策を反映する研修内容である。京幾道地区では研修時間が豊富なことから実施研修も含まれており、優秀英語教員の授業観察ができる研修内容となっている。

地区レベルでの英語教員研修内容をまとめると日本の研修は時間数が比較的に少なく(文部科学省(2015b)は14時間程度の中核教員研修を推奨)、推進リーダーに依存した形の研修になっており、時間の確保と研修指導者の育成が長期的な課題である。

7. 大学における小学校英語教員養成と中学校英語二種免許

「今後の英語教育の改善・充実方策について報告～グローバル化に対応した英語教育改革の5つの提言～」(文部科学省、2014)により提案された小学校教員対象の「免許法認定講習」開設、大学の小学校教員養成における英語カリキュラムの開発・改善に対して大学は対応策を実施している。小学校教員養成課程については各大学において設置が遅れ気味だが、国内一部の大学が小学校英語教員養成課程または児童英語教員養成課程の名称でプログラムを提供している。例えば、京都教育大学(泉、2019)では、「初等英語科教育」(2年生、2単位必修)、「小学校英語指導法」(2年生、2単位選択)、「小学校教科内容論」(1年生、2単位選択)の3科目を提供している。泉(2019)は、自校の小学校教員養成課程英語科目を振り返り、半期15回の講義では

英語力が充分に身に付かないと懸念を示しており、英語学習の補習ができる
e ラーニングの利用を提案している。甲南女子大学 (http://www.konan-wu.
ac.jp/~eibun/curriculum/jidou/index.html) では、児童英語教員養成科目とし
て、「児童英語教員法 I・II」(2 年次)「児童英語教育演習 I・II」(3 年次)「児
童英語教育演習 III・IV」(3 年次) を開講しており、同様なカリキュラム内
容である。

　現場小学校教員の中学校英語二種免許取得は、大学の認定講座で 14 単位
を履修すれば取得できる。受講形態としては、2 年から 3 年かけて受講し、
各講義は一回のみ開講して免許を取得させる大学と夏季・冬季休業中に毎年
同じ講義を開講して多くの小学校教員の免許取得の便宜を図っている大学も
ある (愛知教育大学、2019)。愛知教育大学の場合は、2016 年から 2018 年
までの 3 年間で約 700 名の小学校教員が受講し、最終的に 40 名余の小学校
教員が中学校英語二種免許を取得している。

8.　小学校英語教員に求められる英語力

　小学校英語教員に求められる英語力については文部科学省によって示され
た基準がある訳ではないが、これまでさまざまな議論がなされてきた。
　これまで小学校英語教員の能力を大規模に調査した研究は少ないが、
Butler (2004) は、日本 (n=112)、中国 (n=206)、韓国 (n=206) の小学校教員
に自己の英語能力 (リスニング、会話流暢さ、口語語彙、発音、口語文法、
リーディング、ライティング) について 6 レベルの自己評価 (最低 1 点から
最高 6 点の範囲) でアンケートを実施した。結果は、日本の小学校教員は、
口語文法に求めるレベル (3.92) と実際の能力 (2.50) の自己評価に最も大き
な差があり、口頭能力に不安がある事を報告している。田口・小川 (2013)
も Butler (2004) と同じ形式のアンケートを用いて愛知県内の 1,690 名の小
学校教員を対象に調査を行った。結果として同様な傾向を示したが、Butler
(2004) の調査参加者よりも全体的に英語能力が低くなっている事を報告し
ている。考察としては、Butler (2004) の調査参加者は小学校英語教育導入時

期であり、意欲の高い教員が多く参加したのではないかと解釈している。

　小林・宮本 (2007) は「英語ノート」に付属している教師用の「指導資料」(文部科学省、2008a, b) 782 例を分析して小学校英語教員に求められる発話の長さを測定した。調査結果は、教師の平均発話長は、4.52 語で小学校英語教師に求められる英語力は、CEFR-B1 から B2 レベルであると結論付けている。

　中学校と高等学校の英語教員の英語能力については、文部科学省により基準が示されている。「英語が使える日本人の育成行動計画」(文部科学省、2003) により、英語教員には CEFR-B2 レベル (英語検定準 1 級、TOEIC730 点、TOEFL iBT80 点) の英語能力が求められた。その英語能力基準を達成するために文部科学省は、「英語が使える日本人の育成行動計画」(文部科学省、2003) の発表から 5 年間、その後に「グローバル化に対応した英語教育改革実施計画」(文部科学省、2013) の発表から 5 年間、英語教員研修を実施している。高等学校では、約 7 割程度の英語教員が目標を達成しているが、中学校では 4 割程度であり (文部科学省、2018b; 2018c)、必ずしも充分に公立中学校英語教員が英語能力の目標を達成しているとは言えない状況である。文部科学省は小学校の基準の英語能力を求めていないために、小学校で英語検定準 1 級 (CEFR-B2 レベル) を達成しているのはわずかに 1%程度である (文部科学省、2018a)。

　東京学芸大学 (2017) の報告書は具体的には英語能力を明示していないが、コア・カリキュラムと小学校英語教員研修に求められる英語力として以下の研修項目を示している (p.81)。

　　①　授業で扱う主たる英語表現の正しい運用
　　③　発音や強勢・リズム・イントネーションを意識した発話
　　③　板書や提示物における英語の正しい標記
　　④　ALT 等と授業について打ち合わせをするための表現
　　⑤　クラスルーム・イングリッシュを土台にした意味のあるやり取り
　　⑥　児童の発話や行動に対する適切な言い直し

⑦　児童の理解に合わせた適切な言い換え

⑧　児童の発話や行動に対する即興的な反応

　コア・カリキュラムは英語の言語的特徴の理解に加えて、クラスルーム・イングリッシュ、実際の英語授業を想定したやり取りや即興的な対応などが含まれておりより実践的であると言える。しかし、授業の即興的活動やATLとの打ち合わせ等においては総合的な英語能力が求められ、小学校英語教員はある程度の英語能力を有しなければならないと考える。猪井（2009）は「「英語力」の向上は短期間の研修では到底無理であり小学校英語教員は英語活動の授業を通して、長い目で自らの英語力を伸ばしていく事が必要と思われる」（p.60）と懸念を示している。

9.　まとめ

　小学校英語教育の本格的な導入に際しては、英語教育の核となる英語教員研修や養成にさまざまな取り組みがなされてきた。まず、文部科学省主導で小学校コア・カリキュラムが発表されて小学校教員英語研修や大学の教員養成課程、指導力や英語力について一定の基準と具体的な項目を示したことは、今後の小学校英語教育の改善が期待される。

　教員研修については、「推進リーダー研修」が東アジア諸国・地域と匹敵するレベルの研修内容で相当数の時間数を費やして実施されている。しかし、地方の中核教員研修は、中央研修の4分の1程度の時間数で実施されており、各学校レベルではさらに時間数が少ない。中央研修の担当はブリティシュ・カウンシルの様な外部教育団体に委託する場合が多く、文部科学省独自の研修体制の確立が望まれる。また研修内容に外国語教授法等の大学教員の協力を要する内容が含まれてない傾向があり、研修に大学教員のさらなる関与が求められる。小学校で英語指導の主体となっているのは約7割が学級担任であり、小学校教員全員の英語指導力と英語力の向上が必要である。

　小学校教員養成課程における英語カリキュラムや小学校教員の中学校英語二種免許取得について大学は対応を行いつつある。小学校教員養成課程における2、3科目程度の英語科目履修で充分な英語力が身に付き、実際に授業で英語指導をできるかは課題が残るのではないだろうか。さらに、小学校英語教員が14単位の中学校二種免許を取得するためには、研修制度の改革や補充教員の配置、校内における校務分掌の軽減などの環境整備が必要であると考える。さらに、英語能力を身に付けるには長期間の英語学習が必要であり、文部科学省（2015b）や泉（2019）が提案しているように、勤務外でも学校外でも英語学習が可能なオンライン英語学習プログラム等の導入も検討されなければならない。

注

1　CEFRとは、A1, A2, B1, B2, C1, C2の6レベルを持ち、学習・教授・評価にヨーロッパを中心に研究、利用されている言語基準の枠組みである。A1は、英検3級レベル、A2レベルは英検準2級レベル、B1レベルは英検2級、B2レベルは英検準1級に相当するとされている。

2　「小学校英語活動地域サポート事業」は、2005年から2007年に実施され、現行の英語活動について、指導方法の改善・向上、指導者の能力向上を図るための優れた取組を支援することを目的とし、活動を実践する自治体などに対して、指導助言者への謝金・旅費、教材開発費、会場借上費、資料作成費などを負担した。教員研修については、各地域の大学の協力を得て実施されるものとした。

3　「小学校における英語活動等国際理解活動指導者養成研修」（独立行政法人・教員研修センター主催）は2007年度から実施され、外国語（英語）活動を担当する指導者主事等に対して、研修の意義や役割、校内研修の運営方法、学級担任の役割、教材作成の方法等について、必要な知識等を修得させ、各地域において本研修内容を踏まえた研修の講師等としての活動や各学校への指導・助言等が、受講者により行われることを目的とする。

4　「小学校英語条件整備推進プラン」は2007年か2009年に実施され、小学校における英語教育の充実について、教材の配布、ALTや地域人材の効果的な活用を含む拠点校・拠点施設を中心とした取組の推進、指導者研修の実施等の条件整備

を図ることを目的とした。

5　カスケードとは、各地域では、中央研修受講者及び英語教育推進リーダーを講師
　　とする研修を実施し、域内の小学校の中核教員及び中学・高等学校の全英語担当
　　教員に対して研修内容の伝達が行われる。各地域でのカスケード研修（域内研
　　修・伝達講習）は、教育委員会等の主催で行われ、地域により開催の形態は異な
　　り、「外国語教育中核教員研修」「外国語教育指導力向上研修」等、主催者が独自
　　に設定した名称で呼ばれることもある。

第8章 | オンラインを利用した
小学校現職教員研修

1. はじめに

第7章では、小学校英語担当教員研修における文部科学省の取り組みと課題について述べた。小学校英語教員研修は、強化の必要性があるにもかかわらず、実施上の課題が多く、特にスピーキング能力の習得は困難である。本章では、小学校英語教員研修の課題の解決方法として実施されたオンライン英会話（レアジョブ社）を用いた5か月間の事例研究の成果や課題について報告する。オンライン英会話を用いた一般英会話能力の育成は、授業における教室英語や teacher talk に肯定的な影響を与えた。特に、「いつでもどこでも利用できる」「英会話講師に臆せず質問ができる」「外国人と話すことに抵抗がなくなった」などの点において成果があった。課題として、「講師が連続して予約できない」などの予約システム上の課題や「仕事で疲れて利用できなかった」などの職場環境の課題などがある。オンライン教材は、英会話のみではなく、文法や発音などを含む総合的な教材が利用される傾向などを報告する。

文部科学省は「グローバル化に対応した英語教育改革の五つの提言」(2014)で、そのひとつとして、「学校における指導体制の強化」（改革5）を提言し、現職英語教員の研修を強化してきた。その柱は、「小学校英語教育推進リーダー研修」であり、2018年まで5か年実施し、その仕組みは推進リーダー（約80時間の研修）による中核教員の研修（約14時間）、中核教員

の各学校での研修（約 10 時間）というカスケード研修[1] を行った（渡慶次、
2020b）。一方、韓国では小学校全現職教員に約 120 時間の英語研修を義務
付けており、比較すると日本の現職教員研修時間は短い。さらに、文部科学
省（2018a）の調査報告によると、学級担任が英語指導を行っている割合は約
75％であり、小学校における英語指導体制は十分とは言い難い。

　小学校英語教育においては、教員が不安を感じている最大の課題は、指導
方法（教授、学習理論、指導技術、評価、教材作成など）と英語能力である
（ベネッセ教育総合研究所、2010; 文部科学省、2017c）。特に小学校の教員
研修における英語力向上は喫緊の課題であり、英語教員はスピーキング能力
に大きな不安を感じている（猪井、2009）。授業の即興的活動や ALT（外国
語指導助手）との打ち合わせ等においては総合的な英語能力が求められ、小
学校英語教員はある程度の英語能力を有しなければならない。中学校と高等
学校の英語教員の英語能力の先行研究に比べて、小学校英語教員に求められ
る英語能力の先行研究は少ない（例：Butler, 2004）。英語能力を身に付ける
には長期間の英語研修が必要であり、勤務外でも学校外でも英語能力育成が
可能なオンライン学習プログラム等の導入も検討されなければならない（文
部科学省、2015b; 泉、2019）。

　英語能力育成研修は、英語 4 技能と文法、語彙、発音に関する「一般英
語能力」の育成と英語授業に特化した英語である「教室英語」の育成に分か
れる。本章では、その両方のスピーキング能力を育成するために、「小学校
英語担当教員オンライン研修」を 5 か月間、現職小学校教員を対象に行い、
「レアジョブ社オンライン英会話　日常英会話コース月 8 回」（以下、「オン
ライン英会話」で省略）の受講と毎月 1 回の英語使用を目的とするオンライ
ン授業研究会を実施した。

　本章では、オンライン現職小学校教員研修による「一般英会話」力の研修
が同時に、「教室英語」能力も包括的に育成し、現職教員の研修の強化にど
のように貢献するかを検証する。

2.　文献研究

2.1　Network-Based Language Teaching とユビキタスの「オンライン英会話」

　母語話者や教師を中心に行う伝統的な言語学習法に代わり、マルチメディアを用いたコンピュータ支援言語学習 (Computer Assisted Language Learning: CALL) が新しい学習形態として利用されつつある。インターネットの発達に伴い、世界中の人々とネットワークでつながりながらコンピュータを通して学習する、新しい英語教育の形態である Network-Based Language Teaching (以下 NBLT と略する) が現在、注目されている。NBLT を利用した、「いつでも」「どこでも」外国語学習ができるユビキタス (ubiquitous) の学習環境は自律した学習者を育成するとされる (Kern & Warschauer, 2000)。NBLT の一形態としてコンピュータに支援されたコミュニケーションである CMC (Computer-Mediated Communication) は、相手とコミュニケーションの時間を共有する「同期型 (synchronous) CMC」 (SCMC) と、異なる時間でコミュニケーションの時間を共有する「非同期型 (asynchronous) CMC」(ACMC) に大別される。例えば、リアルタイムで行われるオンライン会話やチャット、インスタントメッセージは、同期型である。本章で用いたオンライン英会話は、同期型のコンピュータを活用したコミュニケーションである。一方、異なる時間でメッセージが交換される電子メールや電子掲示板などは非同期型の例である。

　本章で用いた「オンライン英会話」は、ユビキタスの英語学習環境で、多忙で研修時間の確保や研修場所への移動が困難な小学校教員にとっては、有効な研修方法であると考える。「オンライン英会話」利用の教員研修に関する先行研究がないために、大学生対象の研究結果を下に述べる。渡慶次ほか (2017) による調査では、「準高等オーラルコミュニケーション」2 クラスの受講生 (n=50) を対象に、DMM 英会話 (オンライン、1 か月間、8 回) を用いてフリートーキングを課し、成果として「聞き返すことができる」、「単語を教えてもらう」、「正確に発音を言い直すことができる」などの講師の支

援、足場かけ (scaffolding) が報告された。一方、同調査では課題として、50.0％ (50 人中 25 人) が「家に帰ると疲れてできない」と回答しており、大学内で利用時間と施設を確保して利用させた方が良いと提案している。加えて、スピーキング学習を系統的に示す必要があることを指摘した。

2.2　オンライン英語教員研修プログラム

　下記では既存のオンライン英語教員研修プログラムについて述べる。

　世界的な規模で 24 か国 (日本も含むが受講者数は不明) の約 18,000 人の英語教員を対象に、英語能力と指導技術の養成をオンラインで実施したのは、ELTeach プロジェクトである (Freeman, et al., 2016)。研修内容はナショナル・ジオグラフィック社により作成され、評価基準は Educational Testing Service (ETS) 社によって作成された。日本では、Cengage 社がオンライン研修で英語学習 60 時間、指導法 60 時間のコースで ELTeach (http://elteach.com/programs/) を提供しているが、説明はすべて英語であり、ある程度の英語能力がないと受講できない (町田、2017)。オンライン研修は、30 時間から 40 時間受講され、研修内容は、English for teaching (教授のための英語) と Professional Knowledge for ELT (英語教師の指導技術) の 2 コースに分かれる。ELTeach プロジェクト研修項目は、「英語使用自信度チェックリスト」(Gu and Papageorgiou, 2016) で調査され、渡慶次 (2020a) でも同チェックリストを用いて英語教員養成学生 (n=17) を対象に検証され、本章のアンケート質問項目の一部としても使用された。

　オンライン研修としては他に、ケンブリッジ社が英語教授法認定資格 CELT (https://cambridgecentre.jp/teachers/celt-s-2/) をオンラインで一部地域に提供している。説明はすべて英語で行われ、受講の英語能力条件は CEFR-B1[2] (実用英語技能検定 (以下、英検) 2 級) 以上が求められる。

2.3　小学校英語教員に求められる英語能力

　日本の公立中学校と高等学校の英語教員は CEFR-B2 レベルに相当する英検準 1 級、TOEFL iBT80 点、TOEIC730 点を達成することが求められて

いる（文部科学省、2003）。英語教員養成課程や現職教員研修の指標となっ
ている東京学芸大学（2017）のコア・カリキュラム報告書は具体的には英語
能力を明示していないが、小学校英語教員研修に求められる英語力として以
下の研修項目を示している（p.81）。「教室英語」、実際の英語授業を想定した
やり取りや即興的な対応などが含まれており、ATL との打ち合わせ等にお
いては総合的な英語能力が求められる（第 7 章 8 節を参照）。

2.4　一般英語能力と「教室英語」

　日常の幅広い状況で用いる一般目的の英語（English for General Purposes）
に対して、授業で用いられる英語は特別目的の英語として研究がなされてき
た（Dudley-Evans & St John, 1998）。授業で用いられる英語は総称して「教
室英語」と呼ばれる。

　山森による一連の研究である FORCE（Framework for Observing and
Reflecting Classroom English）プロジェクトは英語教員養成プログラムや現
職教員研修にとって示唆に富む研究成果である。山森（2012）の研究で使用
された FORCE 枠組みは本章のアンケートの主要な部分として修正して利
用された。山森（2007）では FORCE 構想提案において「教室英語」の先行
研究を検証した結果、「（前略）学校・教室で使用できる英語語彙や英語表現
を整理して並べたものが多数を占め、教育的な意図（教育的機能）を体系的
に示したものはあまりみられない」（p.163）と述べ、生徒の理解や学習、教
室の雰囲気づくりなどを重視した「教室英語」の教育的機能の追加を提案し
ている。特に小学校英語教育に関係する研究では、山森（2011）は、小学校
英語担当教員（n=439）を対象に調査し、小学校英語教員用 FORCE（25 項
目）を作成し、特に小学校教員は、「授業運営や雰囲気づくりに関わる英語
使用の必要性を高く意識している」（p.14）という調査結果を報告している。
さらに山森（2013）では、山森（2011）で使用した小学校英語教員用 FORCE
を再分析し、機能項目を見直して 25 項目から 23 項目にまとめている。上
記の山森の一連の研究は、第 2 言語教師が初級レベルの非母語話者学習者
に対して、言語的に修正して発話する teacher talk（Chaudron, 1988）を考慮

した「教室英語」の研究であり、渉猟の価値は高い。

　「教室英語」表現集については、実証的な先行研究として、Willis（1981）による英語を通して英語で教える（Teaching English through English）研修指導書は効果的な研修資料である。Willis は、授業に必要な英語を 12 の機能に分類している。一方、文部科学省は「小学校外国語活動・外国語研修ガイドブック」（2017c）で、クラスルーム・イングリッシュ（教室英語）、基本英会話、打ち合わせ等で用いられる会話例、授業や学校に関わる表現集を網羅的（12 ページ）に示している。ガイドブックのクラスルーム・イングリッシュ表現集は、授業の始まり、活動の始まり、活動中、カードゲーム、聞くことを中心とした活動、読むことを中心とした活動、書くことを中心とした活動、活動の終わり、児童への指示、授業の終わり、ほめる、励ますに関する表現である。

　筆者は、英語教員養成課程や現職英語教員研修では一般的な英語能力と「教室英語」の両者をバランス良く習得する内容が望ましいと考える。Elder（2001）は英語教師の使う英語を調査し、日常生活で使われる英語と英語授業で用いられる特別の英語（教室英語）の両方が観察されたと報告している。同様に、Sešek（2007）は、スロバキアの英語教員を対象にしたインタビューや授業観察などの調査結果から、「教師の目標言語能力は、さまざまな教授のコンテクストで教師が機能できるように、幅広い能力を身に付ける必要がある」（p.422）と示唆している。実際の小学校の英語授業では、活動の指示等に必要な「教室英語」のみではなく、チャンツ（リズムに合わせた目標言語の唱和）を復唱するモデル発音を示したり、日常の経験やできごとなどについてスモール・トーク（短い会話）を行ったり、目標表現を用いてさまざまな答えを引き出したりなど、総合的なスピーキング能力が必要である。半面、授業実践を通して「教室英語」を巧みに使える現場教員が多いのに対して、英語教員養成課程の学生は、熟達した英語学習者でも授業経験が乏しいため、「教室英語」を即座に使いこなせない事例も報告されている（渡慶次、2020c）。

3.　調査方法

3.1　研究の問い

　本章では、「オンライン英会話」の日常英会話コースを中心に受講することにより、授業で用いる「教室英語」も同時に育成されると仮定した。また、オンライン研修は、現職教員の英語能力を伸長する有効な方法であると仮定した。さらに本章プロジェクトの目標として、オンライン研修受講後も自律的に英語学習を続けることが期待された。

　本章は次の4点の研究の問いについて探る。

(1)　オンライン教員研修の受講により、「一般英語会話」力の習得が「教室英語」の伸長の認識にどのような影響を与えるか。

(2)　オンライン教員研修受講者の英語レベルは、「教室英語」の伸長の差にどの程度、影響を与えるか。

(3)　オンライン教員研修受講者が利用した教材や受講内容はどのような特色を持つか。

(4)　オンライン研修を受講教員が自律的にかつ継続的に行うためにはどうしたら良いか。

3.2　調査参加者

　本調査参加者は、沖縄県北部地区と中部地区の13公立小学校に勤務する14人の現職教員である。調査参加者は、科研費研究 (2019–2021) 活動の一部として、「令和2年度小学校英語担当教員スピーキング能力育成研修」に自主応募した教員である。調査参加者の内4人は、調査時に英語専科教員として英語授業を担当した。英語能力は、英検準1級レベルから3級までばらつきのある集団である。スコア換算表[3]と応募用紙に自己申告した英検レベルを参考に、調査参加者を上級、中級、初級の3レベルに分けた。レベル別人数の分布は、上級レベル (3人)［CEFR-B2 (レアジョブレベル 8, 7)／英検準1級相当］、中級レベル (5人)［CEFR-B1 (レアジョブレベル 6, 5)

／英検 2 級レベル相当］、初級レベル（6 人）［CEFR-A2 + CEFR-A1 High（レアジョブレベル 3, 4）／英検準 2 級、3 級レベル相当］である。受講者はインターネット上の Google フォームを用いて応募を行うことが求められ、研修前にインターネットを困難なく操作できる ICT 能力を有していたと考える。

3.3　研修の「オンライン英会話」利用とオンライン授業研究会について

　本調査の主要部分となる研修の内容と手順を時系列に、「オンライン英会話」の利用とオンライン授業研究会を中心に、以下で説明する。

　2020 年 8 月初旬に「研修事前説明会」を行い、「オンライン英会話」の利用法の説明や留意事項、研修内容・日程の説明を研究チームが行い、事前アンケートを実施した。「オンライン英会話」の利用に先立ち、研修参加教員はレアジョブ無料体験を行い、その際に講師より受講レベル（1–10）が受講者に通知され、教材レベルの判断情報とした。

　2020 年 9 月から 2021 年 1 月まで、「オンライン英会話」を月 8 回利用の基準で受講した。「日常英会話コース」は 1 回につき 25 分間のレッスンで、インターネットサイトで希望する外国人講師を予約し、インターネット上の英語教材[4] を選択する。レアジョブ社では、午前 6 時から深夜 1 時まで受講者の都合に合わせて予約が可能で、インターネット環境があれば受講者に都合の良い場所で、コンピュータ、タブレット、スマートフォンのいずれかのデバイスを利用して受講は可能である。受講はビデオ映像と音声を交えて受講者と外国人講師が 1 対 1 の対面形式で行われた。研修前に、「小学校外国語活動・外国語研修ガイドブック」（文部科学省、2017c）の「教室英語表現集」（抜粋 PDF）が研修生に配布され、受講中に活用するように求められた。

　研修中は、「オンライン研修利用報告用紙」（受講者名、教材情報、講師のフィードバック（貼り付け）、受講感想）を Google フォームで受講ごとに受講者が報告し、研修主催者はインターネット上の管理者画面で「レッスン受講データ」（受講者名、期日、教材、講師）を定期的に確認した。オンライン会社からは毎月定期的に、受講状況レポートが研修管理者に送付されてき

た。

　研修中には、月 1 回の対面の授業研究会が予定されたが、新型コロナウ
イルス感染症拡大によりすべて Zoom を用いたビデオ会議システムによる
授業研究会に変更した。授業研究会は毎月 1 回、研修教員の就業後に 1 時
間（18:30 〜 19:30）、割り当てられた 3 名の教員が各々約 10 分間から 15 分
間、授業実演を行った。目的は「オンライン英会話」で身に付けた英語の運
用機会であり、各授業者が選択した検定教科書の一部の授業実践をオンライ
ンで行い、授業に対する簡単な意見交換を行った。授業実演は、IC レコー
ダーで録音し、後日、研究チームにより授業者別に文字起しとコメントを記
述した「授業フィードバック」が作成され、音声データと共に Google
Classroom に共有された。

　2021 年 1 月下旬に、「小学校オンライン最終研修会」を行い、事後アン
ケートの集計結果と次年度に向けた同研修の課題（「オンライン英会話」の
利用、研修期間や授業実演など）について焦点化して意見交換を行い、次年
度研修の方向性を決定する情報収集を行った。

3.4　調査用具

　本章では、「事前・事後アンケート」、「オンライン研修利用報告用紙」、
「レッスン受講データ（レアジョブ英会話受講状況モニタリング）」の 3 種類
のデータを用い、分析を行った。「オンライン研修利用報告用紙」、「レッス
ン受講データ」は前述しているので、下では主に「事前・事後アンケート」
について述べる。

　「オンライン英会話」の利用による英語スピーキング能力の変化を確認す
るために、研修の事前と事後に同じ質問内容の自記式アンケート「教室英語
とティーチャー・トークに関する自信度の調査票」を実施した。事前・事後
アンケートの 34 問は同じ質問項目であり（下記の分析の節で詳述）、「A. 正
しい英語の構造への気づきの促進」、「B. 授業の運営について」、「C. 表現
内容のふくらまし・構造との関係づけ」の区分については、山森（2012）の
FORCE プロジェクトの質問項目（19 問）と Gu and Papageorgiou（2016）の

英語使用自信度調査の一部（11問）から採用し、「D. ALTとの連携」については、『小学校外国語活動・外国語研修ガイドブック』（文部科学省、2017c）から採用した（4問）。アンケートの回答形式は、リッカート尺度5件法を用いて、5：かなりできる、4：ある程度できる、3：どちらとも言えない、2：あまりできない、1：まったくできない、から一つ選択して回答した。事後アンケートでは同内容の34問に加えて、「オンライン英会話の利用形態」（Q35–38）、「オンライン英会話利用の具体的効果」（Q39–43）、「オンライン英会話利用の長所」（Q44–49）、「オンライン英会話利用の課題」（Q50）、「今後のオンライン英会話の期間、頻度希望」（Q51–52）、「オンライン英会話についての改善点の要望（自由回答）」（Q53）、「オンライン授業実演への要望（自由回答）」（Q54）、「小学校オンライン研修全体への要望（自由回答）」（Q55）を追加して、質問された。アンケート結果の量的な関係については、SPSS ver.25を用いて分析した。

4.　調査の結果

4.1　「オンライン英会話」受講回数と利用の問題点について

　表1は、受講期間の各受講者の受講合計を表している。受講回数はオンライン会社のモニタリングサイトの「レッスン受講データ」を基に算出し、「欠席」（受講総数の合計19回）を除き、有効受講のみを計算した。受講期間は5か月間で月8回受講するプログラムなので、すべてを受講すれば40回（約16.7時間＝25分×40回）受講したことになる。受講データの平均値は、33.21回で、SD値（偏差値）は、9.21である。受講者の目標回数の達成平均は82.3％（40回中約32.9回）である（EとMについては、目標最大値40回で算出した）。実際の受講回数は、最高43回（E）から最低16回（L）の範囲でばらつきがある。受講者E（43回）とM（41回）については、40回を超えているが、オンライン会社のシステムにより講師が予約に対応しない場合は、追加のレッスンを受ける事が可能で、その事例による契約利用回数超えだと推測する。受講者のAからCは英語上級レベル者、DからHまで

表 1：受講期間中の受講者別受講回数分布

受講者	A	B	C	D	E	F	G	H	I	J	K	L	M	N
受講回数	40	24	40	40	43	27	27	31	40	39	39	16	41	18

表 2：「オンライン英会話」利用の問題点（事後アンケート）

回　答　項　目	回答数
A 仕事で疲れて受講が難しい	10
E どんな英会話講師かわからないので不安である	6
F 講師とうまく会話を続ける自信がない	4
G 何を話したらいいかわからない	1
H どの教材を使うか決められない	1
I 利用場所（自宅等）では対面講座（英会話研修）のようなサポートがない	2
J その他	7
回答数合計	31

は中級レベル者、I から N までは初級レベル者である。表 1 によると、受講者の英語レベルと受講回数の相関関係は低いと考える。例えば、上級レベルの B は 24 回と受講回数は比較的少なく、一方、中級レベルの D は 40 回とすべてのレッスンを受講しており、初級レベルの I（40 回）、J（39 回）、K（39回）はすべて、あるいはほとんどのレッスンを受講している。

　受講回数にばらつきがあるのは、受講に困難が生じたと考えた。事後アンケートの「Q50 オンライン英会話利用の問題点」（有効回答数：31）を検証することにより、ばらつきの理由の一部を考察する。表 2 によると、問題点として 14 人の回答者で最も多い回答は「A 仕事で疲れて受講が難しい」（10人）である。受講教員の小学校業務等の状況によって、英語レベルや動機づけは高いにもかかわらず、受講が困難であったことが伺える。さらに、多い回答は「どんな英会話講師かわからないので不安である」（6 人）であり、「オンライン英会話」の特徴として、受講者に馴染みのある「お気に入りの講師」（受講者で保存済み）を必ずしも選択できるわけではなく、全く初めての

講師との受講は不安が伴ったと考える。さらに、その他（7人）として、「1級レベルの教材が欲しい」[5]、「予約が一回しかできない」[6]、「好きな講師の予約が自由に取れない」などが報告された。さらに、「I利用場所（自宅等）では対面講座（英会話研修）のようなサポートがない」（2人）の回答があり、オンライン自己研修の形態における技術的なサポートの問題点を浮き彫りにしている。

4.2 「一般英会話」能力伸長とユビキタス「オンライン英会話」の長所

　事後アンケートでは、「オンライン英会話」を利用した効果について質問した。受講者は、「一般英会話コース」を受講したために、「一般英会話」力の伸長（Q39–43）を分析し、加えて「オンライン英会話」利用の長所（Q44–49）を検討する。14人全員が「強く同意する」あるいは「同意する」を選択した肯定的な回答項目に着目する。表3によると、「Q40 講師と話すことで外国人と接することに抵抗がなくなった」は全員が肯定的に回答しており、5か月におよぶ受講を通して抵抗感が少なくなったと言える。一方、「コミュニケーションへの自信が増した」（Q39）と全員が認識している訳ではない。「Q42 講師の話が聞き取れないときに聞き返すことができるようになった」も全員が肯定的に回答しており、外国人講師に臆せず、質問や不明点を確認することができたことを示している。全体的には、「一般英会話」について肯定的な回答が多い。

　さらに、「オンライン英会話」利用の長所として、「Q44 自分が都合の良い時間にオンライン英会話を利用できることは長所である」、「Q48 教材がレベルに応じて、豊富に用意できている」の項目について全員が肯定的に回答している。「いつでも・どこでも」というユビキタスの特徴である「Q45 自分が都合の良い場所でオンライン英会話を利用できることは長所である」について全員が肯定的でないのは予想と異なっている。一部の受講者にとっては、自分の時間は管理できても（Q44）、自宅（例：人の出入り、家族の声や近所の雑音）や職場などの物理的な学習環境は管理できずに、十分に整っていなかったと推測する。

表 3：「オンライン英会話」の効果（Q39–43）と長所（Q44–49）（事後）
（A: 強く同意する /B: 同意する /C: どちらでもない /D: 同意しない /E: 全く同意しない）

回答項目　/　回答選択肢	A	B	C	D	E	計
Q39　講師と英語でコミュニケーションをとることに自信が増した	4	8	2	0	0	14
Q40　講師と話すことで外国人と接することに抵抗がなくなった	4	10	0	0	0	14
Q41　講師が話していることが理解できるようになった	4	8	2	0	0	14
Q42　講師の話が聞き取れないときに聞き返すことができるようになった	5	9	0	0	0	14
Q43　講師と雑談するときに途中で沈黙せずに会話を続けられるようになった	5	3	5	1	0	14
Q44　自分が都合の良い時間にオンライン英会話を利用できることは長所である	8	6	0	0	0	14
Q45　自分が都合の良い場所でオンライン英会話を利用できることは長所である	6	5	3	0	0	14
Q46　自分の好きな講師を選ぶことができる	6	5	3	0	0	14
Q47　講師が話している単語が分からないときに、その単語を講師から聞いて教えてもらうことができる	6	5	2	0	1	14
Q48　教材がレベルに応じて、豊富に用意できている	3	11	0	0	0	14
Q49　講師が自分のペースに合わせてレッスンをしてくれる	5	8	1	0	0	14

4.3　「教室英語」能力の伸長について

　事前アンケートと事後アンケートの同一質問 34 項目の回答結果を用いて、研修参加者の英語授業に関するスピーキング能力（教室英語）が研修前と研修後に変化があるかを検証した。回答結果の傾向や関係を把握するために、事前と事後の項目別の平均値と *SD* 値（標準偏差値）を表した のが表 4 であり、その関係を図 1 にて視覚化した。同一質問項目は下記に示した通りである。

「A.　正しい英語の構造への気づきの促進」

1. 一斉読み［英語表現］や単語の発音練習のための模範を示すことができる
2. 身近な物事や現象について描写することができる（例：It is raining today.）
3. 児童・生徒に気づいてほしい言語的特徴を声を大きくしたり、強勢をおくことで強調することができる（例：Look at me.［見て欲しい物を強調する］）

「B．授業の運営について」

4. 授業の始めにあいさつができる
5. 日、曜日、天気についてやり取りができる
6. 出席を取ることができる
7. 復習をさせたり、児童の課題を集めることができる
8. 授業中の諸連絡をすることができる
9. 宿題を与えることができる
10. 教材を使うことができる
11. 児童に「教室英語」を教えることができる
12. 授業中に指示を与える事ができる
13. 試験やクイズで指示を与える事ができる
14. 活動を変更することができる
15. しつけをすることができる
16. 児童の参加を促すことができる
17. 児童の動機づけができる
18. 児童の反応について評価することができる
19. 教科書の文章・絵の内容に関する児童の個人的な印象を問う発問をすることができる（例：［Koala の写真を見せて］ Do you want to hold koalas?）

「C．表現内容のふくらまし・構造との関係づけ」

20. 必要と思われる内容を同じ表現でくり返して述べる事ができる
21. 具体的な例を提示して児童・生徒の理解を促すことができる

22. 同じ内容を表現を換えながら話し、児童・生徒の理解を促すことができる

23. 児童・生徒の発話に身体反応や相づちなどの手段で反応することができる（例：Great/ Wow）

24. 教材や日常生活について答えが決まっている発問をすることができる（例：Who is your ALT?）

25. 教材や日常生活について答えが複数ありうる発問をすることができる（例：Where did you go last Sunday?）

26. 児童・生徒から発話が出てこない場合に発話の始まりやヒントを与えることができる

27. 児童・生徒の不明瞭な発話を確認することができる（例：Please say it again.）

28. 児童・生徒の発話を再度述べることができる

29. 児童・生徒が話そうとしている内容を、未習・既習表現を用いて代弁したり、広げたりすることができる

30. 児童・生徒の発話の誤りに対して暗示的に発話修正をすることができる（例：児童：I goed to Jusco yesterday. 教師：Oh, you went to Jusco yesterday.）

「D.　ALT との連携」

31. ALT の考えを聞く（例：自己紹介を依頼したり、授業へのアドバイス、感想をたずねる）

32. ALT とゲームや活動の説明をする

33. ALT に依頼する（例：くり返し言ってもらう、単語や表現を読んでもらう）

34. ALT に時間について知らせる（例：授業の終了、「あと 5 分あります」）

　表 4 と図 1 によると、すべての質問項目において事後アンケート平均値が事前アンケート平均値より上昇している。事前平均値と事後平均値の t 検

表 4：全受講者の事前アンケートと事後アンケートの項目別平均値・SD 値の比較

	項目	1	2	3	4	5	6	7	8	9	10	11	12
事前	平均値	3.43	3.5	3.93	4.71	4.64	3.93	3.43	2.93	2.57	3.86	3.57	3.57
	SD 値	1.16	0.94	0.92	0.47	0.50	1.14	1.02	1.07	1.02	0.86	0.76	0.65
事後	平均値	4.43	4.36	4.5	4.86	4.86	4.64	4.5	3.93	3.5	4.36	4.14	4.15
	SD 値	0.65	0.63	0.65	0.36	0.36	0.50	0.65	1.07	1.16	0.74	0.66	0.69

（上の表に続く）

	項目	13	14	15	16	17	18	19	20	21	22	23	24
事前	平均値	2.93	3.07	2.86	3.5	3.07	3.43	3.14	3.36	2.93	2.64	3.93	4
	SD 値	0.73	1.27	1.03	0.94	1.14	0.85	1.17	1.01	1.21	1.34	0.73	0.88
事後	平均値	3.86	3.86	3.64	4.14	3.93	4.21	3.79	4.36	4.14	3.71	4.57	4.36
	SD 値	0.86	0.77	1.01	0.53	0.73	0.70	1.05	0.74	0.66	0.83	0.65	0.84

（上の表に続く）

	項目	25	26	27	28	29	30	31	32	33	34
事前	平均値	3.64	3.5	3.57	3.64	2.93	3.29	3.43	3.71	4	3.64
	SD 値	1.01	0.94	0.94	1.01	1.07	1.14	1.28	0.91	0.78	1.08
事後	平均値	4.14	4.36	4.07	4.15	3.79	3.93	4.14	4.36	4.5	4.43
	SD 値	0.86	0.50	0.83	0.80	1.12	0.73	0.95	0.74	0.65	0.76

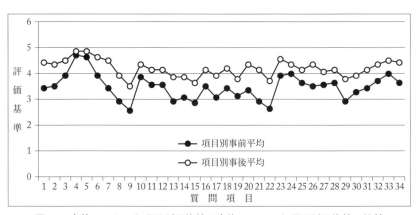

図 1：事前アンケート項目別平均値と事後アンケート項目別平均値の比較

定（両側検定）は、($p < .05$) の結果を示し、統計的にも有意であることを表した。「オンライン英会話」の利用が「教室英語」能力の向上に、肯定的な効果があったことを示すと考える。

　研修参加者の回答で、事前と事後のアンケートの両方で平均値が高いのは、項目 4（事前：4.71／事後：4.86）、項目 5（事前：4.64／事後：4.86）である。項目 4「授業の始めにあいさつができる」、項目 5「月日、曜日、天気についてやり取りができる」は授業の始めに、通常行われる英語でのあいさつや定番の質問事項であるために、自己評価は高い。さらに、項目 23「児童・生徒の発話に身体反応や相づちなどの手段で反応することができる（例：Great/ Wow）」において、事前値（3.93）が事後値（4.57）では高い数値に変化しているのは興味深い。「オンライン英会話」での外国人講師とのやり取りで、児童の発話の指導にフィードバックができるようになったのではないだろうか。

　一方、回答で自己評価平均値が低いのは、項目 9「宿題を与えることができる」、項目 22「同じ内容を表現を換えながら話し、児童・生徒の理解を促すことができる」、項目 29「児童・生徒が話そうとしている内容を、未習・既習表現を用いて代弁したり、広げたりすることができる」である。項目 9 の数値が低いのは小学校では、通常、宿題の指示や授業のふり返りを日本語で行うためではないだろうか。また、項目 22 と項目 29 では、英語でさまざまな表現で理解させたり、内容を広げたりすることは、高度な英語運用能力を要求されるため、困難であると考える。しかし、図 1 と表 4 から分かるように、これらの自己評価値の低い項目は事前と事後の平均値の数値の差が最も大きい。項目 9 では 0.93（事前［2.57］と事後［3.5］の差）、項目 22 では 1.07（事前［2.64］と事後［3.71］の差）、項目 29 では 0.86（事前［2.93］と事後［3.79］の差）である。つまり、研修を通して、授業中の困難な英語スピーキングについて、「2：あまりできない」から「4：ある程度できる」に近い形に変化したと考える。

4.4　レベル別の事前平均値と事後平均値の比較による「教室英語」能力の向上について

　最初に、「教室英語」能力に関するレベル別の事前と事後の平均値（少数第2で四捨五入）に変化があるかを統計的に検証した。各レベルの事前と事後の平均値の t 検定（両側検定）は、初級事前と初級事後（$p < .05$）、中級事前と中級事後（$p < .05$）、上級事前と上級事後（$p < .05$）の結果を示し、いずれのレベルにおいても統計的に有意、つまりスピーキング能力に変化があったことを示している。

　加えて、レベル別に事前と事後で自己評価がどのように変化したかを具体化するために、回答平均点を四捨五入してすべて整数（例：5［よくできる］）で示して比較した。表5によると、初級レベルの自己評価で顕著なのは「4：ある程度できる」の評価が事前（3項目）から事後（25項目）に大きく増加している。さらに、「2：あまりできない」の評価においては、事前（10項目）から事後（0項目）に大きく減少し、各項目のスピーキングについて自信度が増したことを示している。上級レベルでは、「2：あまりできない」の回答が事前（0項目）で、研修前から多くの項目で高い自信度を示しているが、事前と事後の自己評価では、「かなりできる」の評価で事前（5項目）から事後（19項目）に増加し、研修の効果について自信度が増している。中級レベルにおいては、上級レベルと同様に、「2：あまりできない」の回答が事前（0項目）であり、研修前から自信度が高いが、特に「かなりできる」

表5：事前評価と事後評価のレベル別項目数の分布について

	かなりできる	ある程度できる	どちらとも言えない	あまりできない
上級事前項目数	5	28	1	0
上級事後項目数	19	15	0	0
中級事前項目数	5	23	6	0
中級事後項目数	14	20	0	0
初級事前項目数	2	3	19	10
初級事後項目数	4	25	5	0

の評価について事前 (5) から事後 (14) に大きく増加しているのは自信度が増したことを示している。全体的に各レベルとも研修の事前と事後の比較では、自己評価値が上昇しているが、特に初級レベルにおいて自己評価値の上昇率が最も高い。

4.5　利用したオンライン教材と受講内容について

　研修受講者が利用した教材の種類を確認することにより、学習内容を推察する。利用教材のデータは、オンライン会社のモニタリングサイトの「レッスン受講データ」を基に集計、分析をした。

　研修受講者は、事前研修として、2020 年 8 月に筆者らより、表 6 のようにレベル別のオンライン教材カリキュラムを提示された。例えば、初級受講者 (レベル 3 ～ 4) は、オンラインで講師とのやり取りや必要な表現を学習できる「英会話準備」、簡単な会話ができる「スモールトーク」、基礎的な発音練習ができる「発音」を最初の 1 か月間から 2 か月間行い、残りは「実用英会話」を行う構成である。一方、中級受講者 (レベル 6 ～レベル 7) や上級受講者 (レベル 7 ～レベル 8) は、「実用英会話」から始め、高度な英語運用能力が求められるディスカッション (過去の英字新聞の題材について意見交換などを行う) を毎月 1 回行う構成である。

　表 7 によると、教材利用状況 (有効総数 466 件) は、研修前に提案されたレベル別カリキュラムとは異なり、各レベルの「実用英会話」の利用が全体

表 6：事前研修で提案されたレベル別教材のカリキュラム（一部抜粋）
（用語：英会話準備：[オンライン英会話準備]／実用英会話（日常英会話））

レベル	1 か月 (9 月)	2 か月 (10 月)	3 か月 (11 月)	4 か月 (12 月)	5 か月 (1 月)
3 ～ 4	1. 英会話準備 2. スモールトーク 3. 発音 4. 実用英会話[レベル 3 ／ 4]	1. 実用英会話[レベル 3 ／ 4] 2. 発音 3. スモールトーク 4. 実用英会話[レベル 3 ／ 4]	1. 実用英会話[レベル 3 ／ 4] 2. 実用英会話[レベル 3 ／ 4] 3. 実用英会話[レベル 3 ／ 4] 4. 実用英会話[レベル 3 ／ 4]	1. 実用英会話[レベル 3 ／ 4] 2. 実用英会話[レベル 3 ／ 4] 3. 実用英会話[レベル 3 ／ 4] 4. 実用英会話[レベル 3 ／ 4]	1. 実用英会話[レベル 3 ／ 4] 2. 実用英会話[レベル 3 ／ 4] 3. ディスカッション 4. ディスカッション

で約 9 割（91.0%）を占め、各レベル（初級 : 89.4%、中級：95.9%、上級：87.6%）における「実用英会話」の利用率も同様である。例外として、初級受講者 M のみがオンライン受講の準備として「スターター（オンライン英会話準備）」を 16 回受講している。

　レアジョブ社の「実用英会話」の構成は基本的に各レベル 50 レッスン（5 chapter で各 chapter 10 レッスン）で構成されており、音読やリスニングを含むやり取り、語彙や文法の確認、題材に対して自分の意見を述べる発表などの総合的活動が含まれている。前述の渡慶次ほか（2017）の調査では、大学生を対象にフリートーキングを課題として行わせたが、多くの大学生が難しいと回答した。個人学習の形態で自律性が求められるオンライン学習では「実用英会話」のように系統的に構成された教材を段階的に学習しながら完了する教材やプログラムが効果的であると考える。

　実際に、「実用英会話」を利用したレッスン内容を把握するために、研修管理者（筆者）に、受講者から利用ごと送付された「オンライン研修利用報告用紙」の事例 1（抜粋）の講師フィードバックを検証する。講師からのフィードバックはレッスンごとに毎回、受講者に送付される。

　下の事例 1（初級研修者 J）では、Goal achievement（目標の達成度 ［1 ～ 4（最高）]）、range（語彙や語法の範囲）、accuracy（正確さ）、fluency（流暢さ）、単語・フレーズについてレッスン講師のフィードバックが示されている。25 分の短いレッスンであるが、accuracy（正確さ）のフィードバックで正し

表 7 : 受講中（2020 年 9 月～ 2021 年 1 月）に利用したレベル別の教材種類と利用頻度

	実用英会話	その他（実用英会話以外）	合計
上級レベル	93（89.4%）［レベル 8 ～ 7]	11（10.6%）［ディスカッション（英字新聞）:8 / フリー・カンバセイション :3]	104
中級レベル	162（95.9%）［レベル 5 ～ 6]	7（4.1%）［文法 :2 / フリー・カンバセイション :5]	169
初級レベル	169（87.6%）［レベル 3 ～ 4]	24（12.4%）［スターター（オンライン会話準備）: 16/ フリー・カンバセイション :7 / 発音 :1]	193
総計	424（91.0%）	42（9.0%）	466

い英文の用法が示されており、誤ったスピーキングの訂正が行われている。
本章の事前研修では特に初級レベルに対しては発音などの言語基礎知識の習
得を提示したが、「実用英会話」を利用した学習の中で単なるスピーキング
学習のみではなく、発音練習や文法学習、語彙なども含めた総合的な英語学
習がなされたことが推測される。

［講師フィードバック事例1：初級研修者J］　（実用英会話レベル3：
Chapter 3　Lesson 5）
Lesson Goal Achievement Score: 3
　PERSONALIZED FEEDBACK
　RANGE
　　Fruity-fruit-flavored scent
　ACCURACY
　　You said: I want to some smoothies.
　　Better: I want some smoothies.

　　You said: I would like to manicure.
　　Better: I would like a manicure.

　　You said: I want to large size.
　　Better: I want to get the large size.

　　You said: I send gift my mother.
　　Better: I send a gift to my mother.

　FLUENCY
　　You were able to deliver your thoughts and opinion smoothly
　　I hope to see you again! Enjoy the day.
　単語 / フレーズ：

fruity

5.　まとめ

　オンライン小学校現職教員研修を実施し、「一般英会話」の受講が同時に、授業実践を通して「教室英語」の習得にもつながり、「オンライン英会話」が小学校英語教員研修として貢献できるのか、収集データを用いて分析した。下記に、本章で示された結果について7点をまとめ、最後に、オンライン研修終了後も自律した英語教師として研修を継続できるか示唆を述べる。

　第1に、受講者の「オンライン英会話」受講数平均値達成率は82.3％（40回中平均値32.9回）であり、43回から16回まで受講回数のばらつきがあった。ばらつきの理由は、英語レベルの差ではなく、「仕事で疲れて受講できない」（14人中10人）が最も多かった。教育行政や学校による研修時間の確保が課題であると考える。

　第2に、「オンライン英会話」受講を通して「一般英会話」能力が伸長し、特に「講師と話すことに抵抗がなくなった」と「講師に聞き返すことができるようになった」について、全員が肯定的に回答しており、外国人講師に臆せず話し、質問や不明点を確認することができたことを示している。

　第3に、「教室英語」の能力に関して、研修事前アンケート平均値より事後平均値がすべての項目で上昇し、統計的に有意であることを示した（$p < .05$）。「一般英会話」能力が伸長したことにより、5か月間の受講中に授業実践等を通して「教室英語」の能力も同時に伸長したと考えられる。「一般英会話」能力研修を受講しながら、現職教員の授業実践の中で「教室英語」を包括的に育成する新しいモデル構築の可能性があると考える。

　第4に、英語レベル別の比較では、初級レベル受講者の「教室英語」能力の伸長が最も高く、具体的には「ある程度できる」の評価が研修事前の3項目から研修事後では25項目に大きく増加している。

　第5に、オンライン研修で利用された教材は、レベルに関わらず、「実用

英会話」が約 90%を占めた。また、受講者全員が「教材がレベルに応じて、豊富に用意できている」と肯定的に評価した。「実用英会話」は、レベル別（10 レベル）でスピーキングに加えて文法、発音等も総合的に、かつ段階的に（5 chapter［各 10 レッスン］で構成）学習できる教材である。今後の小学校教員オンライン教材はレベル別の目標言語スキルと言語知識をパッケージのように総合的に学習でき、具体的に進度（step）が明確な教材が望ましいと考える。

　第 6 に、「オンライン英会話」研修の長所として、ユビキタスの特徴である「自分が都合の良い時間に利用できる」点を受講者全員が肯定的に評価した。一方、「自分が都合の良い場所で利用できる」については、全員が肯定的という訳ではない。アンケート後にインタビューを実施できなかったために、オンライン受講に最適な環境を確保できなかった理由は不明だが、今後の調査で明らかにしたい。

　最後に、本研修の終了後に 3 人の受講者が「オンライン英会話」の受講を継続した。オンライン研修の形式に慣れ親しんだ受講生の一部が自律して英語研修を継続した。「オンライン英会話」等の研修形態は、インターネット環境、集中できる研修場所、研修時間の確保、目的やレベル別の教材などの条件が整えば、個人研修が継続的に行えるシステムである可能性が示唆される。

　教育行政や大学が独自のオンライン英語研修システムを構築するには、講師の採用と養成、教材作成、受講費の徴収などに膨大な費用と時間を要すると共に、システム開発・管理などの高度な技術が求められる。本章では、「オンライン英会話」を利用して民間会社と大学が産学連携で小学校英語教員研修の強化に取り組んだ。今後は、「オンライン英会話」を利用した「一般英会話」能力育成が、学校現場で「教室英語」の育成にどのように相互作用していくのかを質的に精査する必要がある。

注

1 カスケードとは、各地域では、中央研修受講者及び英語教育推進リーダーを講師とする研修を実施し、域内の小学校の中核教員及び中学・高等学校の全英語担当教員に対して研修内容の伝達が行われる。

2 CEFRとは、A1, A2, B1, B2, C1, C2の6レベルを持ち、学習・教授・評価にヨーロッパを中心に研究、利用されている言語基準の枠組みである。A1は、英検3級レベル、A2レベルは英検準2級レベル、B1レベルは英検2級、B2レベルは英検準1級に相当するとされている。

3 CEFRとレアジョブ・レベル(https://www.rarejob.com/experiences/speakingtest_progos/) レアジョブホームページで参照。

4 「オンライン英会話」(レアジョブ社)では、自社作成教材が多く、「日常英会話」、「ビジネス英会話」、「ディスカッション」、「スモールトーク」、「文法」、「発音」、「オンライン英会話」の各分野からインターネット上で教材を選択し、レッスン中に講師とやり取りをしながら教材を見る事ができる。

5 「レアジョブ英会話」では、準1級(レベル8)が最高レベルの教材である。

6 「レアジョブ英会話」の講師予約システムでは、2回連続でレッスンを予約できない。

第 5 部

早期英語教育を再検証する

第9章 | 年齢と第2言語学習到達度の
再検証

1. はじめに

　これまで検証してきた小学校英語教育推進に関わる検定教科書発行、授業改善、研修制度の強化は、*The Younger, the better*（英語学習は早く始めれば、良い成果が得られる）と云う概念の基に、行政を中心に世界的な規模で推進されてきた。早期英語教育研究の結果は、必ずしも、第2言語学習に最適な年齢が存在するという臨界期仮説を充分に支持している訳ではない。本章では、過去50年間（1970年〜2020年）の臨界期仮説に関する先行研究を検証する。初期の研究は神経学分野、虐待被害児童、移民などを中心に動物学的視座から調査が行われた。最近の研究では、居住の期間はさほど重要な要素でなく、どのような学習や自然習得をしたかが重要な要素である。つまり、単に長期間英語学習をしたり、英語圏地域で単に長年居住したりするのみではなく、高い動機づけや言語使用の目的を明確に保持し、言語習得（学習）の質を高める必要がある。第2言語習得と年齢について複合的な視点で再検証する。

　グローバリゼーションの進展に伴い、英語習得の必要性が高まり、英語学習の低年齢化の現象が世界的に進んでいる（例：中国や台湾の都市地区で小学校1年生から開始）。日本でも2020年より小学校で英語学習開始の時期が従来の5年生から小学校3年生に引き下げられ、「外国語」が教科として初めて小学校5年生から導入される。

　これらの各国における英語学習の低年齢化の教育政策は、一元的に「早期に英語習得をすれば、（高年齢で英語習得を開始するより）最終的に英語習得到達が高い（*The younger, the better*）」という通説が根底にあると考える。その考えによると、人間はある年齢[1] に達すると、母語あるいは目標の言語習得が著しく、あるいは緩やかに低下し、その年齢以降は言語習得が困難であるという主張（eg., Long, 1990; Genesee, 1998）であり、臨界期仮説[2]（the Critical Period Hypothesis）として研究されている。

　筆者は、海外の大学院在学中に臨界期仮説に関心を持ち、2000 年以前の研究をまとめ、発表した（Tokeshi, 2005）。1960 年代ごろから神経言語学（cf, Lenneberg, 1967）の分野で始まった臨界期仮説の研究は今日までに、ヨーロッパや北米では豊富な実証的研究成果が発表され、年齢と第 2 言語（以下、L2 で省略）習得[3] がより多角的な要因（macrovariable）から検証（Singleton & Pfenninger, 2019）されており、研究が深化し、多岐に広がりつつある。

　臨界期仮説に関する議論は多様であり、本章に関連する議論を述べると、移民等の研究成果が、外国語として英語を学習する環境にも適応できるのか（Muñoz & Singleton, 2011）、英語学習を開始した年齢のみが習得（あるいは学習）の到達度を決定する要因であるのか（Muñoz & Singleton, 2011; バトラー、2015）、L2 習得の達成度が主に母語話者との比較において判断されているが、母語話者を物差しとした考え方で良いのか（Muñoz & Singleton, 2011）、最後に、日本の小学校の様に、週に 1 時間か 2 時間の英語学習時間の状況で、低年齢化の英語習得の効果が議論できるのか（Singleton & Pfenninger, 2019）などである。

　一方、日本では、早期英語教育が加速している今日においても研究成果は非常に乏しく（cf. Tokeshi, 2005; Larson-Hall, 2008; バトラー、2015）、英語教育の低年齢化の効果が充分に議論されているとは言えない。

　本章では、筆者のこれまでの研究に基づき、2000 年以降の研究を加えて、次の研究の問いに基づき、年齢と第 2 言語習得について検証する。

（1）　第 2 言語習得（学習）を開始する年齢が英語習得の達成度を決定する

　　　　重要な要因なのか。

(2)　　第 2 言語習得（学習）の達成度を母語話者と比較して調査することが
　　　　適切なのか。

(3)　　子供と大人の第 2 言語習得（学習）はどのように異なるのか。

(4)　　年齢と第 2 言語習得の研究成果から日本の小学校英語教育への示唆
　　　　は何か。

　本章は、年齢と L2 習得に関する代表的な臨界期仮説の研究を再検証した
後に、最近のさまざまな研究成果を議論し、最後に研究成果に基づき、日本
の小学校英語教育への示唆を考える。

2.　臨界期仮説の代表的な先行研究の検証

2.1　脳障害の事例と言葉を奪われた少女の実例に基づく母語習得

　下の 3 つの事例はしばしば、臨界期仮説の根拠として引用されるが、現
在では、異常な状況での言語習得と年齢の関係が正常な状況で言語を習得す
る子供や大人に適応できるかは懐疑的である（Muñoz & Singleton, 2011）。

　言語習得の実証的研究に基づく臨界期仮説は、動物の実験結果に影響を受
けた人間の脳障害の研究事例から発生している。例えば、ガチョウは、生後
すぐに目にした動く物（例えば、人間）を母親だと認識してしまい、それ以
降は母ガチョウといえども行動を共にしない「刻印付け（imprinting）」（Hess,
1973）という習性を持っている。その生後直後に起こる習性の発見が母語習
得の臨界期仮説に影響を与えた。

　Penfield & Roberts（1959）の研究によると、事故で脳の左半球が損傷した
若年の子供は、母語の言語機能が回復した。この現象は、若年の子供の脳
は、柔軟性（plasticity）を持つために、右側の脳が左側の脳の代わりを務め、
言語機能が回復したと推測した。しかし、9 歳から 10 歳を過ぎた子供達の
言語機能は回復しなかった。これは思春期の頃に、脳の柔軟性がなくなり脳
の左半球の一側化（lateralization）が起き、言語習得が困難になると考えた。

　この事例から母語の習得はある年齢を超えると困難になる臨界期があると仮説した。

　Lenneberg (1967) は失語症になった子供達や思春期以降の子供や成人らを研究した。彼の研究によると、失語症や脳の左半球を損傷した、12 歳を過ぎた子供や大人らは、言語障害を引き起こす確立が高いことが観察された。しかし、12 歳ごろ以下の子供は言語障害が治癒し、母語の回復、発達が良かった。これは、若年の子供は左半球の機能が右半球に代理され、言語障害が回復したと仮定した。この事例により、12 歳頃に母語の習得の臨界期があると仮説した。

　これらの神経言語学による年齢と言語習得の解釈は、信ぴょう性が疑われている。Penfield & Roberts と Lenneberg の研究報告は、脳の損傷や失語症等の脳機能の異常な状態で、思春期頃より年齢の低い子供たちの母語機能の回復した症例から推測された年齢と言語習得に関する仮説である。白畑 (1994) は、Lenneberg の仮説はすでに母語を習得した言語機能の回復に基づいており、母語を習得した後に L2 を習得する事例には適応することはできないだろうと指摘している。

　虐待を受けた少女 Genie の事例は、母語習得に臨界期が存在するかを検証させた実証例である。Genie は、生後まもなく、父親により虐待を受け 13 歳まで地下室に閉じ込められ、母親や兄弟との接触が禁止され、言葉を使用する機会を奪われた状況で育った。母親の通告により発見後、言語学の専門家らにより 18 歳まで約 5 年間、母語を習得させようと試みられたが、母語話者並みには回復せず、5 歳程度の言語能力しか達しなかった。この 13 歳まで言語を奪われた少女の実際の例から、言語習得に困難な年齢の時期があるのでないかと議論された。

　しかし、多くの研究者たちは社会的な虐待を受けた特殊な子供を例に母語の臨界期を主張することは難しいとの立場を取っている。例えば、Muñoz & Singleton (2011) は、Genie の生後初期の虐待は脳の縮小につながり、言語習得や社会的な行動を成長させることができなかった事を指摘し、正常な環境の言語学習者に適応することはできないと分析している (p.3)。

　脳の障害等を持つ人々が言語習得について年齢に臨界期を持つかを調査した研究は、動物学者の系統だと言えるが、同様に人間の身体的成長が言語習得に影響すると考える研究者もいる。

　Brown (1993) によると、複雑な音を発音する調音の筋肉は、5 歳頃までに完成すると言われている。よって、低年齢の調音の筋肉は柔軟で、第 2 言語を習得するのに適している。一方、大人の調音の筋肉はすでに完成しており、新しい音を調音するのには適さない。

2.2　移民の第 2 言語習得と年齢

　上の 3 例では、母語習得の臨界期仮説について述べたが、次に移民が母語習得の後に長期間、英語が使用されている自然な環境で第 2 言語として英語を習得した事例について、臨界期仮説を論じる。最初の 3 調査例は発音についての調査で、他の 3 調査例は発音とは異なる統語などについての調査である。

2.2.1　移民の長期間の第 2 言語音声習得と年齢

　Asher & Garcia (1982) は、5 年間以上米国に住んでいたキューバ人移民の 71 人の子供（7 歳から 19 歳）の発音が母語話者の発音に近いかを調査した。調査の結果は、1 歳から 6 歳までに米国に移民した子供たちが、7 歳以降に移民した子供たちより母語話者の発音に近く、優位であるとした。

　Seliger, Krashen & Ladeforged (1975) は、394 人の 28 の言語を持つ米国の移民を調査した。英語母語話者の大学院生の面接によって調査され、結果は、9 歳までに米国に移民をした大人の多数が、思春期（10 歳から 12 歳）及びそれ以降に移民した大人より、なまり（accent）が英語の母語話者に近いと判定された。

　Oyama (1976) は、ニューヨークに 5 年から 18 年間住んでいた 60 人のイタリア人男性を調査し、テープに録音された発音を英語母語話者の大学院生が判定した。調査の結果は、低い年齢に米国に到着した人がより高い年齢の時に到着した人より、発音が母語話者に近いことが分かった。さらに、到着

の年齢（早期）が滞在期間の長さには、関係なく、第 2 言語の習得に重要であることが示された。

　上述の調査では、低い年齢で L2 習得を開始した移民は母語話者の発音に近く、高い年齢で L2 の習得を開始した移民は、母語話者の発音とは異なる傾向を示した。この傾向について、Flege (1999) は、母語の習得期間と L2 の音声習得は相関していると説明している。つまり、母語の習得が確立している大人は、L2 に母語のなまりの影響を受けており、母語がさほど確立していない若年の子供は、母語のなまりの影響をさほど受けずに、L2 の母語話者に近い発音を習得すると説明している。

2.2.2　移民の長期間の第 2 言語統語習得（自然習得）と年齢

　以下の 3 調査は、発音以外に統語や他の言語領域の習得と年齢を検証した研究である。

　Patkowsky (1980) は、米国に 5 年間以上住んでいた 67 人の移民を対象に、訓練を受けた母語話者により、テープに録音されたインタビューを用いて統語（構文）の習得についてスケールで測定した。調査結果は、思春期前に英語を自然習得した移民が、思春期以降に英語を自然習得あるいは学習（教育機関等で）した移民より、統語能力が高いことが明らかになった。さらに、15 歳ごろに統語能力の臨界期が存在するのではと報告した。

　Oyama (1978) も Patkowsky と同様の調査を行い、60 人のイタリア人男性（滞在期間 14 年から 37 年間）を調査しそれぞれ、6 歳から 10 歳までに到着したグループ、11 歳から 15 歳までに到着したグループ、16 歳から 20 歳までに到着したグループに分けられた。英語の話し言葉を部分的に隠して、統語の理解力を判定したところ、より年齢の低い子供達が、理解力が高いことを結果は示した。

　Johnson & Newport (1989) は、3 歳から 39 歳までの年齢に米国に渡った 44 人の中国と韓国からの移民（滞在年数は 3 年から 26 年間）を調査した。統語と形態素について文法性判断テストを用いた。調査結果は、米国入国時が 3 歳から 7 歳のグループは英語母語話者と同等の結果を示し、移民開始

が 7 歳以上のグループは、年齢が上がるにつれてテストの点数が低下した。具体的には、7 歳以降に米国に到着した移民のテスト点数はゆるやかに下降し、個人差はあるが思春期 (15 歳頃) で急激に下降している。この研究は、L2 習得に臨界期が存在する実証的研究として多く引用されているが、バトラー (2015) は、文法性判断テストは瞬時の判断力を要するテストで、思春期以前に米国に到着した、測定時の年齢が大学 1 年生か 2 年生 (18 歳か 19 歳) のグループは、テスト慣れした年齢層であり、テストの点数が高かった可能性を指摘し、結果については慎重に解釈されなければならないとしている。Muñoz (2008) の調査でも同様に、テスト時の年齢が測定結果に影響を与え、テスト・スキルを含めた年齢層の認知的な違いも考慮して、分析されなければならないと指摘している。

　以上の臨界期仮説の研究成果を検証した結果、Tokeshi (2005) では、以下の様にまとめた。

(1)　発音においては、低年齢で習得を始めた子供の方が優位である。
(2)　高い年齢で、習得を始めた移民は、発音になまりがあると判定される場合が多かった。
(3)　文法 (統語や形態素) については、習得を始める年齢は 15 歳ぐらいが上限だろうか (Patkowsky)。文法や発音には臨界期に年齢の違いがあるかもしれない。
(4)　移民の様に長期の習得においては、滞在期間より到着した年齢 (習得を始めた年齢) が重要で、最終的な習得は低年齢で習得を始めた学習者が優位である。

　最近の研究では、これまでの研究を精査し、異なる視点から年齢と L2 習得について、以下の様な観点が主張されている。
　第 1 の論点として、上記の 6 つの調査は、L2 習得の到達度を母語話者の英語能力を物差しとして測定しているが、その調査方法が適当ではないと考える (Muñoz & Singleton, 2011; Singleton & Pfenninger, 2019)。Cook (2002)

は、"there is no intrinsic reason why the L2 user's attainment should be the same as that of a monolingual native speaker" (p.6)(L2 使用者の到達度が、単一言語の母語話者と同じであるという本質的な理由はない)と述べ、L2 使用者(学習者)は、母語話者と比較するのではなく、むしろ自分自身の習得開始から測定時までの言語能力の伸長を調査すべきであると主張している。さらに、Muñoz & Singleton (2011) は、母語習得後に高い年齢の移民は、母語の発音をすでに獲得しており、L2 としての英語が母語に近いかどうかで判断する調査方法には問題があるのではないかと指摘する。さらに、母語を習得した後の L2 習得は異なる習得があるのではないかと考え、一元的に母語話者との比較により L2 習得の到達度を判断することを批判している。

　第 2 の論点として、Seliger, Krashen, and Ladeforged (1975) の調査では、被験者の移民のなまりが母語話者に近いかどうかで到達度を判断しているが、Moyer (2004) は調査を通して、母語話者のなまりに近いとは、L2 使用者自身のアイデンティティや目標言語に対する態度などで決まるもので、言語能力の一部でないとしている。高い年齢の移民者は、同言語を共有するコミュニティと接触する傾向が強く、従って移民の母語のなまりを保持する場合が多いと言う。この点についてさらに後述する。

　第 3 の論点として、移民の発音やアクセントなどの音声学・音韻学のみの調査は、L2 習得の測定として適当であるかどうかという議論がある。L2 習得の到達度をどのような手法で調査するかは、慎重に検討されなければならない。

　第 4 の論点として、Muñoz (2008) は、移民の L2 習得は単純に到着して L2 に接触した時を起点とするのではなく、母語話者や L2 との接触が本格的に始まった時点から測定するべきとしている。上のすべての研究は移民を開始した年齢を起点として画一的に調査している点では実質的な習得開始の年齢を捉えてないかもしれない。

　第 5 の論点として、統語の習得について年齢との関係はまだ結論が出ていない。ただし、抽象的な思考が可能な思春期以降の L2 使用者が有利であるとの見解は多い。

　第 6 の論点は、直前の議論に関連して、L2 習得の臨界期について、神経言語学者（例：Lenneberg）は、言語習得の臨界期を急激な変化として論じる傾向にあるが、むしろ最近の年齢と L2 習得の研究は、発音や統語、語彙は連続的に異なる臨界期があり、社会的および心理的な要因で分析されることが多い（Muñoz & Singleton, 2011）。

　最後の論点として、(4) に関わる研究は、Muñoz & Singleton (2011, p.11) の最近の先行研究の検証でも同様に、移民地での居住期間（Length of Residence）よりは、むしろ習得開始の年齢（Age of Acquisition）の方が L2 習得の到達度との相関が強く、L2 習得の成功を判断する最も強い指標ではないかと述べている。しかし、後述するが、最近の研究では年齢以外の要素が L2 習得にもっと重要ではないかとされている。

2.3　第 2 言語の短期習得（自然習得）と年齢

　移民を対象とした年齢と長期間の L2 習得の結果に対して、短期間の L2 習得の調査結果は、臨界期仮説の反証として議論される。

　Snow & Hoefnagel-Höhle (1978) は、オランダ語を 18 か月間、自然習得した、51 人のアメリカ人（3 歳から大人まで）を調査した。発音、聴解力、形態素、訳、文章判断等が総合的に調査され、最も優れていたのは 12 歳から 15 歳までの年齢層であり、最もオランダ語の言語能力が低かったのは、3 歳から 5 歳までの年齢層だった。つまり、長期間に L2 を習得した移民を対象にした調査とは異なる結果を示した。但し、3 回目のテストでは、若年の子供たちがすべてのテストで追いついており、調査結果の解釈を複雑にしている。

　Olson & Samuels (1973) も同様に、ドイツ語を 2 週間の短期間で各年齢（20 人の小学生、20 人の中学生、20 人の大学生）を対象に調査をした。事前と事後テストの比較では、年齢の高い中学・高校生と大学生が小学生より高い点数を獲得し、臨界期仮説を支持しない結果となっている。

　Tokeshi (2005) では、自然習得の環境下における、長期間習得と短期期間について L2 習得開始年齢の先行研究を次のようにまとめた。

(1)　長期間習得においては、子供の時に習得を始めたほうが大人で始めた者より L2 習得は勝っていた。

(2)　年齢の高い L2 使用者は（言語学習の初期に於いては）習得のスピードが速く、年齢の低い L2 使用者の最終的な（長期間では）到達度は高い。

　上の研究成果について最近の研究は次の様な見解である。

　年齢の高い L2 使用者の習得が比較的に速い事象については、関連の研究 (ex. Muñoz, 2006; Torras et al, 2006) でも同様な結果が示されている。Muñoz & Singleton (2011, pp.16–17) は子供と大人の言語習得の速さと到達度に違いについて、"Children learn L2s more slowly than adults...older learners have a rate advantage, whereas younger learners have an ultimate attainment advantage" （子供は大人より L2 を遅い速度で学ぶ……年齢の高い学習者は学習速度の優位性があり、　方、年齢の低い学習者は最終的な到達度に優位性がある）と分析している。

　自然習得の環境での結果と同様に、Ellis (1994) によると、教室での限定された L2 学習の状況でも年齢の低い学習者は、年齢の高い学習者を追い越すためにかなり長い期間を要すると指摘している。この指摘は、日本で小学校英語教育を早期から始める事が、多くの学習時間を確保する点で、早期英語教育を推進する理由となる。しかし、視点を変えると限られた学習時間で、L2 学習の速さに優位性がある年齢の高い学習者（中学生や高校生）の英語教育をさらに強化すれば、時間的な効率においては有効であると言えるだろう。つまり、英語教育の最終目標を英語母語話者並みのレベルの到達を目標としているのか、英語母語話者並みでない、さらに低いレベルを目標としているのかが根本的な問いではないだろうか。

3.　社会的・心理的要素が影響する子供と大人の第 2 言語習得

　最近の研究では L2 習得の達成を生物学的な年齢が唯一かつ重要な指標と

する極端な視座ではなく、むしろ社会的かつ心理的な要因から子供と大人の
L2 習得を解明しようとする研究が主流である。

　Jia and Aaronson (2003) の調査は、5 歳から 16 歳の間に米国に移民した
10 人の中国人の子供と若者を 3 年間、長期に渡って調査した。縦断的調査
の結果から、米国到着時に 9 歳以下の移民は通学をし、L2 話者の友人が多
く、豊富な L2 環境で生活をした結果、母語より第 2 言語である英語を使用
する傾向が強くなった。一方、年齢の高い移民 (10 代後半) は、中国語話者
の友人や仲間と頻繁に接触しがちで、L2 言語との接触が限定され、母語の
中国語を保持しがちであった。この年齢による L2 習得や動機付けの差異
は、年齢という生物学的な要因でなく、各々の年齢グループを取り巻く L2
環境にあると結論付けた。

　同系統の研究で、目標言語の文化に対する態度や社会での立場が L2 習得
の年齢に影響を与える場合がある。

　Schuman (1978) は、スペイン語が母語の Albert (33 歳) を長期間調査し
た。Albert は、6 年間の自国での英語学習の後に、英語圏での仕事をしてい
た 4 か月間の英語の習得が調査された。観察結果によると、Albert の英語能
力は他の 5 人の同僚に比べて英語習得の発達が遅かった。ピジン英語[4]のよ
うな英語を多用した。Schuman によると、大人である Albert はスペイン語
文化への執着が強く、目標文化 (米国) や英語に対する否定的な態度が英語
の習得を遅らせたと結論付けた。

　つまりこの調査結果は、学ぼうとする言語や文化に対する心理的な距離
(親近感) が第 2 言語習得に重要であることを示唆している。子供は、容易
に、目標の言語や文化に同化しやすいが、大人は自己の文化や言語 (自分の
アイデンティティを保つため) に固執することが多く、言語習得の障害にな
ることがある。さらに、自分自身の文化や言語に対する強いメタ意識 (自分
の行動をコントロールする能力) を持っている大人は、自然な言語習得の障
害となる。一方、Rosansky (1975) は、子供について次の様に説明する。低
年齢の子供は、自分がしていることの認識や自我があまりなく、自己中心で
(社会や他人との関わりをあまり考えない)、柔軟な考えが可能である。メタ

意識の欠如は自然に言語を習得するのに必要な条件である。

　また、Stengal（1939, Larsen-Freeman & Long, 1991 より引用）の比喩によると、大人は、第 2 言語を学習していることをこっけいな服を着けていることと考え、批判やひやかしを心配する。一方、子供は、言語を遊びと考え、コミュニケーションを楽しむと分析する。

　しかし、Schmidt（1983, Ellis, 1997 より引用）によると、必ずしも目標文化への同化が L2 習得の成功を示すとは限らない。観察報告として、日本から来たハワイの移民、Wes（33 歳）は、Albert とは違い、現地の人々や文化にうまく同化し、流暢なコミュニケーション能力を持った。しかし、文法的な誤りがある英語が多く観察された。流暢に話す英語が必ずしも高い英語力を示すわけではない。

　さらに、Mackey & Beebe（1977）の調査報告は、自国の文化と目標言語の文化の両方を重視すべきだと主張している。この調査によると、米国のバイリンガルプログラムでキューバからの難民に、スペイン語を禁じて英語のみを教えるのではなく[5]、スペイン語やその文化も同様に教えたことが成功したと報告した。つまり、第 2 言語を学習している子供の自国文化や言語も同様に尊重することが目標言語の成功につながる。

4.　第 2 言語環境と年齢

　母語話者と生活することが L2 習得に影響を与えるとする研究がある。

　Marinova-Todd（2003）は、思春期以降に英語学習をした 18 の異なる言語を持つ 25 か国から来た 30 人を調査した。調査結果によると、30 人の被験者の内、母語話者と生活をしていた 6 人の L2 能力が最も高いことが報告された。さらにその 6 人の内、3 人が発音、語彙サイズ、文法知識、談話力、意味理解のすべての項目において母語話者並みの英語能力を発揮した。調査の示唆として、母語話者との生活により多くの言語習得の機会が増加したことが最大の要因と結論付け、思春期以降の年齢でも L2 環境により L2 習得が飛躍的に伸長することを示した。

　Muñoz & Singleton (2007) の調査も同様な結果を示した。この調査は、スペイン語もしくはカタラン語を母語とし、平均10年間の居住歴を持ち、高い年齢（平均22.5歳）で英語習得を開始した成人のL2習得の達成度を調査した。検査で最も高い英語能力を示した2人は、母語話者と生活していたことがわかった。従って、母語話者との生活が英語能力の大きな要因であると結論付けた。

　母語話者と生活することは、豊富なL2環境に浸されることになり、必然的にL2能力は向上することになる。前述した子供と大人のL2習得についても、大人の場合には、母語の人々と頻繁に接触しがちで、日々の身近な友人や学校の教師等の接触から豊富なL2環境にいた子供よりL2能力が伸びない傾向にあった。つまり、生物学的な年齢が重要な要素ではなく、それぞれの年齢層に関係した社会的状況により、より良いL2習得の環境に置かれていた事がL2習得の達成に影響を与えたと考えるべきだろう。

　さらに、子供と大人が受けるインプットの質が、L2習得の年齢に関係して、習得の成功に影響を与えると考える見方もある。Larsen-Freeman & Long (1991) によると、子供は遊びなどを通して、仲間より言語を多く得ることがある。一方、大人は自国の文化を共用する大人と過ごすことが多く、触れる目標の第2言語の量が少なくなることがある。大人は、職場などで複雑で抽象的な話題について話すことが多く、言語使用の時に文法や語彙で誤りがすることが多く、入ってくる言語のインプットが習得した言語（intake）になることがあまりない。一方、子供はまわりから分かりやすい単純な言語を与えられることが多く、その言語が習得した言語になることが多い (Krashen, 1981)。

5.　認知的要素が影響する第2言語習得の年齢

　統語（文法）の習得については、発達心理学により最適な習得の年齢が説明できる。

　Piaget (1978) の認知モデルは、文法習得の最適な年齢について示唆を与え

る。Piaget によると、感覚運動期（1か月から2歳）では、反射、本能、言語を獲得し、知覚に結びついた感情が表れる。前操作期（6歳から7歳）では、思考への活動が内在化し、初歩的社会感情、最初の道徳的感情が産まれる。具体的操作期（7歳から8歳）では、クラスや経験の基本的操作を獲得し、自立的道徳感情が出現する。形式的操作期（11歳から12歳頃）では、抽象的な考え、仮説かつ演繹的思考が可能である。つまり、Piaget のモデルによると、文法規則という抽象的な学習は、思春期である11歳から12歳以降から適当であるという事になる。

さらに、Larsen-Freeman & Long（1991）は、認知発達が言語習得の成功に強く影響しているとしている。つまり、年齢の低い子供は、すべての人間の子供が生得的に持っている言語習得装置（LAD）[6]を用い、大人は問題解決の能力を用いて抽象的な思考が可能で、文法学習に適していると説明している。

しかし、年齢とL2習得に関する認知的な説明は、社会的・心理的な要素ほど強い実証研究がある訳ではなく、今後の研究が必要である。

6. 臨界期仮説の反証となる母語話者並みの第2言語能力習得事例

年齢の高いL2使用者の中には、母語話者並みの言語レベルを達成した事例があり、臨界期仮説を論じる場合の反証となっている。

Birdsong（1999）は独自の調査で、母語話者に近いレベル（near-native level）の成人学習者は、5%から25%と幅を持たせており、その最大値では、4分の1の母語話者に近いL2学習者となり無視できる数字ではない。さらに、Moyer（2014）は、発音の習得に関しては、母語話者並みのレベルに達したL2学習者の5%から10%の割合を推測し、より厳しい数字を示している。具体的な事例を以下に示す。

Kinsella & Singleton（2014）は、英語を母語とするフランス語習得者について、母語話者並みと判定された調査報告を発表している。調査対象者の20名は、11歳以降にフランス語に触れ、集中的にフランス語を習得したの

は 20 歳以降であった。被験者 20 名の内、3 名が文法、語彙テスト、アクセント聞き取りにおいてフランス語母語話者レベルに達していると判断された。

　Abrahamsson & Hyltenstam（2008）は、成人学習者の L2 習得の成功の例として、母語話者とは区別ができない事例を用いている。彼らの調査によると、思春期以降に習得を始め、母語話者により母語並みの言語レベルと判断されたスウェーデン人 L2 使用者は、高いレベルの言語適性を持っていることが分かった。彼らの主張によると、高い年齢での L2 習得の成功には、高いレベルの言語適性が必須条件であり、高い言語適性を持っているごく少数の個人の事例が、"...does not justify a rejection of the CPH"（p.503）（臨界期仮説の否定を正当化する）訳ではないと慎重な態度を取っている。しかし、成人学習者の成功には L2 学習者の言語適性が重要であると主張している。Abrahamsson & Hyltenstam と同系統の主張で、バトラー（2015）も成人学習者の L2 習得の達人に共通するのは、文法への敏感さ、音声識別能力、記憶能力などの高い言語適性が重要であると指摘する。

7.　学校カリキュラムで学習した第 2 言語と年齢

　上述では、主に英語を中心に目標言語が使用されている環境での調査について述べた。日本の様に学校カリキュラムで英語を学習した状況で、学習開始年齢と目標言語習得を調査した研究は非常に少ない。理由としては、目標言語が使用されている環境での習得は、習得開始から測定時までの定量的な比較が困難でなく（現地学校での時間数も含めて）、さらに習得の期間が長く、「これまでの第 2 言語環境での議論では（臨界期仮説の研究）、5 〜 10 年の間、第 2 言語環境に滞在することで、習得が頭打ち（それ以上は進まない）になることを前提にしていた」（バトラー、2015, p.139）。しかし、日本の様な学校教育では、習得の到達度を測定するには、時間数が少なすぎる（大学生で約 1,200 時間の言語接触である）[7]。さらに、家庭学習や塾等での学校カリキュラム外の英語学習の要因（幼児期からの英語学習も含めて）を統制す

ることは難しい。

　下の事例は、非英語圏国の学校カリキュラムで英語を学習した子供を対象に学習を開始した年齢グループ別で到達度を本格的に調査した数少ない調査である。

　Muñoz (2006) では、スペイン国のバルセロナ地域で、スペイン語とカタロニア語を使用する英語学習者を対象に 1995 年から 2004 年まで長期に渡り行われた BAF プロジェクト (Barcelona Age Factor Project) について報告している。被験者は、英語学習時期により 8 歳開始のグループ (n=284)、11 歳開始のグループ (n=286)、14 歳開始のグループ (n=40)、18 歳以降で開始 (n=91) の 4 グループに分けられた。それぞれ測定時での総学習時間は、200 時間、416 時間、726 時間で Snow & Hoefnagel-Höhle (1978) で利用した英語テストに類似した測定項目 (ディクテーション、クローズ・テスト、聴解力、文法、ライティング、口頭談話、口頭インタビュー、発音再生、発音識別、ロールプレイ) で測定した。

　結果は、総体的に年齢の高い学習者の習得スピードが年齢の低い学習者より速かった。18 歳以降に学習開始した成人学習者らは、学習初期 (200 時間目) に最も速い習得の度合いを示したが、200 時間から 416 時間にかけて習得の速度がゆるやかになった。8 歳で学習開始した最も年齢の低い学習者グループは、年齢の高いグループに習得スピードにおいて優位に立つことはなかったが、416 時間から 726 時間にかけては急速な英語能力の伸びを示した。Muñoz は、調査の結論として年齢の低い学習者が年齢の高い学習者に追いつき、優位な達成度を発揮するには、相当な学習時間 (年齢の高い学習者よりも長く) を要すると指摘している。4 つの年齢グループで全体的に英語テストの成績が良かったのは、11 歳で学習開始したグループではあったが、測定時に受験スキルやテストを処理する認知能力が他の年齢グループより優っていたかもしれない。

　以下の日本人を対象とした第 2 言語習得と年齢の調査は、数が乏しく、検証に値する。

　Larson-Hall (2008) は、学校で週 4 時間以下の授業を受けてきた日本人大

学生を対象に、英語学習開始時期と英語習得の達成度を検証した。3 歳から
12 歳の間に英語学習を開始した低年齢開始グループ（n=61）と、12 歳以降に
始めた高年齢学習開始グループ（n=139）を対象に調査が行われた。被験者に
は文法性判断テストと、日本人には発音が困難である /ɹ/, /l/, /w/ の 3 つの音
素を聞き分けるタスクを実施した。

　まず、低年齢学習開始グループの被験者の間だけで分析が行われた。調査
の結果は、音素の聞き分けについては、低年齢学習開始グループがわずか
に、優っていた。文法適性判断テストでは、低年齢学習開始グループが優位
な結果とはならずに、負の相関しか得られなかった。特筆すべきは、文法テ
ストと音声テストでも、低年齢学習開始グループが優位に立ったのは、学習
時間が 1,500 時間から 2,000 時間であった。Larson-Hall は、アンケートで
学習背景を調査し、4 歳から 6 歳まで母語話者から指導を受けたり、塾や英
会話に通った経験を持つ学生も含まれており、通常の日本人大学生は、約
1,200 時間の英語学習時間である事から、多量の英語学習量を持っていた事
になる。調査対象学生の大学の専門分野も関係する可能性がある。いずれに
しろ、Muñoz（2006）が前述しているように、年齢の低い学習者が到達度に
ついて優位性を示すのは、相当な時間数を要するという結果を示した。

8.　年齢と第 2 言語習得研究から日本の小学校英語教育への示唆

　結論から述べると現段階の研究では、日本の小学校英語教育に示唆を与え
る強い調査結果は得られなかった。理由は、年齢の低い学習者が年齢の高い
学習者に追いつき、高い L2 到達度を示すには、相当な学習時間が必要であ
るからである。2020 年から始まった小学校の「外国語活動」と「外国語」
（文部科学省、2017a）の時間数を含めても、大学修了までに一般的に 1,350
時間ほどであり、到達度を断定するには学習時間数が不足している。さら
に、日本の様な英語学習時間が少ない EFL 環境での英語学習は成功を収め
ないと多くの専門家（eg., Muñoz & Singleton, 2011; Singleton & Pfenninger,
2019）が否定的である。例えば、Singleton & Pfenninger（2019）は、限定さ

れた L2 インプットを受ける学習環境を "drip-feed instruction"（点滴注射の教授）と揶揄し、痛烈に批判をしている。

　しかし、次の点は、小学校英語教育を推進する上で参考になるのではないかと考える。第1に、前出の Cook（2002）らが主張するように、L2 習得の到達度について母語話者を基準としないことである。しかし、日本の新学習指導要領では、学校種間（小学校、中学校、高等学校）の到達度を CEFR（Council of Europe, 2001）でのレベルで測ることが示されている。CEFR の基準では、C レベルが母語話者並みのレベルを示し、母語話者を中心とした基準であることから矛盾が生じる。

　第2に、文法指導を抽象的な思考が可能な思春期ごろまで行わないことである。この点については、文部科学省（2017a）は小学校高学年まで「日本語と英語の語順等の違いや、関連のある文や文構造のまとまりを認識」（p.130）する事により文型・文法ルールに気づかせるとしており、明示的な文法ルールの指導を避けるように説明しているので先行研究との整合性はある。

　第3に、音声習得は、早期英語学習の効果を断定するほどの強い調査結果は得られなかったが、通説であるように低年齢の英語音声の学習は効果があると考える。バトラー（2015）も指摘しているように音楽の授業を利用して英語独特の韻律（prosody）を習得したり、英語の授業でチャンツやライム、ジングルなども効果的であろう。Muñoz（2006）の BAF プロジェクトでは、低年齢開始学習者の発音能力が予想より伸びなかった理由として指導者の発音の悪さを指摘している。英語指導者の音声指導研修を充分に行わなければ、開始年齢の利点は生かせないだろう。

　第4に、L2 学習者の社会的な関わりや目標文化に対する友好的な態度が L2 学習を促進した研究成果から、小学生を英語圏文化に親しませたり、英語に触れる環境を作ることは肝要である。しかし、Mackey & Beebe（1977）の調査結果が示すように、自国の文化や言語に対する理解や尊敬も忘れるべきではなく、健全なアイデンティティの形成が重要であると言える。

　最後に、Singleton & Pfenninger（2019）は限定された外国語学習環境の解

決策として、CLIL⁸ プログラムのような集中的に英語のインプットを与えるカリキュラムを提案している。しかし、筆者の考えでは CLIL のような内容中心型のプログラムは教師の高い英語能力と充分な教材研究を必要とし、一部の英語教員を除いては、日本の小学校では困難であると考える。

9.　まとめ

　これまで、年齢と第 2 言語習得の到達度について神経言語学や移民の自然習得、学校教育での英語学習について長期間習得と短期間習得、社会的・心理的要素、認知的要素などから検証してきた。以下の結論で本章のまとめとしたい。

　これまで議論された多くの研究成果が指摘するように、L2 学習の成功は生物学的な年齢ではなく、むしろ L2 学習者が接触するコミュニティとの関わりや目標文化や言語に対しての心理的な態度（受容または拒絶）が重要であろう。研究成果では、居住の期間（Length of Residence）はさほど重要な要素でなく、どのような学習や自然習得をしたかが重要な要素である傾向があった。つまり、単に長期間英語学習をしたり、英語圏地域で単に長年居住したりするのみではなく、高い動機づけや言語使用の目的を明確に保持し、言語習得（学習）の質を高める必要がある。つまり、理解できる豊富なインプット（sufficient comprehensible input）を受容し、目標文化の理解（intercultural understanding）に基づき、自らの文化や言語の理解、アイデンティティを大切にし、母語話者や L2 熟達者との頻繁なやりとり（interaction）を通して、自らの L2 使用の誤りや不適切さを修正して（focus on form）、生涯、L2 学習を続ける（lifelong education）態度を持たなければならない。

　音声指導は臨界期仮説では、年齢の低い学習者に有利であるというのが通説だが、本章では学習時間の不足や、被験者の長期的調査の難しさ等から断定的な結論を得る事はできなかった。

　先行研究では、年齢の高い L2 学習者の完成した母語の音声体系が、L2 の音声体系の習得の阻害になったと考える傾向にあった。この捉え方は、目

標言語の習得に母語が干渉（阻害）をし、負の転移が起こると考えた対照分析（contrastive analysis）の流れを汲んでいると考える。第2言語習得研究は、L2言語学習の誤りを負の要素ではなく、L2能力の発達途中であるとするという考えが主流である。動物学者のようにある年齢で急激に言語習得や学習が低下するという極端な視座ではなく、前述のCook（2002）が述べているように、自分自身の習得開始から測定時までのL2能力の伸長を一連の習得過程として測定されるべきではないだろうか。

　最後に、年齢とL2学習の達成度の研究は、特に日本の様に英語を外国語として学習する限定された環境では、到達を判断するには学習時間が不足しており、結論を出すことは難しい。L2習得の度合いを言語的に開始年齢で判断するのは難しいが、目標文化を柔軟に受け入れる心理面や誤りを恐れずに楽しく学習する特質については、日本の早期英語教育に活路を見いだせないだろうか。さらに、通説となっている発音面の早期英語学習開始者の優位について、日本の様な限定された学校教育で連携した長期的な調査により実証がなされれば、方向性を定めた英語教育が実現できると考える。

注

1　臨界期の年齢について、思春期（12, 13歳ごろ）が主だが、Krashen（1973）は5歳頃に言語の臨界期があると述べている。

2　臨界期は、より幅広い年齢を考慮する立場の敏感期（Sensitive Period）と呼ばれる場合があるが、本章では通常、頻繁に用いられる臨界期を用いる。

3　Krashen（1982）が主張する習得に学習の弁別については、本章では習得と学習は同一と見なし、早期英語習得と早期英語学習を区別して用いない。

4　ピジン英語は、英語と現地・移民の言語が混成され、他の言語に共通の音素が使用されたり、少ない語彙、文法の変化が少ないなどの簡素化した言語が特徴である。

5　米国のバイリンガル教育は、1980年代にイングリッシュ・オンリー運動により移民や難民の言語や文化を尊重しない政策により批判された。

6　LAD（Language Acquisition Device）は、Noam Chomskyによって提唱され、人

間が生得的に備わっている母語（の文法）を習得する装置。

7　目標言語下での自然習得は、1 日に 5 時間程度の習得で計算すると 5 年間で、約 10,000 時間、10 年間で約 20,000 時間になる。一方、日本では大学一般教養で英語を受講修了した生徒は、約 1,200 時間（実質は、930 時間）の学習時間となる（計算は、小学校 5、6 年生で各々週 1 時間の 35 週（1 コマ 45 分）[52.5 時間]、中学校で週 4 時間の 35 週（1 コマ 50 分）[350 時間]、高等学校で週 5 時間の 35 週（1 コマ 50 分）[437.5 時間]、大学教養課程で 90 分 /15 週講義を 4 コマ受講 [90 時間]）。例えば、中学校は週に 4 回、1 年間で 145 時間（実質的には、50 分授業なので 116.6 時間）となる。

8　CLIL（Content and Language Integrated Learning：内容言語統合型学習）を指し、内容中心型アプローチのひとつで、英語で英語以外の科目（社会や理科など）を学習する方法で、ヨーロッパで実践や研究が多い。

参考文献

Abragansson, N &, Hytltenstam, K. (2008). The robustness of aptitude affects in near-native second language acquisition. *Studies in Second Language Acquisition, 30* (4), 481–509.

相川真佐夫 (2015)「アジアの日印欧諸国の植民地経験がない国・地域 2 台湾」大谷泰照編『国際的にみた外国語教員の養成』(pp. 43–55, 68–81) 東進堂.

愛知教育大学 (2019)『中学校教諭二種 (英語) 免許状取得のための免許法認定講習　平成30 年度事業成果報告書』
https://www.aichi-edu.ac.jp/kyo-car/kensyu/mt_files/H30houkoku.pdf (閲 覧 日：2019 年 10 月 26 日)

Anthony, J. L., & Francis, D.J. (2005). Development of phonological awareness. *Current Directions in Psychological Science, 14,* 255–259.

青木瑠里 (2016)「高校入試問題の特徴」『言語文化研究』*24,* 1–20.

青森県教育委員会 (2018)「青森県版中学校英単語集　VERSION V」
https://www.pref.aomori.lg.jp/soshiki/kyoiku/e-gakyo/aomori_JHS_eitango_version_V.html (閲覧日：2023 年 9 月 24 日)

Arnold, W., & Rixon, S. (2008). Materials for teaching English to young learners. In B. Tomlinson (Ed.), *English language learning materials: critical review* (pp.33–59). London: Continuum.

Arnold, W., & Rixon, S. (2014). Making the moves from decoding to extensive reading with young leaners: insight from research and practice around the world. In Rich, S. (Ed.) *International perspectives on teaching English to young learners* (pp.23–44). Basingstoke: Palgrave Macmillan.

アレン玉井光江 (2019)『小学校英語の文字指導　リタラシー指導の理論と実践』東京書籍.

Asher, J., & Garcia, R. (1982). The optimal age to learn a foreign language. In S. Krashen, R. Scarcella, & M. Long (Eds.), *Child-adult differences in second language acquisition.* (pp.3–12). Massachusetts: Newbury House Publishing Inc.

馬場哲生 (2009)「中学校英語検定教科書における文法項目の配列順序―問題の所在と今後の課題」『東京学芸大学紀要人文社会科学系 I』*60,* 209–220.

Bauer, L., & Nation, I.S.P. (1993). Word families. *International Journal of Lexicography, 6* (4),

253–279.

ベネッセ教育総合研究所 (2010)「第 2 回 小学校英語に関する基本調査 (教員調査)」https://berd.benesse.jp/global/research/detail1.php?id=3179(閲覧日：2019 年 10 月 12 日)

Bialystok, E. (2001). *Language, literacy, and cognition*. Cambridge: Cambridge University Press.

Birdsong, D. (1999). Whys and Why Nots of the Critical Period Hypothesis. In D. Birdsong (Ed.), *Second Language Acquisition and Critical Period Hypothesis* (pp.1–22). New Jersey: Lawrence Erlbaum.

Breen, M.P. (1998). Navigating the discourse: on what is learned in the language classroom. In W.A. Renandya & G.M. Jacobs (Eds.) *Learners and Language Learning. Anthology Series 39*, Singapore: SEAMO Regional Language Centre.

Brown, A. (1991). Functional load and the teaching of pronunciation. In A. Brown (Ed.) *Teaching English pronunciation* (pp.221–224). London: Routledge.

Brown, H. (1993). *Principals of language learning and teaching*. New Jersey: Paramount Communication Company.

Browne, C., Culligan, B. & Joseph, P. (2015). Is there a core general vocabulary? Introducing the New General Service List. *Applied Linguistics, 36* (1), 1–22.

Brumfit, C. J. (1981). Teaching the 'general students'. In K. Johnson and K. Morrow (Eds), *Communication in the Classroom: Applications and Methods for Communicative Approach* (pp.46–51). London: Longman.

Butler, Y. G. (2004). What level of English proficiency do elementary school teachers need to attain to teach EFL? Case studies from Korea, Taiwan, and Japan. *TESOL Quarterly, 38*, 2, 245–278.

バトラー後藤裕子 (2005)『日本の小学校英語を考える』三省堂.

バトラー後藤裕子 (2015)『英語学習は早いほど良いのか』岩波書店.

Cameron, L. (2001). *Teaching languages to young learners*. Cambridge: Cambridge University Press.

Carless, D. (2009). Revisiting the TBLT versus P-P-P Debate: Voices from Hong Kong. *Asian Journal of English Language Teaching, 19*, 49–66.

Celce-Murcia, M., Brinton, D.M., & Goodwin, J.M. (2010). *Teaching pronunciation: a course book and reference guide* (2nd ed.). New York: Cambridge University Press. Oxford: Oxford University Press.

Chaudron, C. (1988). *Second Language Classrooms*. Cambridge: Cambridge University Press.

Cook, V. (2002). Background to the L2 user. In V. Cook (Ed.), *Portraits of the L2 user* (pp.1–

28). Clevedon: Multilingual Matters Ltd.

Council of Europe. (2001). *The Common European Framework of Reference for Languages: Learning, teaching, assessment.* Cambridge: Cambridge University Press.

Cullen, R. (1998). Teacher talk and the classroom context. *ELT Journal, 52* (3), 179–187.

DeKeyser, R. (1998). Beyond focus on form: cognitive perspectives on learning and practicing second language grammar. In C. Doughty, & J. Williams (Eds.), *Focus on form in classroom second language acquisition* (pp.42–63). Cambridge: Cambridge University Press.

Derwing, T.M. (2018). The efficacy of pronunciation instruction. In O. Kang, R. I. Thomson, & J. M. Murphy (Eds.), *The Routledge handbook of contemporary English pronunciation* (pp.320–334). New York: Routledge.

Derwing, T.M., & Munro M.J. (2005). Second language accent and pronunciation teaching: a research-based approach. *TESOL Quarterly, 39* (3), 379–396.

Dudley-Evans, T., & St. John, M. J. (1998). *Developments in English for specific purposes.* Cambridge: Cambridge University Press.

Elder, C. (2001). Assessing the language proficiency of teachers: are there any border controls? *Language Testing, 18* (2), 149–170.

Ellis, N. (2002). Frequency effects in language acquisition: a review with implications for theories of implicit and explicit language acquisition. *Studies in Second Language Acquisition, 24* (2), 143–188.

Ellis, R. (1994). *The Study of Second Language Acquisition.* Oxford: Oxford University Press.

Ellis, R. (1997). *Second Language Acquisition.* Oxford: Oxford University Press.

Ellis, R. (2003). *Task-based language learning and teaching.* Oxford: Oxford University Press.

Ellis, R. (2008). *The study of second language acquisition* (2nd ed.). Oxford: Oxford University Press.

Ellis, R. (2009). Investigating learning difficulty in terms of implicit and explicit knowledge. In R.Ellis, S. Loewen, C. Elder, R. Erlam, J. Philip, & H. Reinders (Eds.) *Implicit and explicit knowledge in second language learning, testing and teaching* (pp.143–166). Bristol: Multilingual Matters.

Ellis, R. (2017). Language teaching materials as work plans: An SLA perspective. In B. Tomlinson (Ed.), *SLA research and materials development for language learning* (pp.203–218). New York: Routledge.

Eskildsen, S.W. (2009). Constructing another language-used-based linguistics in second language acquisition. *Applied Linguistics, 30,* 335–337.

Flege, J. (1999). Age of Learning and Second Language Speech. In D. Birdsongs (Ed.), *Second Language Acquisition and Critical Period Hypothesis* (pp. 101–132). New Jersey: Lawrence Erlbaum.

Freeman, D., Katz, A., Drean, L. L, Burns, A., & King, S. (2016). *Global implementation report.* http://www.elteach.com/ELTeach/media/Documents/ELTeach_Global-Implementation Report-2016_web.pdf (閲覧日：2021 年 9 月 2 日)

Genesee, F. (1998). Neurolinguistic perspective. In L. Beebe (Ed.), *Issues in Second Language Acquisition* (pp.97–108). New York: Newbury House.

Gilbert, J. (2012). *Clear Speech* (4th ed.). New York: Cambridge University Press.

Gilbert, J. (2014). Intonation is hard to teach. In L. Grant (Ed.), *Pronunciation Myths* (pp.107–136). Ann Arbor: University of Michigan.

Gillon, G. T. (2018). *Phonological awareness: from research to practice* (2nd ed.). New York: the Guilford Press.

Grant, L. (2010). *Well Said* (3rd ed.). Boston: Heinle Cengage Learning.

Grant, L. (2014). *Pronunciation Myths*. Ann Arbor: University of Michigan.

Gu, L., & Papageorgiou, S. (2016). Exploring the relationship among teacher confidence, learning and test performance with the English for teaching course. *ETS*, 1–12.

Hammond, J, & Gibbons, P. (2005). Putting scaffolding to work: the contribution of scaffolding in articulating ESL education. *Prospect, 20*, 6–30.

畑江美佳 (2017)「小学校外国語教科化に伴う「読む」指導の在り方―『適期』に『適切』な指導を―」『鳴門教育大学小学校英語教育センター紀要』*8* 号, 15–24.

畑江美佳・大川陽子・太田淳二・岡山脩・深見好展・藤原正侑子・矢野由紀子・吉廣郁美・長野仁志・大宮佳世子・永井まさみ (2014a)「高学年児童に合った「英語絵本」の活用法―The Very Hungry Caterpillar の授業実践を通して―」『鳴門教育大学授業実践研究』*13* 号, 53–62.

畑江美佳・長倉若・島田祥子・段本みのり (2014b)「「読み書き」能力の素地作りのために小学校からできること―Phonemic Awareness を促す外国語活動の実践―」『鳴門教育大学小学校英語教育センター紀要』*5* 号, 11–20.

畑江美佳・段本みのり (2016)「外国語活動におけるサイトワード・リーディングの試み」『小学校英語教育学会誌』*16* 号, 34–49.

畑江美佳・段本みのり (2017)「小学校におけるアルファベット指導の再考―文字認知を高めるデジタル教材の開発と実践―」『小学校英語教育学会誌』*17* 号, 20–35.

畑江美佳・福池美佐・藤滝香織 (2018)「中学校 1 年生における英語の速読・多読の実践―

小学校で培った英語の基礎を中学校で伸ばすために─」『鳴門教育大学小学校英語教育センター紀要』9号, 15–24.

原めぐみ (2016)「参与観察に基づく小学校外国語活動におけるティーム・ティーチングの実態調査：学級担任と日本人英語教育指導助手の場合」『研究論集』*103*, 109–118.

Heritage, J. (1997). Conversational analysis and institutional talk: analyzing data. In D. Silverman (Ed.) *Qualitative research, theory, method and practice* (pp.222–245). London: Sage Publications.

Hess, E. H. (1973). *Imprinting*. New York: Van Nostrand Reinhold Company.

本田勝久・星加真美・田所貴大・染谷藤重 (2019)「東アジア諸国における小学校英語の教科書分析」『日本児童英語教育学会研究紀要』*38*, 77–91.

Hoshino, Y. (2020). Vocabulary range and characteristics of words appearing in elementary school English textbooks in Japan. *ARELE, 31*, 49–64.

星野由子・清水遥 (2019)「小学校外国語・外国語活動に扱われるカタカナ語─日本語を英語の語義の比較分析を通して─」『小学校英語教育学会誌』19号, 117–129.

板垣信哉 (2017)「小中高等学校の英語教育の接続─定型表現依存型運用能力から文法規則依存型運用能力へ─」『宮城教育大学外国語研究論集』*9*, 21–31.

板垣信哉・鈴木渉 (2011)「英語コミュニケーション能力の「素地」と「基礎」─第二言語習得の熟達化理論に基づいて」『小学校英語教育学会紀要』*11*, 19–24.

板垣信哉・鈴木渉 (2015)「小学校外国語活動と中学校外国語教育の接続─言語知識と記憶理論の観点」『小学校英語教育学会紀要』*15*, 68–82.

猪井新一 (2009)「英語活動に関する小学校教員の意識調査」『茨城大学教育実践研究』*28*: 49–63.

伊藤弥香 (2011)「小学校英語教員の養成・研修」石田雅近・神保尚武・久村研編『英語教育学体系─英語教師の成長』(pp.64–72), 大修館書店.

伊藤弥香・河内山明子・神保尚武・高梨庸雄 (2011)「21世紀の日本の英語教育政策」石田雅近・神保尚武・久村研編『英語教育学体系─英語教師の成長』(pp. 4–10), 大修館書店.

泉恵美子 (2019)「小学校英語指導者養成における課題と展望─コア・カリキュラムを踏まえて」『教職キャリア高度化センター教育実践研究紀要』第 *1* 号, 11–20.

Jenkins, J. (2000). *The phonology of English as an international language*. Oxford: Oxford University Press.

Jia, G., & Aaronson, D. (2003). A longitudinal study of Chinese children and adolescents learning English in the United States. *Applied Psycholinguistics, 24* (1), 131–161.

Johnson, J., & Newport, E. (1989). Critical period effects in second language learning. *Cognitive Psychology*. In H. Brown, & S. Gonzo (Eds.), *Readings on second language acquisition*. New Jersey: Prentice Hall Regents.

Johnson, K.E. (1995). *Understanding communication in second language classrooms*. Cambridge: Cambridge University Press.

河合千尋・信田清志 (2019)「着実な指導改善につながる教員研修の構成要素」全国英語教育学会　第 35 回青森研究大会口頭発表 (8 月 17 日).

門田修平 (2006)『第二言語理解の認知メカニズム』くろしお出版.

Kang, O., Thomson, R.I, & Murphy, J.M. (2018). *The Routledge handbook of contemporary English pronunciation*. New York: Routledge.

兼重登 (2007)「第 4 章 指導者と指導形態、よりよいティーム・ティーチングの進め方」岡秀夫・金森強編『小学校英語教育の進め方―「ことばの教育」として―』(pp.114–124), 成美堂.

川又正之 (2012)「学習指導要領における語彙の取扱いについての考察」『敬和学園大学研究紀要』*21* 号, 103–118.

Kern, R. & Warschauer, M. (2000). Introduction: Theory and practice of network-based language teaching. In M. Warschauer & R. Kern (Eds.), *Network-based Language Teaching: Concepts and Practice* (pp.1–19). Cambridge: Cambridge University Press.

Kersten, S. (2015). Language development in young learners: the role of formulaic language. In Bland. J. (Ed.) *Teaching English to young learners* (pp.129–146). London: Bloomsbury.

木原美樹子 (2018)「小学校英語教育における絵本の活用について―絵本の選び方を中心に―」『中村学園大学・中村学園大学短期大学部研究紀要』*50* 号, 55–62.

Kinsella, C., & Singleton, D. (2014). Much more than age. *Applied Linguistics*, *35* (4), 441–462.

小林美代子・宮本弦 (2007)「小学校における英語指導の課題と研修」『早期英語教育の指導者養成及び研修の実態と将来像に関する総合的研究 (科学研究費基盤研究 (B) 平成 18 年度研究報告書)』37–86.

小林美代子・森谷浩士 (2010)「小学校英語活動指導に必要な英語力とは？」『小学校英語教育学会紀要』*10* 巻, 19–24.

河内山真理・有本準・中西のりこ (2013)「教職課程における英語指導の位置づけ」『Language Education & Technology』*50*, 119–130.

河内山真理・有本準 (2016)「教員研修における発音指導に対する教員の意識」『教育総合研究所叢書』*9*, 155–163.

河内山真理・有本準 (2018)「中学校英語の教授用資料における発音表記の実態調査」『教

育総合研究叢書』*11*, 57–65.

河内山真理・有本準（2019）「教職課程履修者の発音記号に対する認識と定着度」『教育総合研究所叢書』*12*, 89–99.

Krashen, S. (1973). Lateralization, language learning and the critical period: some new evidence. *Language Learning, 23*, 63–74.

Krashen, S. (1981). *Second Language Acquisition and Second Language learning*. Exeter: Pergamon.

Krashen, S. (1982). *Principle and practice in second language acquisition*. Oxford: Pergamon.

Krashen, S. (1985). *The input hypothesis: issues and implications*. London: Longman.

黒田真由美（2007）「小学校英語におけるティーム・ティーチングの変容」『京都大学大学院教育学研究科紀要』*53*, 194–205.

Larsen-Freeman, D., & Long, M. (1991). *An introduction to second language acquisition*. New York: Longman.

Larsen-Freeman, D., & Anderson, M. (2011). *Techniques & principles in language teaching* (3rd edition). Oxford: Oxford University Press.

Larson-Hall, J. (2008). Weighing the benefits of studying a foreign language at a younger starting age in a minimal input situation. *Second Language Research, 24* (1), 35–63.

Laufer, B. (1997). What's in a word that makes it hard or easy: some intralexical factors that affect the learning of words. In Schmitt, N., & McCarthy, M. (Eds.), *Vocabulary: Description, acquisition, and pedagogy* (pp.140–155). Cambridge: Cambridge University Press.

Laufer, B., & Ravenhorst-Kalovski, G.C. (2010). Lexical threshold revised: Lexical text coverage, learner's vocabulary size and reading comprehension. *Reading in a Foreign Language, 22*, 15–30.

Lenneberg, E. (1967). *Biological foundations of language*. New York: John Wiley.

Levis, J.M. (2005). Changing contexts and shifting paradigms in pronunciation teaching. *TESOL Quarterly, 39* (3), 369–378.

Levis, J.M. (2018). Intelligibility, oral communication, and the teaching of pronunciation. Cambridge: Cambridge University Press.

Lightbown, P.S., & Spada, N. (1993). *How languages are learned*. Oxford: Oxford University Press.

Lightbown, P.S., & Spada, N. (2013). *How languages are learned* (4th ed.). Oxford: Oxford University Press.

Littlewood, W. (2007). Communicative and task-based language teaching in East Asian classrooms. *Language testing, 40*, 243–249.

Long, M. (1983). Linguistic and conversational adjustments to non-native spears. *Studies in Second Language Acquisition, 5*, 177–193.

Long, M. (1990). Maturational constraints on language development. *Studies in second language acquisition, 12*, 251–286.

Long, M.H., & Sato, C.J. (1983). Classroom foreigner talk discourse: forms and functions of teachers' questions. In H.W. Seliger & M.H. Long (Eds.) *Classroom-oriented research in second language acquisition* (pp.268–285). Rowley, MA: Newbury House.

Lyster, R., & Ranta, L. (1997). Corrective feedback and learning uptake. *Studies in Second Language Acquisition 19*, 37–66.

Mackey, W., & Beebe, V. (1977). *Bilingual schools for a bicultural community*. Massachusetts: Newbury House Publishing Inc.

Machida, T. (2016). Japanese elementary school teachers and English language anxiety. *TESOL Journal, 7*, 40–66.

町田智久 (2017)「ELTeach を活用した取り組み」『英語教育』*66* (10), 34–35.

町田智久・高橋規子・黒川美喜子 (2017)「ティーム・ティーチングを生かした学級担任の基礎的英語力向上の取組み」『小学校英語教育学会誌』*17* 巻, 102–117.

Marinova-Todd, S. H. (2003). Know your grammar: What the knowledge of syntax and morphology in an L2 reveals about the critical period for second/foreign language acquisition. In M. P. Garcia Mayo, & L. Garcia (Eds.), *Age and the acquisition of English as a foreign language: Theoretical issues and field work* (pp.59–73). Clevedon: Multilingual Matters.

俣野知里 (2017)「学級担任の英語力向上を図る校内研修の検討」『鳴門教育大学小学校英語教育センター紀要』第 *8* 号, 35–44.

松浪有・池上嘉彦・今井邦彦 (1983)『大修館英語学事典』大修館書店.

McKay, P. (2006). *Assessing young language learners*. Cambridge. Cambridge University Press.

McLaughlin, B. (1987). *Theories of Second Language Learning*. London: Edward Arnold.

望月正道 (2008)「「語彙力」とは何か」『ENGLISH TEACHING NOW』, *Vol.11*, 2–5.

文部科学省 (2003)『英語が使える日本人の育成行動計画』
　　　http://www.mext.go.jp/b_menu/shingi/chukyo/chukyo3/015/siryo/attach/1394064.htm
　　　(閲覧日：2019 年 10 月 19 日)

文部科学省 (2005a)『韓国における小学校英語教育の現状と課題』

　　　http://www.mext.go.jp/b_menu/shingi/chukyo/chukyo3/015/siryo/attach/__icsFiles/afiel
　　　dfile/2018/01/23/1400650_001.pdf（閲覧日：2019 年 10 月 22 日）

文部科学省（2005b）『中国における小学校英語教育の現状と課題』
　　　http://www.mext.go.jp/b_menu/shingi/chukyo/chukyo3/015/siryo/attach/__icsFiles/afiel
　　　dfile/2018/01/23/1400663_001.pdf（閲覧日：2019 年 10 月 22 日）

文部科学省（2005c）『台湾における小学校英語教育の現状と課題』
　　　http://www.mext.go.jp/b_menu/shingi/chukyo/chukyo3/015/siryo/attach/__icsFiles/afiel
　　　dfile/2018/02/21/1400673_001.pdf（閲覧日：2019 年 10 月 22 日）

文部科学省（2008a）『英語ノート指導資料第 5 学年（試作版）』

文部科学省（2008b）『英語ノート指導資料第 6 学年（試作版）』

文部科学省（2013）『グローバル化に対応した英語教育改革実施計画』
　　　http://www.mext.go.jp/a_menu/kokusai/gaikokugo/__icsFiles/afieldf
　　　ile/2014/01/31/1343704_01.pdf（閲覧日：2019 年 10 月 12 日）

文部科学省（2014）『今後の英語教育の改善・充実方策について報告～グローバル化に対応
　　　した英語教育改革の 5 つの提言～』
　　　http://www.mext.go.jp/b_menu/shingi/chousa/shotou/102/houkoku/attach/1352464.
　　　htm（閲覧日：2022 年 3 月 25 日）

文部科学省（2015a）『平成 26 年度小学校外国語活動実施状況調査の結果（概要）』
　　　https://www.mext.go.jp/component/a_menu/education/detail/__icsFiles/afieldf
　　　ile/2015/09/24/1362168_01.pdf（閲覧日：2021 年 8 月 17 日）

文部科学省（2015b）『小学校英語の現状・成果・課題について』
　　　http://www.mext.go.jp/b_menu/shingi/chukyo/chukyo3/053/siryo/__icsFiles/afieldf
　　　ile/2015/05/25/1358061_03_04.pdf（閲覧日：2019 年 10 月 12 日）

文部科学省（2017a）「小学校学習指導要領解説」

文部科学省（2017b）「中学校学習指導要領解説」

文部科学省（2017c）『小学校外国語活動・外国語研修ガイドブック』

文部科学省（2017d）『We Can! 1 指導書』

文部科学省（2017e）『We Can! 2 指導書』

文部科学省（2018a）『平成 30 年度 小学校等における英語教育実施状況調査』
　　　http://www.mext.go.jp/component/a_menu/education/detail/__icsFiles/afieldf
　　　ile/2019/04/17/1415043_07_1.pdf（閲覧日：2019 年 9 月 5 日）

文部科学省（2018b）『平成 30 年度 中学校等における英語教育実施状況調査』
　　　http://www.mext.go.jp/component/a_menu/education/detail/__icsFiles/afieldf

ile/2019/04/17/1415043_08_1.pdf（閲覧日：2019 年 9 月 5 日）

文部科学省（2018c）『平成 30 年度 高等学校等における英語教育実施状況調査』
  http://www.mext.go.jp/component/a_menu/education/detail/__icsFiles/afieldf
  ile/2019/04/17/1415043_09_1.pdf（閲覧日：2019 年 9 月 5 日）

文部科学省（2018d）*In the Autumn Forest.*

Moyer, A.（2004）. *Age, accent and experience in second language acquisition. An Integrated approach to critical period inquiry.* Clevedon: Multilingual Matters.

Moyer, A.（2014）. Exceptional outcomes in L2 phonology: The Critical factors of learner engagement and self-regulation. *Applied Linguistics, 35* (4), 418–440.

Muñoz, C.（2006）. The Effects of Age on Foreign Language Learning: The BAF Project. In C. Muñoz（Ed.）, *Age and the rate of foreign language learning* (pp. 1–40). Clevedon: Multilingual Matters,

Muñoz, C.（2008）. Symmetries and asymmetries of age effects in naturalistic and instructed L2 learning. *Applied Linguistics, 24* (4), 578–596.

Muñoz, C., & Singleton, D.（2007）. Foreign accent in advanced learners: two successful profiles. *The EUROSLA Yearbook, 7,* 171–190.

Muñoz, C., & Singleton, D.（2011）. A critical review of age-related research on L2 ultimate attainment. *Language Teaching, 44* (1), 1–35.

村端五郎・村端佳子（2020）「用法基盤モデルの言語習得観に基づいた小学校英語の展開」『小学校英語教育学会誌』*20,* 148–163.

Murphy, J.M.（2014）. Training programs provide adequate preparation. In L. Grant（Ed.）, *Pronunciation Myths* (pp.188–224). Ann Arbor: University of Michigan.

中條清美・西垣知佳子・西岡菜穂子・山﨑淳史・白井篤義（2006）「小学校英語活動用テキストの語彙」『日本大学生産工学部研究報告 B』*39,* 79–109.

Nassaji, H.（2004）. Current developments in research on the teaching of grammar. *Annual review of applied linguistics, 24,* 126–145.

Nassaji, H., & Fotos, S.（2011）. *Teaching grammar in second language classrooms: integrating form-focused instruction in communicative context.* New York: Routledge.

Nation. I.S.P.（2001）*Learning vocabulary in another language.* Cambridge: Cambridge University Press.

Nation, I.S.P.（2006）. How large a vocabulary is needed for reading and listening? *The Canadian Modern Language Review, 63,* 59–82.

Nation, I.S.P.（2013）. *Learning vocabulary in another language* (2nd ed.). Cambridge: Cambridge

University Press.

Nation, I.S.P. (2016). *Making and using word lists for language learning and testing*. Amsterdam: John Benjamins.

Nation, I.S.P., & Waring, R. (1997). Vocabulary size, text coverage and word lists. In Schmitt, N., & McCarthy, M. (Eds.), *Vocabulary: Description, acquisition, and pedagogy* (pp.6–14). Cambridge: Cambridge University Press.

National Early Literacy Panel. (2008). Developing early literacy: Report of the national early literacy panel. Washington DC: National Institute for literacy. https://www.nichd.nih.gov/sites/default/files/publications/pubs/documents/NELPReport09.pdf (閲覧日：2021 年 8 月 18 日)

New General Service List. https://www.eapfoundation.com/vocab/general/ngsl/ (閲覧日：2023 年 9 月 18 日)

日本音声学会 (2017)「指導要領に定める英語音声教育実現のための提言：「音声に関する科目の履修を英語の教育職員免許状取得の必須条件とすること」」http://www.psj.gr.jp/jpn/wp-content/up loads/2017/06/20170525.pdf (閲覧日：2023 年 3 月 16 日)

Nunan, D. (1987). Communicative language teaching: making it work. *ELT Journal, 41* (2), 136–145.

小川隆夫 (2017)「ALT 等とのティーム・ティーチングによる指導の在り方」吉田健作編『小学校英語ではじめる教科書』(pp.58–65)、mpi 松香フォニックス.

岡野恵 (2017)「中国の英語教育における到達目標と学習ストラテジーの育成―英語統一試験と英語課程基準の果たす役割―」『大正大学紀要』*102* 号, 246–262.

Olson, L., & Samuels, J. (1973). The relationship between age and accuracy of foreign language pronunciation. *The Journal of Educational Research, 66* (6), 263–268.

大井恭子・笹島茂 (2005)「韓国小学校英語教育からの示唆」『小学校英語教育学会紀要』*5* 巻, 37–42.

大谷泰照 (2015)『国際的にみた外国語教員の養成』東信堂.

大塚清高 (2020). Turn-taking organization of Japanese elementary school lessons from a conversation analytic perspective.『国際日本学研究論集』*11* 号, 1–21.

Oyama, S. (1976). A sensitive period for the acquisition of a nonnative phonological system. In S. Krashen, R. Scarcella, & M. Long. (Eds.), *Child-adult differences in second language acquisition* (pp.20–38). Massachusetts: Newbury House Publishing.

Oyama, S. (1978). The sensitive period and comprehension of speech. In S. Krashen, R.

Scarcella, & M. Long (Eds.), *Child-adult differences in second language acquisition.* Massachusetts: Newbury House Publishing.

Patkowsky, M. (1980). The sensitive period for the acquisition of syntax in a second language. *Language Learning, 30* (2), 449–468.

Penfield, W., & Roberts, L. (1959). *Speech and brain mechanism.* New York: Atheneum Press.

Pennington, M. C., & Rogerson-Revell, P. (2019). *English pronunciation teaching and research: contemporary perspectives.* London: Palgrave.

Piaget, J. (1978). *The development of thought: equilibration of cognitive structures.* Oxford: Blackwell.

Pica, T., Young, R., & Doughty, C. (1987). The impact of interaction on comprehension. *TESOL Quarterly, 21* (4), 737–756.

Puranik,C.S.,& Lonigan, C.J. (2011). From scribbles to scrabbles: preschool children's developing knowledge of written language. *Reading and Writing, 24* (5), 567–589.

Rixon, S. (2013). British Council survey of policy and practice in primary English language teaching worldwide. London: British Council Publications.

Rosansky, E. (1975). The critical period for the acquisition of language: some cognitive considerations. *Working Papers On Bilingualism, 6,* 92–102.

佐藤剛 (2021a)「小学生のための受容語彙リストの開発―検定教科書から小学生共通の重要語彙を選定する―」『日本児童英語教育学会研究紀要』21 巻, 54–69.

佐藤剛 (2021b)『小学生のための重要語リスト 1,000』弘前大学教育学部.

佐藤剛・伊藤こころ・内海里菜・大嶋梨里香・佐藤ゆき・瀧本遙陽・竹谷もも香・村木歩乃佳 (2022)「中学校英語検定教科書の語彙的分析―小中連携した英語教育の目指して―」『弘前大学教育学部紀要』第 128 号, 65–74.

Schmidt, R.W. (1990). The role of consciousness in second language learning. *Applied linguistics, 11* (2), 129–158.

Schmitt, N. (2008). Review article: Instructed second language vocabulary learning. *Language Teaching Research, 12,* 329–363.

Schmitt, N. (2010). *Researching vocabulary: a vocabulary research manual.* Basingstoke: Palgrave McMillan.

Schmitt, N. (2019). Understanding vocabulary acquisition, instruction, and assessment: a research agenda. *Language Teaching, 52,* 261–274.

Schmitt, N., & Schmitt, D. (2014). A reassessment of frequency and vocabulary size in L2 vocabulary teaching. *Language Teaching, 47* (4), 484–503.

Schmitt, N., & Schmitt, D. (2020). *Vocabulary in language teaching,* (2nd ed.). Cambridge: Cambridge University Press.

Schumann, J. (1978). *The Piginization Process.* Rowley, Massachusetts: Newbury House Publishing.

Seedhouse, P. (2004). *The interactional architecture of the language classroom: a conversation analysis perspective.* Oxford, England: Blackwell.

Seliger, H., Krashen, S., & Ladefoged, P. (1975). Maturational Constraints in the acquisition of second language. In S. Krashen, R. Scarcella, & M. Long (Eds.), *Child-adult differences in second language acquisition* (pp.13–19). Massachusetts: Newbury House Publishing.

Sešek, U. (2007). English for teachers of EFL—toward a holistic description. *English for Specific Purposes, 26*, 411–425.

Shino, A. (2020). Effective use of scaffolding in English lessons in a Japanese primary school: a classroom DA approach.『早稲田大学大学院教育学研究科紀要』27(2), 239–251.

白畑知彦(1994)「年齢と第2言語習得」小池生夫編『第2言語習得研究に基づく最新の英語教育』(pp. 147–166) 大修館書店.

白畑知彦(2018)「外国語の文法学習における明示的学習・指導の役割を考える」『静岡大学教育学部研究報告・教科教育学篇』50, 169–184.

Sinclair, F., & Coulthard, M. (1975). *Towards an analysis of discourse.* Oxford: Oxford University Press.

Singleton, D., & Pfenninger, E. (2019). The age debate. In S. Garton, & F. Copland (Eds.), *The Routledge Handbook of Teaching English to Young Learners.* Oxon: Routledge LTD.

Skehan, P. (1998). *A cognitive approach to language learning.* Oxford: Oxford University Press.

Snow & Hoefnagel-Höhle. (1978). The critical period for language acquisition: evidence from second language learning. In S. Krashen, R. Scarcella, & M. Long. (Eds.), *Second language acquisition.* Rowley, MA: Newbury House Publishing.

Sugimoto, J., & Uchida, Y. (2016). A variety of English accents used in teaching materials targeting Japanese learners. *Proceedings of ISAPh2016: Diversity in applied linguistics*, 43–47.

杉本淳子・内田洋子(2020)「英語教員養成における音声学教育―日本人英語教員のための「教職音声学」試案―」『音声研究』第24巻, 22–35.

田口達也・小川知恵(2013)「小学校外国語活動における望ましい教員の英語力」『英語力向上に向けた愛知教育大学の挑戦』愛知教育大学, 83–97.

竹林滋・斉藤弘子(1998)『英語音声学入門』大修館書店.

竹内真生子 (2012)『日本人のための英語発音完全教本』アスク出版.

Tokeshi, M. (2005). The Optimal Age for Learning English as a Second Language and Its Implications for English Education in Japan.『名桜大学総合研究所』*No.7*, 15–34.

渡慶次正則 (2015)「2012 年採択の中学校英語検定教科書における文法・文型の配列と提示形式の検証」『Southern Review』*29*, 71–85.

渡慶次正則 (2020a)「英語教員に求められる英語スピーキング能力と英語使用自信度の検証」『環太平洋地域文化研究所』*No.1*, 37–47.

渡慶次正則 (2020b)「小学校英語教育における教員研修と教員養成、指導力・英語力―小学校英語コア・カリキュラムを中心に―」『名桜大学紀要』*No. 25*, 75–83.

渡慶次正則 (2020c)「英語教員養成課程学生の教室英語・teacher talk・音読能力育成プログラムの成果と課題の事例研究」『沖縄英語教育学会紀要』*No.17*, 1–27.

渡慶次正則 (2021a)「小学校英語教材・教科書の分析と理論的枠組の検証」『環太平洋地域文化』*No.2*, 227–234.

渡慶次正則 (2021b)「小学校英語教科書「We Can！1」「We Can！2」の文型出現頻度と題材について」『名桜大学紀要』*No.26*, 35–46.

渡慶次正則 (2022a)「小学校「外国語」検定教科書の分析と指導について―表現・文型、文法規則、発音の明示的提示を中心に―」『沖縄英語教育学会紀要』*No.18*, 59–91.

渡慶次正則 (2022b)「小学校英語検定教科書分析を通して検証する中学校との乖離と示唆―文字指導、単語指導を中心に―」『沖縄英語教育学会紀要』*No.18*, 93–121.

渡慶次正則 (2023a)「小学校英語授業における教師発話や turn-taking、教師の役割の調査」『沖縄英語教育学会紀要』*No.19*, 30 頁.

渡慶次正則 (2023b)「文法的特徴、言語知識と言語処理から検証する小学校と中学校の英文法指導の接続」『環太平洋地域文化研究』*No.4*, 79–90.

渡慶次正則・Norman Fewell・津嘉山淳子・Meghan Kuckelman (2017)「スカイプ・オンライン英会話の授業外利用の効果と課題、動機づけ―M 大学英語専門中級レベル学生の事例―」『名桜大学総合研究』*No.26*, 9–20.

東京学芸大学 (2017)『英語教員の英語力・指導力強化のための調査研究事業　平成 28 年度報告書』

Tolchinsky, L. (2003). *The cradle of culture and what children know about writing and numbers before being taught*. Mahwah, NJ: Lawrence.

Tomlinson, B. (2015).Developing principled materials for young learners. In J. Bland (Ed.), *Teaching English to young learners: Critical issues in language teaching with 3–12 years old* (pp.279–293). London: Bloomsbury.

Tomlinson, B. (2017). Achieving a match between SLA theory and materials. In B. Tomlinson (Ed.), *SLA research and materials development for language learning* (pp.3–22). New York: Routledge.

投野由紀夫・根岸雅史 (2020) CEFR-J Grammar Profile. http://www.cefr-j.org/PDF/sympo2020/CEFRJGP_TEACHERS.pdf#back (閲覧日：2021 年 10 月 10 日)

Torras, M. R, T. Naves, M. L. Celaya, & C. Perez-Vidal. (2006). Age and IL development in writing. In C. Muñoz (Ed.), *Age and the rate of foreign language learning* (pp.156–182). Clevedon: Multilingual Matters.

Uchida, Y., & Sugimoto, J. (2019). Non-native English teacher's confidence in their own pronunciation and attitudes towards teaching: a questionnaire survey in Japan. *International Journal of Applied Linguistics*, 1–16.

Uchida, Y., & Sugimoto, J. (2020). Pronunciation goals of Japanese English teachers in the EFL classroom: ambivalence toward native-like and intelligible pronunciation. *The Language Teacher, 44* (1), 3–9.

内田洋子・杉本淳子 (2020)『英語教師のための音声指導 Q&A』研究社.

内野駿介 (2019)「小学 5, 6 年生の文法知識―文法性判断課題、メタ言語知識課題の結果から―」『小学校英語教育学会誌』*19*, 162–177.

Ullman, M. (2001). The neurocognitive perspectives on language: The declarative/procedural model. *Nueroscience, 2*, 717–726.

van Lier, L. (1988). The classroom and the language learner. New York: Longman.

Vygotsky, L.S. (1978). *Mind in society: the development of higher psychological processes*. Cambridge,MA: MIT.

Walsh, S. (2006). *Investigating classroom discourse*. London: Routledge.

Walsh, S. (2013). *Classroom discourse and teacher development*. Edinburgh, Scotland: Edinburgh University Press.

Wood, D., Bruner, J. S., & Ross, G. (1976). The role of tutoring in problem solving. *Journal of Child Psychology and Psychiatry, 17*, 89–100.

山森直人 (2007)「英語授業において教師が使用する英語の教育的機能―教室英語の分析枠組み（FORCE）の構想の試み―」『鳴門教育大学研究紀要』*22*, 161–174.

山森直人 (2011)「外国語活動における教師の英語使用に関する実態調査」『鳴門教育大学小学校英語教育センター紀要』第 2 号, 9–18.

山森直人 (2012)「英語科教員養成課程における教室英語力育成のための実践的試み」『全

236

国英語教育学会紀要』*23*, 373–388.

山森直人 (2013)「外国語活動に求められる教師の教室英語力の枠組みと教員研修プログラムの開発：理論と現状をふまえて」『小学校英語教育学会誌』*13*, 195–210.

山本元子 (2015)「アジアの日印欧諸国の植民地経験がない国・地域 1 韓国」大谷泰照編『国際的にみた外国語教員の養成』(pp. 30–42), 東進堂.

米山朝二 (2003)『英語教育指導法辞典』研究社.

萬谷隆一 (2019)「小学校英語における担任教師・専任教師についての教師の意識調査」『北海道教育大学紀要 教育科学編』*70* 巻 (1), 165–174.

Willis, J. (1981). *Teaching English through English*. London: Longman.

初出一覧

本著は、以下の学術論文に依拠しました。

第 1 章
渡慶次正則（2022）「小学校「外国語」検定教科書の分析と指導について―表現・文型、文法規則、発音の明示的提示を中心に―」『沖縄英語教育学会紀要』No.18, 59–91.

第 2 章
渡慶次正則（2022）「小学校英語検定教科書分析を通して検証する中学校との乖離と示唆―文字指導、単語指導を中心に―」『沖縄英語教育学会紀要』No.18, 93–121.

第 3 章
渡慶次正則（2023）「小学校英語授業における教師発話や turn-taking、教師の役割の調査」『沖縄英語教育学会紀要』No.19, 1–31.

第 4 章
渡慶次正則（2024）「英語教員養成課程における英語発音の分節的・超分節的知識と技能、態度の調査」『沖縄英語教育学会紀要』No.21, 1–30.

第 5 章
渡慶次正則（2023）「文法的特徴、言語知識と言語処理から検証する小学校と中学校の英文法指導の接続」『環太平洋地域文化研究』No.4, 79–90.

第 6 章
渡慶次正則（2024）「小学校 5 学年・6 学年と中学校 1 学年の単語指導の接続について―検定教科書分析を中心に―」『環太平洋地域文化研究』No.5, 99–107.

第 7 章
渡慶次正則（2020）「小学校英語教育における教員研修と教員養成、指導力・

英語力―小学校英語コア・カリキュラムを中心に―」『名桜大学紀要』
　No.25, 75–83.
第 8 章[*]
渡慶次正則・タンエンハイ・玉城本生・天願健・Norman Fewell（2022）「オ
　ンライン小学校現職教員研修による「一般英会話」能力と「教室英語」の
　包括的育成」『環太平洋地域文化研究』No.3, 23–34.
第 9 章
渡慶次正則（2019）「年齢と第 2 言語習得到達度の複眼的な再検証」『沖縄英
　語教育学会紀要』No.16, 23–45.

[*]共著者から本書籍の出版の承諾を得ている。執筆の分担は「要旨」の部分
を除いては、すべて著者が執筆したものである。

謝　辞

　本著の出版にあたり、これまでの執筆、編集作業をふり返り、関係者の方々に謝辞を述べます。

　私は、過去に公立中学校の英語教員を 19 年間務め、小学校英語教育については現職の英語教員養成課程の科目担当を通して概要を知るのみでした。唯一、2000 年初期に University of Wollongong 博士課程（オーストラリア）在籍中に、臨界期仮説と小学校英語教育（本著 9 章に一部を収録）について課題レポートを執筆した程度であったと認識しています。しかし、科研費助成事業「談話と理解度を中心とした小学校英語教員のオンラインによるスピーキング能力の開発」(2019–2021) の採択をきっかけに、小学校検定教科書を徹底的に分析し（第 1 章、第 2 章）、小学校英語授業観察（第 3 章）を頻繁に行いました。その時期は、新型コロナウイルス感染症の拡大で小学校英語教員のスピーキング能力育成研修として「オンライン英会話」の活用は有効でした（第 7 章、第 8 章）。

　次のステージは、科研費助成事業「小学・中学英語教員オンライン合同研修による音韻認識能力とリタラシー能力の育成」(2022–2025) の採択により、元来、中学校英語教員のバックグラウンドを持つ私は、小学校と中学校の英語教育の接続に取り組みました。その研究は 40 年近く英語教育に携わってきた私にとって、基礎から英語教育を見直す機会となり、全く新しい学びがありました。英語学習の基礎となる言語知識に着目し、発音（第 4 章）、文法（第 5 章）、単語（第 6 章）について先攻研究を渉猟し学術論文を発刊しました。

　科研費助成事業での私のスタンスは、研究成果をどうにか現職教員研修や英語教員養成課程に貢献できないかと考え、学術論文を執筆・発刊を重ねてきました。本著の各章に収容されている学術報告書は、2019 年から 2024 年

240

の期間に執筆された学術論文の中から小学校と中学校英語教育接続の視点から、英語教育の現場に対して実践的なインパクトが強い発刊論文を選び、文章表現は可能な限り現場教員に読みやすいように工夫しました。

　本著の出版は、名桜大学環太平洋地域文化研究所出版助成を受けて実現しました。深く感謝を申し上げます。出版助成の機会がなければ、書籍の出版というまとまった形にならなかったとふり返ります。

　最後に、本著の出版にあたり、短期間で編集作業を行って頂いた株式会社ひつじ書房のスタッフの方々に御礼を申し上げます。特に、私の拙い文章に対して丁寧な推敲を重ね、内容に関するコメントを熱心にして頂いた担当編集者の丹野あゆみさんに御礼を申し上げます。

　2024 年 11 月吉日

渡慶次正則

索　引

【著者紹介】

渡慶次正則（とけし まさのり）

沖縄県の公立中学校で2003年まで19年間、英語教員を務める。現職は、名桜大学国際学部教授で、主に英語教職科目を担当している。University of Wollongong教育学部 TESOL 博士コース（Doctor of Education）を2004年に修了した。
主な論文は、An Investigation into Pre-service Teacher's English Language Proficiency through CEFR-J Self-Assessment and Confidence Levels, *Annual review of English learning and teaching*（JACET九州沖縄支部紀要）23巻（2018）、「小学校英語授業における教師発話やturn-taking、教師の役割の調査」『沖縄英語教育学会紀要』19号（2023）他。

小学校と中学校の英語教育接続に関する実践的研究

Practical Research Connecting English Education Between Elementary School and Junior High School
Tokeshi Masanori

発行	2024 年 11 月 22 日　初版 1 刷
定価	3000 円＋税
著者	© 渡慶次正則
発行者	松本功
装丁者	中垣信夫＋中垣呉（中垣デザイン事務所）
印刷・製本所	亜細亜印刷株式会社
発行所	株式会社 ひつじ書房

〒 112-0011 東京都文京区千石 2-1-2 大和ビル 2 階
Tel.03-5319-4916 Fax.03-5319-4917
郵便振替 00120-8-142852
toiawase@hituzi.co.jp https://www.hituzi.co.jp/

ISBN978-4-8234-1252-3

[刊行書籍のご案内]

JACET 応用言語学研究シリーズ　第 2 巻

英語教材の最前線

一般社団法人大学英語教育学会(JACET)　原隆幸・渡辺敦子・村上裕美・石川友和編
定価 2,200 円＋税

JACET が、1962 年の創立以来行ってきた応用言語学研究の理論と実践を形として残すためにスタートしたのが本 JACET 応用言語学研究シリーズである。第 2 巻の本書は、英語教材をテーマに開催された「ジョイントセミナー」「英語教育セミナー」(2019 ～ 2021 年度)を総括した内容の 2 部で構成され、英語教材の第一線で活躍する研究者達による珠玉の 1 冊である。執筆者：小田眞幸、キップ・A・ケイツ(訳：村上裕美)、ライアン・W・スミザース(訳：渡辺敦子)、金丸敏幸、木村松雄、佐々木顕彦、加藤由崇、吉原学

音声認識で学べる英語発音学習帳

中條純子著　　定価 2,000 円＋税

英語学習者を対象とした発音の自律学習教材。スマートフォンや PC を用いて自動音声認識を練習の中核として活用することで、学習者自身がいつでも手軽に気兼ねなくそして瞬時に自分の発した発音のフィードバックを得ることができる。この教材で扱う音声学的要素は、日本人母語話者が練習することによって通用性が格段に上がるものに絞った。さらに、単調で機械的になりがちな発音練習を楽しみながら無理なく続けられるよう、リズムベースの活動で構成。★音源・動画はネットで提供。